オンリー・ラブ

— 愛だけが —

変動する世界を
霊的に生きる

スリ・ダヤ・マタ著

Self-Realization Fellowship
FOUNDED 1920
Paramahansa Yogananda

英語原題　Only Love
—Living the Spiritual Life in a Changing World
発行者　Self-Realization Fellowship
Los Angeles (California)
ISBN-13: 978-0-87612-216-7
ISBN-10: 0-87612-216-0
Self-Realization Fellowship により日本語に翻訳

セルフ・リアリゼーション・フェローシップ
国際出版委員会認定

セルフ・リアリゼーション・フェローシップの名称とシンボルマーク (上掲) は、ＳＲＦの書籍、録音物、その他の刊行物すべてに記載されています。これは、それらの作品がパラマハンサ・ヨガナンダによって創立された団体によって出版されたものであり、師の教えを忠実に伝えていることを読者に保証するものです。

First edition in Japanese from Self-Realization Fellowship, 2012
2nd printing, 2012
セルフ・リアリゼーション・フェローシップにより
2012 年 日本語訳第 1 版発行
2012 年 第 2 刷発行

ISBN-13: 978-0-87612-198-6
ISBN-10: 0-87612-198-9

1808-J2417

本書について

この本はもともと、小冊子『Qualities of a Devotee』として、一九七一年に発行されたものでした。小冊子には、セルフ・リアリゼーション・フェローシップ第三代会長スリ・ダヤ・マタの講話のいくつかがおさめられ、その多くは一九六〇年代に行われたものでした。小冊子は講話集として拡充され、本書は一九五五年から一九七五年の二十年間に行われた講話がおさめられています。集められた講話は、インドやアメリカで行われた長時間のものから、非公式に行われた短い講話にまでわたっています。また、サットサンガ（求道者の集いのこと。その場で指導者は霊的話題について、準備なしに話す）でダヤ・マタが質問を受けた際の、忌憚《きたん》ない返答も含まれています。講話の多くは、最初に『セルフ・リアリゼーション』誌（パラマハンサ・ヨガナンダが一九二五年に創刊した季刊誌）で取り上げられました。講話の多くは、セルフ・リアリゼーション・フェローシップの僧侶・尼僧や、パラマハンサ・ヨガナンダの教えを学ぶ会員に向けて行われたものでしたが、異なる信仰を持つ人やさまざまな職業を持つ人すべてに、この講話が役に立ち、思いやりある指針が得られることが分かりました。こうして、一九七六年にセルフ・リアリゼーション・フェローシップは、スリ・ダヤ・マタの最初の講話集である本書を出版しました。そして、一九九〇年に第二巻として『Finding the Joy Within You』を出版しています。

スリ・ダヤ・マタ（1914—2010）

セルフ・リアリゼーション・フェローシップおよびヨゴダ・サットサンガ・ソサイエティ・オブ・インディアの第三代会長および霊性の長を務めた。

わたしの敬愛するグルデーヴァ
パラマハンサ・ヨガナンダ大師
あなたの恵みがなければ
この求道者は、神の聖なる愛を
見つけることはできなかったでしょう
わたしたちの唯一の父であり
母であり、友であり、愛するお方である神の
完全ですべてを満たす愛を

目次

挿入写真

序文

私は、一九六七年に『あるヨギの自叙伝』を知りました。この本によって初めて、パラマハンサ・ヨガナンダとセルフ・リアリゼーション・フェローシップ（ＳＲＦ）[1]の活動を知りました。それ以来、この会の活動に忠実に従ってきています。私はスリ・ダヤ・マタジや、熱心な同門の方々と度々お会いする機会に恵まれました。また、パラマハンサ・ヨガナンダが何年も住まわれたカリフォルニア州エンシニタスにあるＳＲＦのセンターを訪れたこともあります。

先に申しましたように、スリ・ダヤ・マタジにお会いできたのは光栄でした。というのも、彼女に会う人は誰でも必ず、彼女の放つ霊的平和と静寂のオーラの影響を受けるでしょうから。スリ・ダヤ・マタは大変お若いときに、パラマハンサ・ヨガナンダの教えに従おうと決意されました。それは明らかに、師《グル》から発せられた聖なる啓蒙の火花が、たとえ若くとも、彼女の心に触れたからでしょう。彼女はスリ・ヨガナンダジの存命中に最初の弟子の一人となり、いまやこの国（米国）や私の国（インド）だけでなく世界中に、その教えを伝えるにふさわしい、霊的な後継者[2]となられました。

平和、心の落ち着き、人間性の完成についてのこの教えは、まさに現代にぴったりです。私たちは混乱の時代に生きており、変化の速さはまったく驚くほどです。先進国ですら多くの人々は個人的レベルの不安を感じていますが、後進国では想像もつかないくらいの貧困、窮乏、苦悩があります。こういう問題を解決するためには、助け合いや全世界の団結の新しい哲学が必要です。これには心構えを大きく変える必要があります。国連のような国際的な組織（私はここで、十九年以上働いてきましたが）をとおして仕事をする各国政府の心構えだけでなく、むしろ私たち個人のレベルで心構えを変えることが大切です。私たちはこれまで以上に、すべてにおいてバランスの取れた人物を必要としています。セルフ・リアリゼーション（真の自己の悟り）は、このバランスの取れた人格の完成を成し遂げる、確実で単純な道なのです。

最初に月に行った宇宙飛行士が、月から地球を見たとき、地球の美しさに驚嘆しました。月から見た地球は、さまざまな人種や肌の色の人々によって住み分けられた国や大陸、領土ではなく、一つの地球でした。私たちが地球を一つとして考えられないのは、考え方が地上に縛られすぎているからです。この限界は想像力を少し働かせることで克服できます。そうすることで、私たちを分け隔ててしまう狭い境界線から視野を引き上げて、愛や慈悲や寛容を実践するよう勧めた偉大な聖人・賢者の教えに従うことができます。

これゆえ、スリ・ダヤ・マタジの教えも、この懐疑的な時代に重要かつ適切といえます。この本におさめられた彼女の講話は、希望と信仰のかがり火として光り輝いています。それは人類の一体性だけでなく、人と神との一体性をも宣言しているのです。

一九七六年一月十四日　ニューヨークにて

組織間問題および調整担当　国連事務次長
チャクラヴァルティ・V・ナラシンハン

（1）　セルフ・リアリゼーション・フェローシップの名称を、パラマハンサ・ヨガナンダは以下のように説明している。「真の自己を悟ることをとおして神と交わることであり、また真理を探究するすべての人々との親睦」を意味する。『SRFの目的と理想』を参照。

（2）　二〇一〇年スリ・ダヤ・マタ逝去の後、パラマハンサ・ヨガナンダ師のもう一人の側近の弟子、スリ・ムリナリニ・マタが、セルフ・リアリゼーション・フェローシップ／ヨゴダ・サットサンガ・ソサイエティ・オブ・インディア（SRF／YSS）の会長として、師の霊的後継者となった。

まえがき

スリ・ダヤ・マタの言葉を読んだり聞いたりしていると、恋をしている人と接しているような気持ちがします。ダヤ・マタの愛は、階級の差別を克服し、万人に届き、万人を抱擁します。それは、魂の憧れの気持ちと神に到達した喜びの境地が、崇高に現れたものです。霊的な意識が拡大し、魂が聖なる愛を経験する領域を、マタジはこの本におさめられた形式ばらない講話のなかで、我々にかいま見せてくれます。

ダヤ・マタは、ユタ州ソルトレーク市で生まれました。幼い頃から、ダヤ・マタは神を知りたいと心から思っていました。八歳のときに学校で初めてインドについて聞いた時、神秘的な内なる目覚めを感じ、人生を意義あるものとするには、インドが鍵を握っているという確信を得ます。その日学校が終わると急いで家に帰って、大喜びで母親に話しました。「大きくなったら、絶対に結婚などしないでインドに行くの。」子供の口から発せられた、予言的発言でした。

ダヤ・マタが十五歳のとき、『バガヴァッド・ギーター』(神の歌)の本を与えられました。ダヤ・マタはこの聖典に深く感動しました。というのも、その本には、神の子供たちへの憐れみ深い愛と思いやりが明らかにされていたからです。神は近づいて知ることができる存在であり、そして神の子供たちは聖なる存在と呼ばれていて、努力すれば、自分の霊的生得権すなわち「神と一体であること」を悟ることができると分かりました。ダヤ・マタは、どうにかして、何らかの方法で、神を探し求めるために一生を捧げようと決心しました。それから宗教の権威を巡って転々としましたが、心の中には常に満たされない疑問がありました。「でも、誰が神を愛しているの？　誰が神を知っているの？」悲しいことに、ダヤ・マタは神の探求に必須なものが自分には欠けていることに気づきました。つまり神を知っている人の指導がなかったのです。

ダヤ・マタが初めてパラマハンサ・ヨガナンダを目にしたのは、一九三一年、彼女が一七歳のときでした。ヨガナンダ師はソルトレーク市の大聴衆を前に講演していました。最初の印象を彼女は次のように回想しています。「どう言い表したらいいのでしょう？　講演者が演壇に立っているのを見たとき、私はその場に完全に釘づけになってしまったのです。その方は「意志の力」と「神への愛」についての霊的な潜在能力に関して語っていました。このように神のことを語る人を、それまで聞いたことがありませんでした。私は心を奪われてしまいました。この方こそ神を知っていて、神への道を示してくれる方であると即座に理解して、『この方について行こう』と決意しました。」

何千人もの大聴衆の中で、ダヤ・マタが師《グル》に面会できる機会は、とてもありえないように思われました。しかし時には「災い転じて福となす」ということもあるのです。ダヤ・マタは、長期にわたる重症の血液疾患を患《わずら》っていました。医者も治せなかったこの病気によって、ついに学校を辞めなければなりませんでした。しかし彼女は、まじめにパラマハンサジの講義に出席していました。そしてその腫《は》れた顔を覆《おお》っていた包帯が、偉大な師《グル》の注意を引いたことは明らかでした。講義が終わりに近づく頃、師は聴衆に、彼女の病気は七日以内に跡形もなく消え去るだろうと語りました。そしてその通りになったのです。しかし、ダヤ・マタにとっては、聖者と面会する機会を得たことの方が、癒しよりももっと大きな祝福でした。彼女は非常に恥ずかしがりやだったので、次の言葉を最初に切り出す勇気がどこにあったのか、いまだに不思議に思っているそうです。「私は先生の僧院に入りたいと心から思っています。神を捜し求めることに一生を捧げたいのです。」師はその言葉に答える前に、一瞬見透かすように彼女を見るとこう言いました。「その通りになるでしょう。」

しかし、家族の猛烈な反対があったので、実現にいたるには奇跡が必要でした。ダヤ・マタは未成年でしたし、理解ある母親を除いて家族は、ダヤ・マタが家を出て、彼らにとって未知の宗教に従うということに断固として反対しました。ある晩、パラマハンサジは講義の中で言いました。もしも神を愛する者が、神から返事を頂こうと決意して、十分に深く神に呼びかけるなら、神は応えてくださいますと。彼女は決意しました。そして家族が寝静まったあとに、一人になれる応接間に行きました。神に心のうちを吐露しているうちに、涙があふれてきました。数時間後、深い平和が全身を包み込み、もう泣くことはありませんでした。ダヤ・マタは神が祈りに応えてくだっさたことを知りました。二週間以内にすべての扉が開かれ、ロサンゼルスのパラマハンサ・ヨガナンダの僧院に入ることができました。

師のおそばでの時間は飛ぶように過ぎていきました。ダヤ・マタは心の底から幸せでしたが、その頃の初期の僧院での訓練は、生易しいものではありませんでした。パラマハンサジは、若い弟子《チェラ》を模範的な弟子にするという任務を、愛情深く、けれどしっかりと果たしていました。初めの頃から、パラマハンサ・ヨガナンダがダヤ・マタを、特別な役割を演じる者として選んでいたことは明らかでした。パラマハンサジは、インドの僧院で自分の師スワミ・スリ・ユクテスワから受けた霊的訓練と同じ厳しい訓練を与えたことを、のちに彼女に語りました。これは重要な発言です。というのもそれは、スリ・ユクテスワがパラマハンサジに授けた霊的・組織的な権威を、ダヤ・マタが引き継ぐことになるのを意味するからです。

年を追うごとに、師はより多くの責任をダヤ・マタに与えました。師は、マハサマディ(2)に入る数年前に、マウント・ワシントンの国際本部の管理を、ダヤ・マタに託しました。その後、師は隠遁して、多くの時間を著述に費やすようになりました。組織の活動は世界的規模で拡大していき、霊的指導や組織管理に関するダヤ・マタの責任は、ますます大きくなっていきました。

ついに、師が弟子に、自分はまもなく肉体から離れると、告げるときがやって来ました。びっくりしたダヤ・マタは、師がいなくて、一体どうやってこの仕事が続けられましょうか、と尋ねました。師は穏やかに答えました。「このことを覚えておきなさい。わたしがこの世を去った後、愛だけがわたしの代わりとなるだろう。一日中、神のほかに何もわからなくなるほど、神の愛に酔いしれなさい。そしてその愛をすべての人に与えなさい。」この言葉が、彼女の人生を導く光となったのです。

パラマハンサジは、一九五二年三月七日、ロサンゼルスでマハサマディに入られました。三年後、聖者のような故ラジャシ・ジャナカナンダの後を引き継いで、スリ・ダヤ・マタは師《グルデーヴァ》の組織の三代目会長に就任しました。パラマハンサ・ヨガナンダの霊的な後継者として、また彼女の名が示すように、真の「慈悲の母」として、セルフ・リアリゼーション・フェローシップ／ヨゴダ・サットサンガ・ソサイエティ・オブ・インディア（SRF／YSS）が師の理想と望みを忠実に実行するように注意を払い、会員の霊的指導や、さまざまな地域のSRF／YSS僧院に住む僧侶・尼僧の訓練に心を尽くしました。

パラマハンサ・ヨガナンダの世界規模の活動の霊的指導者として、五十五年以上奉仕した後、二〇一〇年十一月三十日、スリ・ダヤ・マタは、九十六歳で、平和のうちに逝去されました。インド古来の霊的遺産の開拓者として、ダヤ・マタの生涯の功績が、ニューヨーク・タイムズ、ロサンゼルス・タイムズ、タイムズ・オブ・インディア、またアメリカやインドをはじめとする多くの国の主要新聞紙や雑誌の追悼記事のなかに掲載されました。

ダヤ・マタの人生は、主に師《グル》の仕事とSRF会員のために捧げられました。それでもダヤ・マタは、どんな信条を持とうと、神の探求者はすべて自分の霊的家族の一員であると考えていました。カトリックの修道会のシスターは、ダヤ・マタに会って、数回彼女の講演を聞いた後、このように話しています。「私のような修道女にとって、ダヤ・マタは、神や隣人への奉仕のためにいかに人生を捧げるべきかの、すばらしいお手本です。彼女はキリストの先ぶれである、洗礼者ヨハネが自ら言った言葉を考えさせます。『わたしは荒れ野に呼ばわる者である。主の道を正せ。』彼女の前では、カトリックもプロテスタントもヒンドゥー教もなく、唯一の父なる神の子供たちしかいません。そしてその誰をも、親切に扱い心に留めます。私はカトリックの修道女ですが、彼女の親切、心づかい、励ましをずいぶん経験しました。自分の家族のように私を扱ってくださるのを、いつも感じていました。私にとって彼女は、常に宗教者としてあるべき姿の理想です……彼女は神の輝きを放っていました。」

規則ではなく、神への道の精神が、求道者の人生を変えるために有効であり、魔法ともいえるような要素です。聖典の真理や訓戒は、考えや行動の一部となるまでは、単なる言葉に過ぎません。その言葉どおりに生きなければならないのです。『オンリー・ラブ』は、神を求める精神とは何かを描き出しています。その精神は、神に心を合わせることを基礎としています。そう、神こそが、人の一生や生命の源であり、維持者であり、本質であるのです。

社会での役割がどのようなものであろうと、すべての求道者は、この本が魂に語りかけてくるのを感じるでしょう。この本の多くの講話は、主にSRF／YSSの僧院に在住する弟子たちに向けて語られたものですが、ここに述べられている真理は一般的に通用することでしょう。ダヤ・マタの言葉は、直接の個人的な悟りによって光を受けており、神を求めることは、楽しい経験であることを教えています。つまり、神を見つけることは喜びそのものであるのです。

セルフ・リアリゼーション・フェローシップ

（1）『あるヨギの自叙伝』の著者、パラマハンサ・ヨガナンダは、一九二〇年にボストンで開かれた、国際宗教自由主義者会議にインド代表として招待されて以来、アメリカに在住していた。それから数年間、アメリカ中を講演して回った後に、活動の本拠地として、セルフ・リアリゼーション・フェローシップ／ヨゴダ・サットサンガ・ソサイエティ・オブ・インディアの国際本部を、ロサンゼルスに設立した。

（2）神を悟った魂が、肉体の死を迎えるときに、意識的に体を脱出すること。

1939年 カリフォルニア州エンシニタスのSRF僧院にて
ダヤ・マタとパラマハンサ・ヨガナンダ

「約四十年前に、私の師であるパラマハンサ・ヨガナンダに初めてお会いして以来、私の心、思い、魂、体を神の御足のもとに置き、神に捧げたこの一生を、神に使っていただくことが私の喜びでした。何年にもわたり、私の魂には、そのような満足がありました。まるで私は、いつも神の愛の泉から飲み続けているかのようでした。これは自分の功績ではありません。これは師のお恵みです。この祝福は、受ける側に準備さえあれば、私たち皆に、同じように注がれるのです。」

1969年8月 ヨーロッパのSRFセンター訪問の出発前夜
ロサンゼルスのSRF国際本部でのサットサンガ(霊的な集い)にて

「活動的な世界の人々が皆そうであるように、私も、活動から解放される機会はまったくありませんでした。それでも自由な瞬間があったら神で満たそうと、私は最初のころ心に決めました。」

第一章　なぜ神を探し求めなければならないのか？

一九六七年十二月三十一日
インド、バンガロール、ジョーティ・マンドラム・ホールにて

なぜ、神を探し求めなければならないのでしょう？　神とは何なのでしょうか？　どうしたら私たちは神を見つけることができるのでしょう？

最初の質問は、とても簡単にお答えすることができます。神を探し求めなければならないのは、私たちが神の似姿につくられているから[1]です。そして、神の完全さと不変性のみが私たちに永遠の幸福を与えてくれるからです。

人は、五感をそなえた肉体と心とを与えられました。五感をとおして、この有限な世界を認識してきましたが、それを自分と同一視してしまいました。しかし、人は肉体でも心でもありません。人の本質は霊、すなわち不滅の魂です。感覚をとおして永遠の幸福を見つけようとすれば、そのたびに、その人の希望や熱意や欲望は、必ず大きな挫折や失望という暗礁《あんしょう》に乗り上げてしまうでしょう。物質宇宙にあるものはすべて、本質的にはかなく無常です。うつろいやすいものの内には、失望の種が隠されています。ですから私たちの世俗的な期待という船は、遅かれ早かれ、幻滅という浅瀬に座礁してしまうのです。ゆえに私たちは神を探し求めるのです。なぜなら、神がすべての英知、すべての愛、

すべての至福、すべての満足の源であるからです。神は私たちの存在の根源であり、すべての生命の源です。そして私たちは、神の似姿につくられているのです。神を見つければ、この真理が理解できるでしょう。

もし、人間の目的地が神であるなら、いったい神とは何でしょう? どの聖典も、また神の体験を語ったどの偉大な魂も、ある種の特質が神《スピリット》の本質であると、はっきり言っています。それでも、私たちは神が実際何であるのか言えません。今まで誰も、神を完全に言い表すことはできませんでした。こういう話があります。塩でできた像が、海の深さを測るために浜へ下りて行きました。水の中に一歩踏み出した瞬間、塩の像は溶けてしまいました。その像は、深さを測ることはできませんでした。というのは、海と一体になってしまったからです。人間についても同じことが言えます。人間の存在そのものが、神の特質と同じ特質から成り立っています。魂が永遠なる存在と一体になった瞬間、人は神と一体になり、もはや神が何であるかを言い表すことができないのです。しかし、多くの聖者は、人が神と霊交したとき何を体験するのかを書き表してきました。

神は平安・愛・英知・至福である、とあらゆる聖典は述べています。神が宇宙的な知性であり、全知・全能であることは皆が認めています。神は絶対です。神は偉大なる宇宙音オーム(2)であり、キリスト教徒にとってのアーメンです。神は宇宙の光です。すべては無限の神の特性、特質です。そして求道者が熱心に神を探し求めると、このように様々に現れた神を感じるようになります。

神が人の内に存在するという最初の証拠は、平安であると言われています。外界のいかなるものにも影響されない平安です。人が世俗的な目標に、自分の夢や理想や希望や野望を向けるなら、達成したとしても、ほんの一時の平安しか感じないでしょう。この世は二元の世界です。つまり人生は快と苦、健康と病気、暑さと寒さ、愛と憎しみ、生と死で成り立っています。人間の目標は、自分の意識をこの二元の法則、つまりマーヤ(3)のヴェールを超えたところにもっていくことです。そして、あらゆる創造物の内に、また創造を超えて存在する、唯一の神を見つけることなのです。

「どうすれば神を見つけられるのか？」

次は、「どうすれば神を見つけられるのか？」という質問です。神は五感によって知ることはできないし、知性という有限なものさしで測ることはできません。私たちはよく、神の至福・愛・英知・喜びを、感覚的な体験の中に求めようとしますが、そのたびに失望してしまいます。しかし、深い瞑想によって身体を静め、五感をしめ出すと、第六感、つまり直覚が現れ始めます。神は直覚をとおしてのみ、知ることができます。私たちが神を知ることを、神は**望んで**おられます。だから、人は皆、直覚を授けられているのです。

それでは、第一の目標は、直覚のささやきが聞こえるように肉体と心を静めることです。私たちの大師《マスター》⑷パラマハンサ・ヨガナンダは、集中と瞑想の技法をお教えになりました。それによって肉体と心は静まって、無限の神と直接、霊交することが可能になります。しかし、私が世界中を回ったとき、いったい何人の人が私にこう言ったことでしょう。「あなたは運がいいのです。あなたにはそれができるのですから。私は運が悪いのです。神は私には応えてくださらないのです。」もし神が応えてくださらないのなら、それは神を求める人が十分に神を慕い求めていないから、また、深く瞑想する方法を習っていないからでしょう。師は私たちに言われました。「瞑想するために座ったときは、あらゆる肉体的、精神的な悩み、動揺を捨て去って、心を空にする努力をしなければならない。肉体を忘れなさい。我意を通そうとするのはやめなさい。これは重要なことである。どの道の求道者も、神と霊交するためにこれを実践しなければならない。どうしたらできるのか？　ヨガの集中の技法を実践すれば、それができる。」

瞑想するためだけの、神のことを考えるためだけの、小さな場所を自分の部屋の一角に設けるように、私たちは師《グルジ》から教えられました。そして、その「寺院」に静かに座った瞬間、心の中から一切を捨て去るようにと教わりました。私たちは死ぬときに、同じことをしなければなりません。死が私たちを呼んだら、この世でとても重要だと思う約束も、ほとんどの時間を占めている肉体の世話も、即座に捨てなければなりません。ですから、神への義務ほど重要な義務はこの世にはないのです。なぜなら、神より来る力なしに行える義務は、一つもないからです。それゆえ瞑想するために座ったときは、一切の悩みを追い出して、心を空にしてください。集中の仕方を学べばそれは可能です。

次のポイントは、神を求める人は謙虚さを養わなければならないということです。自分自身を忘れられるようになるまでは、決して神への思いで意識を満たすことはできません。「私、私、私」という意識を、なくさなければなりません。バガヴァッド・ギーター(5)に語られているような、謙虚さを学び育ててください。

高潔で、生きものを傷つけぬよう注意を払い、誠実で、怒るのに遅きこと、
他人が賞賛するものでも簡単に捨て去ることのできる心。
平静さ、人のあら探しをせぬ寛容さ。
苦しむ者すべてに親切であること。
満足し、どんな欲望にも乱されぬ心。
温和で、謙虚で、威厳ある態度、人々とりっぱにつきあい、
忍耐、不屈、純粋さをもち、
復讐に燃えることなく、思い上がることのない精神。
それらがしるしである。
おお、インドの王子よ！　そのしるしある人の足もとには
天上への誕生へといたる、堂々たる道が開かれている！

謙虚さとは自我を、そして心・精神・魂を明け渡すことです。神の御足《みあし》のもとに、自分のすべてを明け渡すことです。どうやってこれを実践するのでしょうか？　カルマ・ヨガ(6)の道を歩む求道者のように、神の御足のもとにあらゆる行為の結果を捧げましょう。いつもこのように考えてください。「主よ、あなたが行為者であって、私は無です。あなたは電球の中で輝く光です。私は電球にすぎません。」

次の段階は忍耐を養うことです。瞑想のために座ったら、完全に時間の意識を超越しなければなりません。たとえ五分間の瞑想でも、その五分間は一〇〇パーセント神に集中していなければなりません。外界のことを一切考えずに、平安・至福・聖なる愛という水が、意識の中で徐々に湧き上がってくるまで、深く深く深く瞑想しなさい。

それから、私たちは小さな進歩に満足するべきです。瞑想を始めたばかりで、大きな体験を期待しないようにすべきです。内なる神――意識の奥深くで感じる穏やかな平安――をほんのちょっと、かいま見るだけで満足しましょう。

深く瞑想できない理由の一つは、幸福な体験を切望することにあります。神からすぐに返事が感じられないと、失望してしまう人もいます。主はこのようにして、私たちを試されるのです。求道者の神に対する愛やあこがれが、何があろうと変わることはないと、疑問の余地なく神が確信なさるまでは、神は求道者のところにいらっしゃいません。私たちが神のことを本気で考え、神がお送りくださる、神に劣る贈り物によってはなだめられないとわかったときに、神はご自身をお与えになるのです。師《グルジ》はよくおっしゃいました。「わたしたちは、きかん坊のようにならなければならない。赤ん坊が泣いているとき、家事をするために母親は、おもちゃを与えて満足させようとするだろう。しかし、きかん坊の子供はおもちゃを与えても与えても、それを取っては床に投げ、泣いて母親を呼び続ける。そういう子供に、母親は応えないわけにはいかない。」同じことが、神についても言えます。宇宙の母は、私たちが贈り物に満足しているとわかれば、おもちゃを与え続け、ご自身は遠ざかっておられます。でも、絶えることのない信愛と、無条件の愛と、謙虚さと、自己の全託によって、私たちの真剣さを聖母様にわかってもらえれば、「聖母様、もうおもちゃでは満足できません。あなただけが欲しいのです！」と泣き叫べば、聖母様は私たちに応えてくださるでしょう。

急ぎながら心配しながら瞑想すると、瞑想の対象である神、あなたが応えを期待している神は、あなたの集中の網をくぐり抜けてしまいます。瞑想で神を探す秘訣は、心の動揺や短気や心配を捨て去ることです。

瞑想のごほうび

瞑想はどんな実を結ぶのでしょう？　まず、平和な人になります。人生でどのような目に会おうとも、真の自己の内に意識がとどまったままになります。クリシュナはアルジュナに、変わらぬ『それ』

（神）にとどまるように教えました。創造された世界において、神は唯一変わらない源です。その他のものはすべて変化します。というのは、その他のものは、神の夢の考えにすぎないからです。あなたも私も、まさに現実のもののように見え、肉体もまったく実在するかのように見えます。世界中が確かに永続するように見えます。しかし、この現実のように見えるものは、宇宙を夢見る神の考えが凝縮されたものにすぎません。私たちが神のように、この世界から心を離した瞬間、世界はもはや存在しなくなります。私たちが無限なる神に心を向けた瞬間、自分の魂の本当の姿——宇宙の大いなる自己（神）が個別に表現されたもの——に気づき始めます。

神が愛・平安・英知・喜びであるならば、神の似姿につくられている私たちも同じ性質を持っていることになります。しかし、自分がそうであると知っている人はいるのでしょうか？　毎晩、数時間の睡眠のあいだ、無限の愛するお方はあわれみをこめて、心配や苦しみだらけのこの肉体を忘れさせてくださいます。しかし私たちは、朝目覚めるとすぐにまた、有限の存在であるという意識を身につけ、たくさんの限界、習慣、気分、欲望に縛られるのです。このように縛られている限り、私たちは魂としての自分を知ることはできません。

私たちをこの肉体に縛りつける隠れた「縄」や「足かせ」を壊す、唯一の方法が瞑想です。そして、次第に私たちは、内面の大いなる静寂を感じ始めますが、これは自分の内に神が存在することの最初の証しとなります。

私たちがもっともっと深く瞑想し続けていると、意識が広がり始めます。この小さな肉体を忘れたいという気持ちが目覚め、すべての存在の中に、大いなる自己を見たいと思うようになります。私たちは人のために何かをしたくなります。無私の心で人類に奉仕したいという望みが生まれます。

一生涯、規則的に瞑想するなら、自分の内にある、大いなる愛の海を感じるようになります。神への愛によって、私たちは宇宙的な愛としての神を知るようになります。宇宙的な愛としての神は、人間が表現するすべての愛をとおして、ご自身を表現なさいます。神から来る愛がなければ、私たちは誰をも愛することはできません。神から来る力なしには、考えることも呼吸することもできません。ところが私たちは、神がいなければ一瞬たりとも存在できないのに、その大切な唯一のお方を人生から締め出して、この世界を自分のものと考え、しがみついているのです。

神はすべての生命の公分母である

「それならば、神を探し求めるために世を捨てて、どこか隠れた洞窟にでも行かなければならないのか？」と、あなたは言うかもしれません。いいえ、そうではありません。神が私たちをこの世のどこに置かれようと、無私の心によって、瞑想によって、人生の中で常に神を感じるよう努力することによって、自分の置かれた場所に神を引き寄せなければなりません。手短に言えば、人生と人生のあらゆる活動を、通分《つうぶん》（変換）して公分母《こうぶんぼ》（共通点）を求めるということです。神がその公分母（共通点）です。私たちの活動すべてから神をしめ出すのではなく、何をするときにも――食べるときも、眠るときも、働くときも、大切な人々を愛するときにも――私たちの魂が愛してやまない宇宙のお方を常に思うことによって、あらゆる活動の中に神を取り入れるべきです。

最深の真実の愛をもって神を求めることを学べば、神は、愛するのが最もたやすいお方となります。神への愛と瞑想がなければ神を知ることはできませんが、私たちの意識の深みから、静かに、子供のように神を呼べば、神は、世界で最も知ることが簡単なお方となるのです。毎日少しの間、どんな人も、いくばくかの時間を深い瞑想に捧げて、世界を忘れ、神を探し求め、神に心の言葉で話しかけるべきです。私たちの師《グル》はよくおっしゃいました。「この宇宙のすべては、わたしの愛するお方（神）のものである。しかしすべてを所有するそのお方ですら、『あるもの』を探し求め、欲しがっておられる。その『あるもの』とは、あなた方の愛である。神のもとに帰るまでは、あなた方は苦しむだろう。そして同時に神もまた苦しまれる。なぜなら、神はあなた方の愛を渇望しておられるからである。」

このように、人間の目的は神を見つけることであり、神を見つけて、この世のあらゆる心配や苦しみから自由になることです。この自由の中で、途方もなく大きい愛を体験し、宇宙の愛するお方との至福の合一を体験します。これが人生の目的です。そして、この目的地にいたる道が、献身的な深い瞑想です。

瞑想するために座ったときは、すべてを忘れなさい。インドでは、神を探し求める人の多くは、長く深く瞑想するために墓地へ行きます。というのは、そこで人は、世俗の人生のありのままの現実を思い出すからです。世俗の人生には何の意味もありません。というのも、この物質界で何をやり遂げたとしても、誰でもいつかは、土の塊として肉体を横たえる日が必ず来るのですから。そのため瞑想しようと座ったときは、自分に言い聞かせなさい。「私は世間に対して死んでいる。家族に対して死んでいる。あらゆる義務に対して死んでいる。五感に対して死んでいる。あらゆる有限なものに対して死んでいる。私の愛するお方（神）のみが、存在する。」このような意識を持ちながら、深く瞑想し、神を呼び求めなさい。

人は神の最高の被造物ですから、すべての注意をこの世のものに向けてしまうことは、あなた自身への、また神への侮辱です。神のための時間はないと思っているうちは、神もあなたのための時間をつくらないのだと思いなさい。神はいつも、あなたの招きを待っておられるのですが、師《グル》がよくおっしゃっていたように、「神はとても恥ずかしがりやです。神は、あなたが神を望んでいると分かるまではいらっしゃいません。」人生が非常に空虚で、非常に無益で不毛である、と感じるのはそのためです。まやかしの夢から醒めて、神なしには存在できないとわかるまで、あなたはその不足感を感じ続け、苦しみ続けるでしょう。神のみが、あなたの心を満足させることがわかり始めれば、次第に、神のやさしい応えを感じるようになるでしょう。でも、このことがわかるまでは、神の応えを感じることはできないでしょう。

ギーター[7]の中で主クリシュナは、少しでも瞑想を実践すれば、この世の悲惨な苦しみから救われるだろうと明言しています。だから瞑想は、食事と同じように、一日のなかで主要な位置を占めるべきです。人はいやがらずに肉体の面倒をみます。肉体に食べさせ、服を着せ、規則的に休息させます。しかし、真の自己をどれほど無視していることでしょう！　人は肉体ではありません。それでも、ほんの何年かしか住まない、小さな肉体の家を世話するために、ほとんどの時間、労力、お金、関心を費やしているのです。何という魂への侮辱でしょう！

人がこの世で苦しむのも無理はありません。苦しむのは当然であり、このまやかしの夢から自分をたたき起こすまでずっと苦しみ続けるでしょう。人はただ単に生まれ、成長し、子供を生み、死ぬためにここに置かれたのではありません。動物も同じことをしています。人はより高い知性、識別力、自由意志の力に恵まれているのです。他のどんな神の被造物にもこういった特質はありません。この能力を無視し、誤用するのは愚かなことです。私たちは動物ではありません。私たちは尊い存在であり、神の似姿なのです。このような、神がお与えになった霊的資質を表し出さないうちは、私たちは苦しみ続けるでしょう。

主クリシュナは、愛弟子のアルジュナに言いました。「わが苦しみの海より逃れよ。」[8]それでも人はなお、この世が苦しみの海ではないと自分に納得させるため一生懸命です。でも絶対に無理でしょう。時たま、幸福の蝶をつかまえたと思っても、次の瞬間には手の中から飛び去ってしまいます。この肉体の鳥かごに住む、魂という楽園の鳥に関心をもってごらんなさい。毎日、その鳥が生きるための唯一の食べもの、心のこもった瞑想を少しずつ与えなさい。私たちはこういうふうに言うべきです。「私は自分のために、少なくとも一日一時間は、あなた――私の魂――を養うための時間をとっておこう。その一時間のあいだ、世の中のことは忘れよう。」

パラマハンサジの師《グル》、スワミ・スリ・ユクテスワは、この聖歌がとてもお好きでした。この歌の中で、神はご自身の信者――この世のまやかしの夢に眠る者たち――に話しかけておられます。

「おお、わが聖者よ、目覚めよ、目覚めよ！
汝は瞑想しなかった、集中しなかった
そしてつまらないおしゃべりに時を過ごした
おお、わが聖者よ、目覚めよ、目覚めよ！
死は戸口まで来ている
自分の魂を救い出すには、もう時間がない
おお、わが聖者よ、目覚めよ、目覚めよ！」(9)

それゆえ絶えず祈りなさい。「おお魂よ、夢から醒めよ、目覚めよ。これ以上眠るな！　目覚めよ、もうこれ以上眠るな！」と。

聖者と罪人の違いは、ただ一つと言われています。聖者は、試練にあってもあきらめなかったのです。絶えず心の内で神の御名《みな》を唱え続けなさい。といっても上の空ではなく、師《グルジ》が教えてくださったように、「神の御名を心の中で唱えた瞬間、あなたの考えや愛のすべてが、その方向へ流れるようにしなさい。」いつも愛する宇宙のお方（神）にささやき続けなさい。「その日は来るのでしょうか？　ただあなたの御名を唱えただけで、愛で全身が燃え上がるようになる日が？」

そのときが来ると、神を求める人は人生に違った意味を見出します。人生は楽しい体験になります。どこを見ても、愛する神の面影を見るようになります。そして逆境のさなかにあっても、師《グルデーヴァ》がおっしゃったように、「めちゃめちゃに崩れゆく世界の真ったただ中に、ゆるぎなく立つ」ことを学ぶでしょう。「私は魂である。それゆえ火が私を燃やすことはできない。剣が私を貫くことはできない。水が私を溺れさせることはない。私は『それ』（神）である」と悟るのです。

このように生きるということは、何事にも束縛されない自由な境地を見つけるということです。どんな人生体験のただ中にあっても、自分の愛するお方（神）の、愛にあふれた守護の腕の中にいることがわかるでしょう。

（1）　創世記 1章 27節「神は人をご自身の似姿につくられた…」

（2）「オーム」とは、あらゆる音の基盤であり、神を象徴する普遍の言葉である。このヴェーダでいう「オーム」は、チベット人の間では聖音「フム」、イスラム教徒の間では「アーミン」、エジプト人、ギリシャ人、ローマ人、ユダヤ人、キリスト教徒の間では「アーメン」と呼ばれるようになった。「オーム」は、聖霊（不可視の宇宙波動、創造主としての神）から発せられている、すべてに浸透している音であり、聖書でいう「ことば」、創造の声、すべての原子に宿る聖なる存在の証人である。セルフ・リアリゼーション・フェローシップの瞑想法を実習することによって、「オーム」を聞くことが可能になる。

（3）「宇宙的幻影のこと、語義は『測るもの』。マーヤは創造における魔術的力であり、これによって、本来一体で無限のものが、個々別々な有限のものとして存在するように現れる。」パラマハンサ・ヨガナンダ『あるヨギの自叙伝』より

（4）「グル」に最も近い英語は「マスター」である。「マスター」「グルジ」「グルデーヴァ」は、弟子が愛と敬意をこめて用いる称号であり、弟子が自分のグル、つまり霊的導師に話しかけたり、師を引き合いに出したりするときに用いる。ここでいう「マスター」とは、自分で自分を支配しており、それゆえに、人々を自己統御に導く資格を有する人をあらわしている。

（5）　16章 2―3 節。エドウィン・アーノルド卿訳『The Song Celestial』より

（6）　正しい行為によって神と合一すること

（7）　2章 40 節

（8）「しかし、（わたしを唯一の行為者と考えて）すべての行為をわたしに捧げ、ヨガに専心してわたしのことを想い――こうしてわたしに没頭し続けて――わたしを崇拝する者、おおプリターの子（アルジュナ）よ、わたしに意識を集中しているこれらの人々のため、わたしは遠からず、生死の海から彼らを助け出す救済者となる。」（バガヴァッド・ギーター12章6―7節）（『God Talks With Arjuna』のパラマハンサ・ヨガナンダの訳より）

（9）　パラマハンサ・ヨガナンダ『Cosmic Chants』（神への聖歌集）より

第二章　人間の限りない可能性

一九六三年 五月十八日
カリフォルニア州エンシニタス、SRF僧院にて

人はつねに生きる領域を広げようとしています。人は未知を探求し、地球の周囲を飛び回って、さらには宇宙に飛び出し、また海の深さを測るなどの物理的な方法で、無限者に向かってもっともっと近づこうとしています。人は応用科学や、コンピューターのような画期的な機械の発明をすることによって、自分自身の精神を発達させています。毎日新しい展望が開かれていきますが、人類は自身が達成したことに歩調を合わせるために、思考や知識の限界を広げるよう強いられています。私たちの祖父の時代と比べて、なんと多くのことが人の脳に要求されていることでしょう！

人間の精神性もまた、この拡大をとおして変容を遂げつつあります。人はもっともっと奥深く、あの神秘を探求しています。ある人はそれを神、ブラフマン、アラー、またはその他の崇敬に満ちた名前で呼んでいます。それは唯一の、聖なる、宇宙的な、英知ある、愛と歓喜に満ちた「存在」であり、私たちの創造者であり維持者です。今日の求道者たちが求めているのは、単なる信仰ではなく、宗教的な体験です。

このような傾向から、パラマハンサ・ヨガナンダのセルフ・リアリゼーション・フェローシップ（S

RF）が、西洋のみでなく地球全体で果たさなければならない特別な使命について、私はいっそう深く確信するようになりました。パラマハンサジの『あるヨギの自叙伝』や、SRFのレッスン(1)に対する、世界中からの大きな関心を見ても、このことは明らかです。

SRFの会員には、この仕事と世界のために大事な役割があります。SRFの教えに従う人の最も重要な任務は、自分自身の救いのため、そして他人を啓発するために、真理の生きた手本となることです。この道を歩んでいながら、進歩するより、むしろ立ち止まっているような感じがしてもがっかりしないでください。もっと努力してください！　パラマハンサジが生前にいつも強調されていたことですが、あなた方にはただ一つの義務があります。真の自己を見つけることによって、自分を向上させることです。たとえ私たちの教会が何百万という人々でいっぱいになろうとも、会員の質的な霊的成長がなければ、そのような組織は私たちの師を感動させません。真に神を探し求める魂の集まりでなければ、いくらたくさんの人を集めても、師は何の興味も持たれません。師の最大かつ唯一の関心は、自分のもとに来た一人ひとりに、魂と神との聖なる絆を意識的に見つけさせる手助けをすることでした。その絆はすでにあります。真の師《グル》の役目とは、弟子の魂と、宇宙の創造主である神とが一体であることに、意識的に気づくよう手助けすることなのです。

この崇高な仕組みについて考えるとき、私は、師の仕事への情熱で一杯になります。そして一日中、さらにもっと神の聖なる意識に酔っていたいと思う情熱を強くします。神こそが唯一の真理であり、この世の中で唯一不変で不滅のものなのです。
もし、世界中を喜ばせ、皆が自分の足もとに集まってきても、それがいったい何なのでしょうか？もし、この世で持てる限りの富を持っても、それがどうだというのですか？　外へ求めるものはすべて結局飽きてしまうし、飽きると退屈になります。決して飽きることも退屈することもなく、完全な満足を与える唯一の体験は、常に新鮮で常に喜びに満ちている神と、霊的に交わることです。

世間の人々は、神の必要性を感じているので神の方へ向き直るでしょう。世間が苦しければ苦しいほど、私たちは神なしには何もできないことがわかります！　世界がますます嫌悪と戦争の気配を響かせていた、一九三九年より始まったあの頃のことを私は思い出します。その頃の私の苦痛は大きなものでした。私は、戦争ほど愚かしく苦しみに満ちたものはないと思います――まるで、そのすべての傷が私の中にあるように苦しんだものでした。感受性が豊かで、他人に同情や憐れみを寄せる人は皆、このように感じるものです。エンシニタスの僧院とマウント・ワシントン[2]の間を、師《グルジ》とともに車で往復するときはいつでも、道端に若い軍人たちが並んで、乗せてくれと頼んでいるのに出会いました。そのとき私が思ったのは、「あなた方一人ひとりは皆、誰かの子供なのに」ということだけでした。ある日、パラマハンサジは振り返って、私の苦痛の表情を見たのです。師は私の心を読みました。車は満員ではなかったので、師は「ちょっと車を止めなさい」と言いました。道端には、まだうら若い二人の少年が立っていました。パラマハンサジは、「一緒に乗りますか？」と聞きました。師《グル》が彼らにどんなに優しくされたか、私は決して忘れることはできません。簡単な行動ですが、私の苦痛をやわらげてくれました。

この戦争の間、パラマハンサジはおっしゃいました。「世界はあたかも後退しているかのように見える。嫌悪によって世界自体が滅びていくかのように見える。しかしこのことをよく理解しなさい。世界は上に向かっているのだ。絶えず発展し、進歩しているのだ。」

白は黒を背景にするとはっきり見えます。同様に悪を背景にしたとき、最も善が目立ちます。真っ暗な闇を背にしたとき、神の光はより輝くのです。キリストの時代にも、このことは真実ではなかったでしょうか？　世界が無知の闇に満ちたとき、聖なる神は、神の聖者の一人を地球へ送り、人々の意識を高める方法を教えて正義を正す、とバガヴァッド・ギーター(3)は述べています。

神の体験は世界の調和をもたらす

セルフ・リアリゼーション・フェローシップは、すべての宗教、種族、人々を尊敬し愛することを教えています。なぜなら神はひとつであり、神の意識において、神の子供たちは調和していなければならないからです。私たち個人に真の自己の悟りをもたらし、そして究極的に世界の調和をもたらすのは、神を信じることばかりではなく、むしろ神を体験することです。私たちが黒、茶、黄、赤、白の肉体を着ていても、神は何の関心も示されません。神の似姿につくられた私たちが、さまざまな色や姿の内におられる神にどのように対応するかを、神はご覧になりたいだけなのです。何の違いもないのがわかりませんか？　肌の色、人種、宗教は、各人の内面にある聖なる魂、神の似姿を変えないということが、わかりませんか？

私たちは、偏見を捨て去るために努力しなければなりません。偏見は心や意識を狭くして、私たちの内におられる聖なる神を泣かせてしまうのです。それでも私たちは、自分の近視眼をいくらか、神のせいにしてもよいのです。私たちは神にこう言うことができます。「主よ、人々の心の中にこの差別観をお与えになったのはあなたです。なぜなら、あなたが最初にそれをお与えにならなければ、彼らはそう考えることはなかったはずですから。人はあなたの創造の夢の一部にすぎないのですから。」すべてが神のものです。もっとも広い意味では、悪の力ですら、神の道具なのです。悪、すなわちマーヤは宇宙的迷いであり、その影は、神の創造の光を映画のように、無数の個々の姿に変容させるのです。マーヤがなければ創造はなかったでしょう。この形而上学的な意味において、悪というのは、すべての内にあまねく存在する常に完全な神の光を、隠しゆがめてしまう闇すべてということになります。

創造の理由とは何でしょう？　パラマハンサジが教えられたように、それは神のリーラ、つまり聖なる遊びなのです。その遊び《リーラ》を、それほど重大にとらえないでください。遊びをつくられた方を忘れるほど、遊びに夢中になってはいけません。なぜなら、神こそが遊びの背後にある実体なのですから。

世間に近づくと、人は盲目になる

片方の目を閉じて、もう片方の目の前に銅貨をおけば、その向こうの世界は見えません。そんな小さなものによって盲目にされてしまいます。開いている目の前から銅貨を取り去ってしまえば、どんなに世界が広いかがわかるでしょう。これは神についても言えます。世間に近寄りすぎて巻き込まれると、盲目にされ、神が見えなくなります。不安、心配、恐怖などに圧倒されて、神が存在することも想像できなくなります。

この世の「銅貨」を取り去って初めて、被造物の内にも彼方にもある、神の広大さを見るでしょう。その時初めて、世界を正しい見方で見るのです。最も大切なもの——神を、直接自分の視野の中にとらえ続けなければなりません。神が最初に来るなら、すべての焦点が正しく合います。

そういう理由から、キリストは言われました。「しかし、まず神の国を求めなさい。そうすれば、これらすべてのものは、加えて与えられるだろう。」(4)パラマハンサジは、このメッセージを何度も何度も強調されました。どの人も心の中で、何かが必要だと感じています。私たちは神を必要としているのです。私たちが引き寄せる特別な問題、試練、体験を、上手に処理できるような強さを与えてくれる「不変の何か」に私たちはすがりつく必要があります。自分に起こることを人のせいにしてはいけません。自分を非難しなさい。でも、自分を罰しないでください。なぜならそうすることは間違っているからです。そして絶対に自分を憐れみすぎてはいけません。それもまた間違っています。あなたは神の子であって、瞑想とは、あなたが神のものであると悟るための方法であることを、いつでも思い出してください。

瞑想は、私たちが何であるかを常に言い聞かせてくれます。瞑想するために座るとき、私たちはこのように言い聞かせます。「私は、神と一体の魂である」と。このSRFの瞑想法を実習するとき、あなたは自分の真の姿を思い出そうと励んでいるのです。ほかのことと同じように、瞑想をすればするほど上達するし、得るものも増えるし、自分の天与の性質を思い出し、それを表現するようになるでしょう。瞑想が重要で価値あるものであるのは、あなたが魂の性質を究極的に悟ることを、確実に約束してくれるからです。

教会に行くだけでは不十分です。SRFの教会で、すばらしい講話を聞くだけでも十分ではありません。講話も良いし、それを聞くことも大切です。できれば講話には定期的に出席すべきです。しかしそれに加えて、毎日神の存在を感じる訓練をし、毎日深い瞑想の中で神と交流を持ち、毎日あなたの問題を神に差し出すこともしなければなりません。

神の探求は土壇場まで先延ばししてはいけない

神とのそのような交流をもたずに、世間の人々はどうやって生きているのか、私にはわかりません。今に、神のことを無理やり考えさせられるほど、世界が打ちのめされることも大いにありうるでしょう。しかし、それも良いかもしれません。なぜなら、私たちが神の御前《みまえ》にいるようになるのであれば、神の御前にひざまずくに至った理由は、究極的に言って何でもよいからです。

ですから、自分の身に起こることを絶対に嘆いてはいけません。人生のどのような状況にあっても、絶対に挫折を感じてはいけません。いつもこのように考える努力をしなさい。「主よ、私はどのような試練も、体験も、あなたの許可なく訪れることはないと信じています。あなたの祝福のお陰で、何が起ころうとも、うまくやってのける強さが私の中にあることを知っています。」たとえあなたに課せられた仕事が、人力を超えていると思われても、神は単に、あなたの意識というゴムを引き伸ばしているだけだ、可能性を秘めた限りない能力を広げているのだ、ということを思い出してください。

この信仰と全託の姿勢で、人はただ、「あなた、主よ――あなた、あなた、あなた」と思い続けながらこの世を生きるようになるのです。そのように神を信じる人は、神のことをあまりに強く感じるので、あらゆる体験を神と結びつけます。たとえ世間の問題に関わっていようと、仕事場で忙しく働いていようと、夫や妻や子供たちに愛情を示していようと、その人はすべてが神——神から、そして神のために——と理解するのです。

夫婦・子供・兄弟・姉妹の関係の内に、神を見ようと努めるような聖なる姿勢をもつと、またそれぞれの関係の内に、神の特性の別の一面を見ることができると知ると、人は、愛する唯一の神の内に、自分が生き、動き、存在していることがわかり始めます。

それが人生の目的であり、全人類のゴールです。人生がもたらす、あらゆる体験を通過するときに、神の意識を維持することによって、私たちは自分自身を、そして周囲の人々を、無限なる全体の一部として再び見られるようになります。そのとき、自由は私たちのものとなるのです。

(1) 世界中の会員に送付されている、パラマハンサ・ヨガナンダの教え。熱心な真理探求者なら誰でも入手可能である。これらのレッスンには、パラマハンサ・ヨガナンダが教えたヨガ瞑想の技法が含まれる。また、全生命を支配する普遍的法則と、人が最高の幸福のためにその法則を活用する方法を説明している。

(2) ロサンゼルスのセルフ・リアリゼーション・フェローシップ国際本部のある場所、または本部自体の名称として汎用される。

(3) 4章7—8節

(4) ルカによる福音書 12章 31節

第三章　私たちの聖なる定め

インドにて。日付・場所不明

人間は成就すべき聖なる運命をもっていますが、人間の存在の目的を知る人は少なく、その目的の達成に励む人はさらに少ないのです。普通の生活は、肉体の要求を満たし、その場で必要な仕事を果たすことに追われています。このように普通の人は、自分がどこから来たのか、なぜここにいて、どこに行くのかを知らないまま生き、そして死んでゆきます。

世界の偉大な聖典が断言しているのは、神の被造物のなかで最も霊感を授けられたのが人であり、実際のところ、人は創造主の似姿につくられているとあります。神の似姿とは、病気にかかりやすく、死の前には無力である肉体のことでしょうか？　または、マーヤに覆《おお》われて、変わりやすい気分や感情に左右される知性のことでしょうか？　このようなものが、宇宙の複雑さを生み出し維持している「偉大なる力（神）」の似姿であるはずがありません！　では、人が似せてつくられたという聖なる似姿は、どこにあるのでしょう？

人は三重の生き物です。人は肉体をもっています。しかし人は、求め、病み、死ぬような肉体ではありません。人は心をもっています。しかし人は、宇宙の幻術のトリックによって過ちにおちいる心でもありません。人の本質は不死身のアートマン、つまり魂であり、肉体の宮に、目に見えない状態で宿っています。このアートマンこそが、人の内にある神の似姿――その聖なる本質が愛・英知・無限の力・永遠の喜びである、まったく完全な似姿なのです。

自分の内にある、聖なる似姿を汚すような神の子こそ、盲目と言えるでしょう。そのような人は、物質意識という不完全さによって、聖なる似姿を覆い隠してしまったので、その似姿を見出すことができないのです。このようにして、人は自分の本当の性質に逆らって生きています。だから、人は決して完全に満足することはできず、いつも心の奥深いところに何がしかの切望があって、とらえどころのない未知なる物を常に求めて、あの道この道へと駆り立てられるのです。

その人の探している「何か」が神なのです。神、それは心臓の拍動のすぐ背後で鼓動している聖なるお方であり、家族や友人や恋人への愛など、あらゆる形の愛の内に浸透している愛であり、すべての幸福の炎を燃やす喜びであり、ちっぽけな人間の心が考えることのすぐ背後に存在している全知の英知です。最も近いものよりさらに近くにあるのが、神の力です。神の力は人に命を与え、人の生活に意味と充足感をもたらすことができるのです。

人の定めは神を知ることである

ですから、人の聖なる定めとは、神を見いだすことであり、いつか朽ち果てる肉体と心の宮の内に存在する、神の似姿を悟ることなのです。真の自己つまりアートマンを悟ることによって、自分の内なる神を見出すと、私たちは広大無辺な愛するお方を、あらゆる自然現象の内にも、サット・チット・アーナンダ（常に存在し、常に意識し、常に新しい至福）としての、神の形なき自己の内にも見出します。内なる神の似姿が全知・全能・遍在の神を反映するものであるという、輝かしい悟りに目覚めたとき、その人は他に求めるものなどあるでしょうか？　その人の心に求める愛などあるでしょうか？　その人の手に届かない成功などあるでしょうか？　その人を避けられる喜びなどあるでしょうか？　自分自身があらゆる充足感、愛、喜びの源（神）の反映であることを、人は悟らなければなりません。

ラージャ・ヨガ(1)は古代の科学で、真の自己を悟り、その個別化した神の似姿を、宇宙の神《スピリット》に再結合させる道を教えています。瞑想によって私たちは、宇宙の創造者の子として、忘れられた遺産を取り戻します。天の父との真の関係を再び確立すれば、子としての私たちは、父の持つすべてを持てるのです。何かを追い求め、望んだとしても、その背後で私たちが探し求めている宝とは「幸福」なのです。忠実に瞑想の道を歩む人は、「私は喜びから生まれ、喜びの中に生き、動き、存在する。そしていつか、その聖なる喜びの中に再び溶けこむ。」という、真実を悟り始めるでしょう。
この聖なる喜びを知りたい人は、この地上での人生における聖なる定めを果たすために、努力しなければなりません。人は自分の本当の性質を、そして真の自己と神《スピリット》との関係を再発見するために、全力投球しなければなりません。だからといって世間の義務から逃れる必要はありません。それでも、毎日二十四時間のうち必ず一時間は、神の探求のために使うことができるはずです。私たちの偉大なグルの方々[2]によって教えられたヨガの瞑想法を、たとえ毎日数分間でも熱心に実践すれば、真剣な求道者はその努力と着実さに応じて、最高の祝福を手にすることができます。私たちが神に近づくにつれて、また自分の本当の性質があらわれてくるにつれて、人生そのものの様子が変わってきます。試練ですら、祝福のために差し伸べられた、神の御手《みて》の影に過ぎないと思えます。より強い決意と行動力が、私たちを動かします。とりわけ、平和と喜びが、私たちの存在の中心になります。つまり、内なる至福が中心となって、私たちの思考や経験のすべてがその周りをめぐるようになるのです。

いずれ私たちも、自分という存在の源へ帰らなければなりません。どうして私たちは、迷いの世界での流浪生活を長引かせるのでしょう？　クリシュナは愛弟子アルジュナにこう言いました。「私の、苦しみや不幸の海から出てきなさい」と。偉大な方々の道に従うことによって、私たちも「出て行こう」ではありませんか。私たちが到達するよう定められた目標へと、今日から努力しましょう。真の自己の悟りを求め、神を探求し、それを達成しましょう！

（1）　神と合一するための「王の」道、すなわち最高の道であるラージャ・ヨガには、その他のあらゆるヨガの方式の神髄が含まれている。神の悟りに達するための究極の方法として、ラージャ・ヨガは科学的な瞑想技法を重視している。

（2）　セルフ・リアリゼーション・フェローシップ／ヨゴダ・サットサンガ・ソサイエティ・オブ・インディアの、神を悟ったグルの系譜、マハアヴァター・ババジ、ラヒリ・マハサヤ、スワミ・スリ・ユクテスワ、パラマハンサ・ヨガナンダ。

第四章　神を求める人の資質

一九六五年二月十九日
カリフォルニア州ロサンゼルス、ＳＲＦ国際本部にて

霊的な道でまず要求されることは、真剣に神を慕うことです。そのように慕う気持ちがなければ、神を知ることはできません。何を求めるにせよ、成功するには、不断の推進力が必要です。もしあなたが神を知りたいと思うなら、同じように神への不屈のあこがれが必要です。

しかし、慕うだけでは不十分です。私たちはさらに進んでいかなければなりません。神へのあこがれが生まれたなら、その気持ちを忠誠心と献身によって育まなければなりません。最初に神への、次に修行の道への、それから神があなたに送る師への忠誠心と献身によってです。求道者が熱心に神を求め始めると、修行の道とその道を導いてくれる師《グル》を見つけます。それゆえ二番目に大事なことは、神へのそして自分が選んだ道の師《グル》への、忠誠心と献身です。

さて、三番目の条件はきわめて重要です。霊的な道を歩む上で私たちは、弱いような人々を否定したり失望させたりするのではなく、そのような人々の励みとなるように行動できるよう努力しなければなりません。と言っても、人の注意を引くためにがんばることではありません。私たちが心の中に

感じ始める霊的資質を、日常生活の中で良心的に表すようにするのです。そうすることで、神への道を歩むよう人々を励ますことができます。

四番目の点は、常に謙虚であるよう努めることです。なぜなら謙虚さというのは、神の恵みの水が溜《た》まる谷のようなものだからです。いつもいつも「私、私、私」と言っている利己的な意識は、乾きった砂漠の山頂のようです。そのような山頂に、水が溜まるはずはありません。水は、深い谷間に溜まるのです。同じように、恵み、恩寵、祝福の水は、神を第一に、自分を最後にするような、謙虚さという谷間に溜まります。つまり、ヒンドゥー教の格言にあるように、「この『私』が死ぬとき、自分が誰なのかがわかる」のです。

神を求める人に要求される五番目の点は、毎日瞑想のために時間をつくることです。毎日瞑想する努力より、仕事の方が急を要すると思うのなら、あなたは自分をだましているのです——あなたは神をだましていると思うかもしれませんが、そうではありません。この誤解は、求道者が直面する大きなテストの一つです。初めのうちは、瞑想からなんら目立った効果も感じないでしょう。すると私たちはまず、仕事や世の中の要求を優先的に考えてしまいがちです。苦しい体験や不運な出来事、肉体的・精神的・霊的な苦しみに直面したとき初めて私たちは、神を人生の第一に据《す》えていなかった過ちに突如気づき始めるのです。

神に専念することが問題解決の助けとなる

私たちが個人的な問題や不満――批判したいことがあったり、また対人関係や仕事に葛藤を感じたり――を尋ねても、パラマハンサジがその問題について長々と語られることはありませんでした。事実、一つの例外を除けば、師が腰を落ち着けて私の問題について話されたことはなかったと思います。私たち弟子は、決して個人的な相談を師に持ちかけることはありませんでした。なぜなら私たちは、答えが何であるかを知っていたからです。師はよく、霊的意識と聖なる眼(1)の座である、眉間のキリスト意識の中枢を指して、「ここに心を集中し続けなさい。そしてあなたの意識を神にとどめておきなさい」と言われました。なかには、私たちの求めているものをパラマハンサジは与えてくれなかったと思う人もいるでしょう。つまり、師《グル》は弟子に、神の本質や徳の価値などについて、くどくど長い説教をするものだと考えるからです。ところが、たいてい師は、一言二言で、静かで効果的なことのみを言われました。そして感受性のある人たちには、それで十分でした。このように師は、自分自身の意識を強めれば、自分の問題への正しい解決法を必ず見つけられると教えてくださいました。

神を愛した他の偉人たちに同じく、パラマハンサジは非常にシンプルな方でした。師には唯一の要求、私たちに学んで欲しい一つの教えがありました。それは、私たちの人生で神が一番目に来るべきだ、ということでした。「まず神の国と神の義を求めなさい。そうすれば、これらすべてのものは、加えて与えられるだろう。」[2] 師はこの教えを、僧院に住む人々だけではなく、すべての人に対して言われたのです。この真理「神をまず求めなさい」について考えてみると、私たちはだんだんその意味がわかるようになります。お腹が痛いとき、家庭に問題があるとき、仕事がうまくゆかないとき、解決策は非常に簡単です。心の焦点を神に合わせなさい。まず神に心をとどめて、その意識レベルで問題を解決してごらんなさい。きっとあなたは、早くそして効果的に結果が出ることに驚くでしょう。私にはわかります。なぜなら私はこうして生きてきたし、長年、多くの責任をこうして果たしてきたのです。

自分を変える努力をする

神を求める人は時々、自分自身の霊的な回心に夢中になりすぎて、誰かれかまわずその話をして、他人も変えたいと思うことがあります！　自分は良いことをしており、自分自身は良い方向に変わったと確信しているので、世界中を回心させたいと望みます。そのような熱意は、たいてい外面的なものです。自分自身を変える努力が先頭に来るべきです。自分を変えることは難しいことです。なぜなら、私たちは自分でも気づかないうちに、習慣という固くなった殻の内部にあまりにも深く埋もれているからです。私たちは自分独自の考え、機嫌、感情に縛られている、監禁された囚人のようです。

人生で、たとえば三十―四十年かけて形作った習慣を変えることは、容易なことではありません。一つの小さな習慣を変えようとするならば、それがどんなに難しいかわかるでしょう！　自分自身に命じてみましょう。しゃべりすぎないように、噂話をしないように、批判的にならないように、妬《ねた》まないようにと。何らかの努力をした後で、あなたはこう思うかもしれません。「自分を変えることは不可能のようだ。私に希望はないのだろうか」と。もちろん希望はあります。でも、あなたが自分の欠点に対して働きかけないで、周囲の人々や環境を変えることばかりに励んでいたら、その希望は絶対にかなわないでしょう。このことをあなた方に学んでもらいたいのです。今ここにいる私たち皆の口が閉ざされてしまう、そのずっと後にも、これまでお話ししてきた永遠の真理は生き続けるでしょう。

あなたは自分を**変える**ことができます。その方法は神を真剣に求めること、瞑想、自己訓練です。それ以外の道はありません。悪い習慣を克服し、私たちをこの有限な肉体と心の囚人としてきた、潜在意識の隠れた足かせを壊すには、これらすべてを合わせた力が必要です。

だから、霊的な道を歩む求道者には、いくつかの規則が必要です。厳しい訓練が必要なのです。この宇宙の支配者である神を知ることは簡単だと思いますか？　心が、卑劣さ、否定、噂話、嫌悪、不信仰という、神に劣るあらゆるもので満たされていながら、神と簡単に交わることができると思いますか？　とんでもない！　こういう障害物を取り払うための瞑想や自己訓練なしに、神を知ることはできません。

神にすべてを任せたときに初めて、神を知ることができます。平凡な弟子であることに満足しないように。世間一般の水準に合わせないように。師《グルジ》が私たちに向かってこうおっしゃったことを思い出します。「わたしはこの道で、平凡な弟子は望まない。だから、あなた方皆に厳しくするのだ。神へまっしぐらに進む精神力を持つ人を、わたしは見たいのだ。」

師から私への最後の個人的な言葉――私はその言葉をどんなに大切にしていることでしょう！――それは、師のマハサマディの三日前の言葉です。私たちはこの本部のエレベーターで一緒に降りてきました。師は言われました。「かわいそうに、今生のあなたに、わたしはずいぶん厳しかった。(3) わたしは自分のグルが与えたのと同じ厳しい訓練をあなたにも与えた。わたしにはあなたがそれに耐えられるとわかっていた。しかし覚えておきなさい。わたしのグルはわたしを愛していたからこそ叱ったのだ。」そして師は、強く胸に響く言葉を言われました。「しかしわたしは、あなたにその訓練を与えるために、そう長くここにはいないだろう。」

私は答えました。「グルジ、どうか永遠に、この弟子に訓練が必要と思われるときはいつでも、訓練をお与えください。あなたの姿をここに見ることができなくなっても、あなたはわたしを導くことができると知っています。どうか、いつもわたしを訓練し続けてください！」

私は、身体や心からなる自我を喜ばせようとは思いません。私が求めているのは、自由です。そして自由こそ、私が皆さんのために望むものです。

態度が正しければキリストのようになる

「この『私』が死ぬとき、自分が誰なのかがわかる。」神を求める人の態度が正しければ、キリストのようになります。誰もイエスを侮辱したり、イエスの愛の精神を破壊したり、イエスを怒らせたりできませんでした。なぜならイエスの意識は小さな自我ではなく、大いなる自己、つまり神の内にあったからです。ですからイエスは何ごとにも、誰からも、決して感情を害されることはありませんでした。

たとえば、世界中が私たちを不当に非難するとします。心が神の内にとどまっていれば、世界が自分をどう思おうとあまり重要ではありません。かといって、世界を軽く見るべきだと言っているのではありません。むしろ、すべては一つであるとの神の意識（おそらく皆さんは、その一瞬でもかいま見ているでしょうが）に没頭しているので、人々に憐れみを感じ、理解しようと努めることでしょう。何にもまして、これだけは知っておいてください。「世界中が私を称賛しようとも、神の祝福がなければ私に安らぎはない。しかし、たとえ世界中が私を悪く言おうとも、私の背後におられる神の力が感じられるのなら、私は神の内で崇高に満たされる。」

そのような悟りこそが、霊的生活のすべてです。そして私は生きている限り、自分の意識と皆さん一人ひとりの意識を、唯一の目標（神）へ引き戻そうと努力し続けるでしょう。私は師《グルデーヴァ》パラマハンサ・ヨガナンダの教えが、人々に慰めをもたらすのを見たいのです。団体の仕事という巣箱は、神を愛する魂たちの蜜で満たされなければなりません。

だれでも自由になりたいと望んでいます。自分が本当はこの世の囚人であることがわかれば、あなたは自由を熱望するようになるでしょう。私は生まれながらにその望みを抱いていました。そして自由を求める道では、どんなものにも邪魔させませんでした。自由が得られなかったら、それは誰のせいでもないとわかっていました。今、私と神の関係を邪魔することのできるものは何もありません。私を思い止まらせようとする人がいるかもしれません。私にこの道を捨てさせることができると考える人がいるかもしれません。でも、それは絶対にできません。どうしてでしょう？　それは私が、自分の求めるものを知っているからです。私は絶対に自分をだまそうと思いません。またこの世のものを求める誘惑にだまされません。神が一番です。

神を求める人がそのような意識を持てば、人生をより容易に過ごせるようになります。人生が、落ち着いて安定したものになるのです。そのような人は、自分と他人の真の関係を知り、そのとおりに感じます。人生に起こるできごとを、正しい見方で見ることができるようになります。

神を一番に求めることは世間を捨てることではありません。そうできるのは恵まれた人たちです。でもどこにいても、神を一番におくことはできますし、そうすると、あとのすべての義務も人間関係も正しく収まってくるのです。結局、愛の源はたった一つで、半ダースあるわけではないのです。英知や愛や喜びを生みだす原動力は、三つとか四つではなく、たった一つなのです。その唯一の源が神なのです。

神を求める人が、神とより深く合一すると、自分はその偉大な源（神）の単なる道具、部品にすぎないことを悟ります。そして、どんなものでも、どんな人でも、共通の源（神）の部品とみなします。それにより人間関係が正しくなります。もはや他人に何かを要求しようとは思いません。愛や親切や理解を、つかみ取ろう、奪い取ろう、泣いて求めようとは思いません。むしろ与えたいと思います。この世で与えたものは戻ってくるという聖なる法則を知っているのです。それは科学であり、例外は絶対にありません。

親切の種をまけば、親切を刈り取るでしょう。しかし、何年間も親切にしてきた人が、あなたに何も与えずに傷つけるならば、それは前世であなたが不親切の種をまいたために、今まさにその実を結んでいるのだと思いなさい。忍耐強くありなさい。今まいている種が、適当なときに実を結ぶまで待ちなさい。今日種をまいて、翌日実のついた木にはなりません。適当な時が経って、種は木になります。今日から良い習慣の種を植えなさい。今この世界に親切をまきなさい。適当な時に、それ相応の結果をもたらすでしょう。もし今日とった実が酸っぱくても、悲しんだり、自分をあわれに思ったりしてはいけません。あなた自身がその酸っぱい実のなる種をまいたのですから。言うなれば、男らしくその立場を受け入れなさい。立ちあがって、勇気と忍耐をもって不愉快なことに耐えなさい。神への信仰をもって我慢しなさい。

皆、どこかちょっと狂っている

問題は、パラマハンサジがよく言われたように、私たちは誰でもどこかちょっと狂っているけれど、似た者同士が集まっているので、互いにそれに気づかないのです。神を知るまでは、本当にバランスのとれた人間はいません。この世界に「よく順応した」人々というのは、真の自己の悟りを成就した人々のことで、私たちはそうなるために努力しているのです。

多くの人はどこかちょっと、心におかしいところを抱えているのですが、さらに多くの人が、情緒的におかしなところを抱えています――情緒的な障害、情緒的な未成熟です。誰もそれを否定できません。私が思うに、この情緒的な病気は今日の人類にとって、最も重要な問題に思えます。その一つの兆候は、常に自分の問題を周囲の状況や人のせいにすることからみて明らかです。「そうだ、彼がこうしなかったら、彼女があぁ言わなかったら、私は今日苦しんでいないだろう……」ばかげています！　師は、そういう言い訳が間違いであることを、私たちに大変厳しくお教えになりました。

自分の状況を他人のせいにしてはいけません。現在のあなたの立場は、まさにあなた自身がつくったものなのです。「あなたは自分の運命を支配する者である」という言葉はまったく正しいのです。あなたは自分の運命の設計者なのです。問題は私たちが無知であることです。無知のために人間的な弱さをコントロールする方法を知らず、そのために間違った行動をし、今日それによって生じた悪い結果を体験しているのです。この真理を知っていることは、考え方が成熟している証拠です。この真理を知っていれば、私たちの情緒的な成長に役立ちます。私がこの点を強調しているのは、物事に対して正しい態度をとることが、誰にとっても根本的に必要だからです。

私たちは皆、成長しなければなりません。そして成長とは、真の自己を悟り、真の自己として行動することです。「私はこの感情的な人間ではない。私はこの怖がりで愚痴をこぼすような人間ではない。私はこの不安定な弱虫ではない。私は神の一部である」というように。規則的に瞑想をすることによって、そして師《グルジ》が教えられた霊的な規則に従うことによって、私たちは自分が実際に何者なのかを悟るだろうと、師はおっしゃっています。神を十分に知り、私たちの意識が神の意識と一つになったとき初めて、私たちは自分が何者なのかがわかるでしょう。

知性で真理を理解し、魂で吸収する

自分を変えたいと願うなら、重要点をまず頭で理解し、それから魂の奥深くに吸収するようにしましょう。たとえば、「信仰心」を身につけたいとしましょう。それを言葉にして紙に書いたり、信仰心を呼び起こすような考えを書き写したりして、ドアや目立つところに貼るのです。その言葉や考えを見るたびに、信仰心の概念を頭で考えるだけでなく、その意味するところを感じとろうとしてください。じっくりと思いをめぐらし、それを見るとすぐに熱烈な気持ちが起こるようにするのです。師はよくおっしゃいました。「神への愛、神へのあこがれで、空間《エーテル》をかき回しなさい」と。あなたの祈りが、空間《エーテル》をかき回していると思いながら、神と会話してください。

たとえば私たちは、先ほど、師《グルジ》の聖歌『心の扉』を歌ったところです。大きな声で歌った後、私はそれでおしまいにしません。聖歌を大声で歌ったら、つぶやくように歌い、そして心の中で歌うまで続けるべきです。私は歌い終えた後、そこで注意を急に止めません。まだ「おお主よ、あなたは来てくださいますか？　来てくださいますか？　一度でいいから私のもとへ」と歌い続けているつもりで、深く深く入っていくのです。私の心は泣き叫び、私の心は引き込まれ、私はその思いで、師の言われたように、「空間《エーテル》をかき回す」のです。つまり聖歌を、感情を高揚させながら何度も何度も繰り返し、言葉の意味が自分の意識の一部になるまで繰り返すべきなのです。これをするには、自分のしていることに一〇〇パーセント注意を集中していなければなりません。九十九パーセント神に集中していても、ちょっと周りの人のことを考えたり、仕事のことで心を迷わせたりしていては、神の返事をいただくことに成功しないでしょう。

師はよく言われました。「あなたが一〇〇パーセント神に集中しなければ、神はやってこない」と。座ってクリヤ(4)をやりさえすれば、心があちこちに飛んでいっても進歩できると思っているなら、それは大間違いです。こう言い訳する人がいます。「今日は百のクリヤをやったから進歩は早いだろう……今週私は千のクリヤをやった。十分な霊的進歩があるはずだ。」とんでもない！ そういう求道者の姿勢は間違いです。そういう人は師《グルジ》の叔母さんのようです。彼女は四十年間毎日、数珠で祈りを唱えていましたが、心はいつもどこかよそにありました。彼女が何の返事も得られない、と不平を言っても当然です！ 神をこの世で手に入れるために、あなた方は本気で取り組まなければなりません。そういう熱意をもってこそ成功できるのであって、ある程度の努力なしにはできません。

神は恥ずかしがりで捕まえにくい

神と知り合うことはとても難しいのです。神はこの宇宙だけではなく、ほかの無数の宇宙をも動かしておられます。熱心に神を求めずして、どうしてあなたのために時間をつくってくれましょうか？師はよく言われたものです。「深い瞑想の中で、静けさを『絞り出し』て、隠れている神の意識――創造物を隅々まで満たしている、愛に満ちた秘密の知性を引き寄せなさい」と。

これは簡単なことではありません。神は恥ずかしがりで捕まえにくく、いつも隠れていらっしゃいます。それにあなた方はいつも横道にそれています。あなた方の心は、あまりにも無駄な考えで占められています。「これはもっと大事、これは大事ではない」とか、「私はこの顔は好きだけど、あの顔は嫌いだ。この人は私にとても親切だけど、あの人はとてもケチだ。ほら、この人がしていることを見てごらん。そしてあの人がやったことをちょっと見てみよう。」どこに、一点に注意を集中した心があるのでしょう。どうやってこの細切れの心の中に神を見つけられるのでしょう？　眼を閉じて、この世の最期の息を引きとるときもあなたは、何ら進歩もせずに今のままでいることでしょう。そしてこう言うのです。「愛する神よ、私は時間を無駄にしました。そうしたくはなかったのに。私は無限の完成という扉のすぐそばにいながら、黄金のチャンスを逃してしまいました」と。

私たちが、この世の何かを失うことを恐れて、神より他のものを重要とみなすことが災いのもとなのです。これは大きな迷いです。私たちは、自らを神に与えたら何かを失う、と思って怖がります。「ちょっと待てよ。私は人生が与えてくれるあらゆることを取り逃がすかもしれない。欲しいものはたくさんある。愛も、権力も、名声もほしいし、大事業もしてみたい」と心の中で言い訳をします。こういうものが私たちの欲しがっているものです。でも、なんてばかげているのでしょう！　こういったものを間違った方法で求めているのです。

根本的な欲望は魂の性質から

私たちはなぜ、名声を欲しがるのでしょうか？　私たちはなぜ、権力を欲しがるのでしょうか？　私たちはなぜ、愛を欲しがるのでしょうか？　私たちはなぜ、喜びを欲しがるのでしょうか？　私たちがこういったものを欲しがるわけは、これらが私たちの本質、魂の本質の一部だからです。インドの、ババジの洞窟[5]で瞑想したときに、私はこのことを十分に悟りました。魂は不滅です。ですから名声とは、世界中の人々の記憶に生き続けたいという、内なる欲望の成就にすぎないのです。どうして魂が、ある転生での名声や業績を、千年先の人々に知ってほしいと望んではいけないのでしょうか？　魂は全能であり、神の全能性と一体です。その能力を表に出したいと望んではいけないのでしょうか？　魂は愛と喜びです。そのため愛と喜びを、人生に欠かせないものとして求めるのは、自然なことなのです。

それゆえ私たちは、自分に本来備わっているものを目標として追い求めているのだとわかるでしょう。迷いの元は、過ぎ去る夢でしかないこの世に、満足を求めようとすることにあります。この世は偽物です。私にははっきりとわかります。なぜ、記憶と忘却、生と死の波に、翻弄《ほんろう》されているのですか？　どうしてそのように自分を浪費しているのですか？　何のために？　人は、捜し求めるすべてのものを神の内に見つけるでしょう。問題なのは、神を第一にすれば、他の一切のものは私たちに加えて与えられるという聖なる約束を、十分信頼していないことです。でも私は生涯、それを信じてきました。それが正しいことを知っています。知っているのです。疑いが生まれても、その考えにしがみつきなさい。神に、このことを証明してくださいと頼みなさい。そうすれば、自分の役割を果たせば、神がこのことを証明してくださるとわかるでしょう。このとおりに証明されるのを見るのは、すばらしいものです！

人生を過ごす上で、どんな種類の迷いや誘惑や試練に出会おうと、いつも、ちょっとこの言葉を思い出してください。「神よ、私はあなたを最初に求めます。そうすれば他のすべてが私に加えて与えられることを知っています。」この言葉を信じなさい。あなたはまず信じることから始めるべきです。そうすれば最後には、もし神を探し続ければ、あなたはいつの日か突然に、「まあ！　私は欲しかったものをすべてもっているようだわ。何も欠けるものなく。」と言うでしょう。

多くの人は、色々なことをあきらめなければならないと思って、神を探したがらないのです。何をあきらめるというのですか？　あなたは何も捨てることはありません。あなたは、魂の内にすべてが達成されているとわかるでしょう。あなたは、心の中の聖なる愛を感じるでしょう。あなたは、自分の中にすべての英知を認めるでしょう。あなたは、神々《こうごう》しい強さを感じるでしょう。もはや、あなたは何も求めません。なぜならあなたには、叶《かな》わなかった望みはないからです。

神と心を通わせた偉大な方々は――クリシュナ、ブッダ、イエスより、私たちの大師(6)にいたるまで――ご自身の生涯で、神を手放すくらいなら死を選ぶほどに、神にすべての満足があることを証明したのではなかったでしょうか？　反対に、多くの人は、この世を捨てるくらいなら死にたいと思うでしょう。どれほどこの世や、この世のすべての物に執着していることでしょう。しかし、あなたが神を見つけたなら、神を捨てるよりむしろ死んだほうがいいと思うでしょう。違いはここにあります。神を知る人は、「他のすべてのこと」は加えて与えられてきたと確信しているからです。神のうちにすべてがあると知っており、そのように感じています。この世は、神が与えるような満足を与えることはできません。そしてどのような人間愛も、神の愛の内に見出される、無限の喜びを授けてはくれません。

この世には常に、失望、幻滅、心痛があります。なぜなら魂の本質が完全さであるにもかかわらず、地球上のすべては粗雑で有限だからです。ここでは、自分が感じたことを相手にうまく伝えることができず、相手もあなたが伝えたいと思うことを受け取る能力に欠けていることがわかるでしょう。魂の話したいことは、言葉では（言葉はあまりにも「お粗末！」なので）表現できません。

私たちが求めるものはすべて神の内にあります。しばらく、たとえばこれから半年間、この考えを覚えておいてごらんなさい。自分に言ってみてください。「ちょっと考えてみよう！　まず、神を探し求めれば、他のすべてのものは私に加えて与えられるのだ」と。この考えを瞑想しなさい。誘惑や、失望や、動揺を感じたときはいつも、神にこう言いなさい。「神さま、私は自分の命をあなたに捧げています。今こそ私はあなたにお約束を守っていただきます」と。そうすればあなたは、神が約束を守ってくださることがわかるでしょう。大事な点は、あなたが神と生きた関係を持つということです。この関係が持てるまで、満足してはいけません。私がこれまで師の教えの中から、皆さんにお話しした規則に従えば、神との関係を発展させることができます。

神のもとへ帰るまで、人には絶えず、言うにいわれぬ欲望や空しさがあります。世界中を旅行し、全宇宙を探し回り、創造が差し出すすべての体験を集めたとしても、神のもとへ帰るまであなたは、「迷い子」のままなのです。

人の愛で人の心を満たそうとしても、絶対に満たされないでしょう。いつも何かが欠けているでしょう。必然的にそうあるべきなのです。「わたしの国はこの世に属していない」[7]とキリストは言いました。あなたの国もこの世のものではありません。ですから、あなたが愚かにも、この世で希望や幸福を築けると思っている限り、希望や幸福は、失望の岩に打ち砕かれてしまうでしょう。私の話していることは真理です。あなたは魂でそれを知っています。

あなたと永遠なる神との間に、生きた関係をつくるためには、あなたの側に努力が必要です。その努力は、緊張のない努力であり、これによって、心はどんどん奥深くへと沈んでいきます。「あなた、あなた、私の神、私の愛、あなただけ、あなただけ、あなただけ」という、たった一つの思いで、空中《エーテル》をかき回すときが、いつかあなたにも来るでしょう。心はすっかりその意識に没頭していき、魂が現れ始めます。するとあなたは、喜びと神への愛の洪水があふれ出すのを感じ、そして主なる神のみが真実であるという理解が、大波のように押し寄せてくるのを感じるでしょう。あなたは神とともにいるその瞬間に、神の真理に直面していることを知ります。神のみが真実なのです。

今夜、あなた方にお話ししたことは、バガヴァッド・ギーターの次の言葉(8)にまとめることができます。「あらゆる所にわたしを見て、わたしの内にすべてを見る者、その者がわたしを見失うことはなく、わたしがその者を見失うこともない。」

(1) 霊眼、人の霊的知覚と直覚的英知の中枢
(2) マタイによる福音書 6章 33節
(3) 師《グル》と弟子《チェラ》が一緒だった前世について述べている。パラマハンサジは、ダヤ・マタが今世で傑出した役割を演じることを知っていたので、彼はその責任を果たすために彼女を霊化し、強化した。転生の法則について

の説明は 90 ページの脚注にある。（出版部注）

（4）セルフ・リアリゼーション・フェローシップ会員によって実習されている特別なヨガの瞑想技法。クリヤ・ヨガは、聖なる霊的科学で、何千年も前にインドで生まれた。これには瞑想のある技法が含まれており、これを敬虔に実行すれば神の悟りへと導かれる。クリヤ・ヨガは、マハアヴァター・ババジによって現代に復活した。（271ページ参照）クリヤ・ヨガはディクシャ（霊的伝授）であり、セルフ・リアリゼーション・フェローシップのグルの方々によって授けられる。

（5）260 ページ参照

（6）セルフ・リアリゼーション・フェローシップのグルの系譜。

（7）ヨハネによる福音書 18章 36節

（8）6章 30節（『God Talks With Arjuna』の中のパラマハンサ・ヨガナンダの訳）

第五章　互いを理解すること

一九六五年十二月十四日
カリフォルニア州ロサンゼルス、ＳＲＦ国際本部にて

私たちはいつでも、神の聖なる子として、自分の本性に従って行動しなければなりません。どんなに他人から傷つけられても、許しと思いやりでお返しすべきです。私たちは訓練次第で、他人が自分に対して抱く感情を変化させる能力をもっています。心からの誠実さをもって、すべての人に愛と友情の手を差し伸べるべきです。もし手がはねのけられたら、はねのけられる度《たび》に手を差し出すべきです。それでもその人があなたを拒絶し続けるなら、しばらく引っ込めましょう。でも秘かにその人に、あなたの愛のこもった思いを送り続けてください。機会ができたら、いつでもまた友情の手を広げられるよう待っていてください。

ほめられてもけなされても、感情を動かされずに受け止めましょう。ときには、批判的な人たちとうまくやっていくのは難しいかもしれませんが、言っていることが建設的ならば、無視するべきではありません。ときどき、自分のことを説明しようと試みたり、理解してもらおうとあらゆる努力をしたりするのもかまいません。でも長々と説明するのは、往々にして単なる自己正当化に聞こえるか

もしれず、時間の無駄になってしまいます。そのような場合には、ただ黙って受け入れる方が賢明でしょう。

最も良い態度とは、アッシジの聖フランチェスコの言葉に表されている「聖なる謙遜さ」です。「たとえ真実でなくとも筋が通らなくても、相手に報復することなく、非難や批判を静かに受け入れなさい。」たとえ言われたことが間違っていても、不当だと思っても、言い争ったり報復したりすることなく受け入れるとき、私たちは霊的に気高くなれるのです。審判は神に任せなさい。神を知ろうとする人は、人ではなく、まず神を喜ばせるよう努めなければなりません。

説明すべきとき、沈黙すべきとき、それは状況によりけりです。でもどんな状況でも、報復すべきときは絶対にありません。いつも神に判断してもらいなさい。神の法は正しいのですから、究極の意味で、自己弁護する必要はないのです。

私たちをほめて理解してくれる人もいるでしょう。私たちを非難して誤解する人もいるでしょう。その両方の評価を、楽々と切り抜けなければなりません。真理にそって生きてゆくために、自分の能力を最大限に生かすよう努めることが私たちの役目です。私たちが間違いを犯したことに気づいたら、すぐさま神に許しを乞いなさい。そして自分を正しなさい。

私たちの過ちを神から隠そうとしても無駄です。神はちゃんとご存知です。私たちは安心して、神にすべての過ちをお話しすることができ、過ちを正すため神に助けを求めることができます。神は内在しているので、私たちは神を誠実で聖なる友として、自分の感情を自由に打ち明けることができます。神はありのままの私たちを見ておられます。神がいなければ私たちは無に等しいと知っていたら、いったいどうして自分本位になれるでしょう？　このことがわかると、神の目から見て完全になろうとする、絶え間ない努力が私たちの内側で始まります。自分に満足している人は、霊的に進歩しません。利己的な自己満足は、より高い自己に対する重大な罪です。進歩向上しようとする努力を止める人はみな、霊的成長も止まります。

間違ったときはいつでも、それを認めましょう。いつも正しくなければならないと思わないでください。これは自分に正直でいるのとは別のことです。ある方法を信じているからといって、その方法が正しいとは限りません。誰かが私たちの過ちを指摘したら、喜んで改める心構えができていなければなりません。そうやって私たちは成長し、理解を得るのです。なぜ間違えたのかを、長々と説明する必要はありません。ただ「本当にごめんなさい。そういうふうに理解していませんでした」と言えばよいのです。

話し合いがなければ誤解が増える

誰かが私たちを誤解し、怒っているとき、その人が感情に支配されている間は、何を言ってもわからせることはできません。私たちに敵対しようとしている相手が落ち着くまで待っているのが一番です。それから話し合うよう努めなさい。互いに話し合いをしないと、誤解が増えます。話し合い、と言っても口論ではなく、心を開いた会話がある限り、理解と調和が生まれる望みがあります。

絶対に心を閉ざさないことが肝心です。私たちの尊敬する師、パラマハンサ・ヨガナンダは、自分に訓練を求めて来た人が心を閉ざすことを容認されませんでした。師の周りにいたいと思う人は、心を開いた理性ある人間でなければなりませんでした。

他人と話し合おうと思うときは、いつも自分の動機に注意しなければなりません。理解してもらおうとしているように見せかけて、実は自分の考えを無理やり飲み込ませようとしているのなら、その動機は不純ですから、間違っています。常に心から相手を理解しようと努め、相手の考えを知るために、少しのあいだ自分の考えを脇においておくべきです。人とうまく話し合うには、このことを守らなければなりません。自分の考えを正当化するのではなく、真理を求めているのなら、自分が正しいと思っていることを一時手放して、他人の目から物事を見るようにしなければなりません。相手に話させなさい。そうすれば、その人の立場を聞いて、その人の見方から公平に分析して、自分の考えを説明することができます。言い換えれば、公平な意見の交換があるべきです。すると両者とも、お互いの考えが間違っていて、対立した主張のどこか中間に真理があるとわかるかもしれません。

私たちのほとんどが持っているひとつの問題は、自分の考えをわからせ、納得させるのに忙し過ぎて、相手に意見を言わせる機会を与えないことです。誰かとうまくゆかないときはいつも、「胸につかえていることを話してもらう」ようにして、その人に十分な敬意を払うようにしましょう。その人がどれほど悪意をもっていようと、感情的になっていようと、口をはさんではいけません。言いたいことを言ってもらうことです。それから優しく静かに応じましょう。どんなにひどいことを言われても、尊敬をもって聞いてください。心の中では神に、「主よ、このとおりなのでしょうか？　私は真実に関心があります。もし自分がこのとおりなら、欠点を克服し、自分を変えられるよう助けてください」と話しかけていましょう。でもその人が、自己を見失うくらい口汚くなり、霊的原則に背くようであれば、単なる個人的プライドや利己心からではなく、鋼鉄のように抵抗することが私たちの義務です。聖なる原則に背くことは、神に背くことであり、私たちは絶対にその仲間になってはいけません。イエスは決して自己弁護をしませんでしたが、正義がおかされたときには、強い言葉で、強く行動されました。

したがって、この世における、神の子としての私たちの義務は、理解しようと努めることです。自分と他人を理解し、人生を理解し、そしてとりわけ神を理解することです。人の心や考えのなかに理解が行き渡ったら、この世はもっと良いところになるでしょう。国家に求めるより先に、個々人がお互いにうまく付き合うことを学ばなければなりません。

第六章　他人を変えるには

一九六五年五月十九日
カリフォルニア州ハリウッドのＳＲＦ寺院にて

他人のふるまいによって、心の平和を奪われてはなりません。人にいら立ちを覚えたときに穏やかな心でいることは、誰にとっても難しいことです。でも一生涯、自分をいら立たせる人に出会うたびに、正しいふるまい方を教えるわけにはいきません。頼まれもしないお説教は大変嫌がられるものです。頼まれもしないで自分の意見や考えを周りの人に押しつけようとしてはいけません。

霊性の道の初心者は、神を求める熱意を感じ始めると、世界全体を変えたくなり、しばしばある過ちを犯します。まず家庭内で霊的改革を始め、全力をあげて夫や妻や子供たちを改心させようとします。そういう熱意はすばらしいのですが、大抵いつも反対にあいます。パラマハンサジは、そういう情熱家たちによく言っておられました。「まず自分を変えなさい。自分を改善すれば、何千人もの人が改善されるだろう。」人は、自分から助言を求めていないかぎり、何をすべきかを他人から言われたいとは思わないものです。誰でも助言の押し売りはご免です。助言を求める準備ができたときに、助言を頼むでしょう。相手が一緒に暮らしている人でも、愛し尊敬している人でも、その人の人生に何か有益な変化が起こったと感じたときに助言を頼むものです。でもその変化も、口先で決まり文句を言うだけなら、疑っている人は抵抗するでしょう。

まず自分が、他人にこうあって欲しいというお手本になりなさい。もし、カッときてきつく言い返したくなるようなら、また理由もなく子供たちを怒ったり、神経質ですぐにオロオロして大声をあげ不親切な言葉を使ったりするようならば、自分を変えなさい！ それが周りの人々を変える最良の方法です。難しいけれど、できます。尊敬され、尊重され、言葉に重みがあるような人間になるために努力すべきです。真の英知と理解をもって語るべきであり、絶対に怒りや神経質や嫉妬から、また傷つけられて仕返しをしようという気持ちから語ってはいけません。

インドで、ある大成功した工場経営者が、私のところにやって来てこう言いました。「私は失望し狼狽しています。妻や従業員のことで問題を抱えているのです。いつも彼らに荒っぽい言葉で話してしまうのですが、どうしたらいいでしょう？」

「本当のことを知りたいのですか？ それとも、自分が聞きたいと思っていることを言って欲しいのですか？」

「本当のことが聞きたいのです。」

「よいでしょう」と私は答えました。「ご自分のことからお始めなさい。あなたは、家庭でも従業員の間でも、暴君として通っています。その結果、人は愛し敬っているからではなく、ムチで打たれるから従っているのです。結局あなたは、周囲の人から得られるはずの仕事も協力も得ていません。手放すことを学び、緊張しすぎないようにすべきです。毎日、少しリラックスする時間をとってください。神のことを考える時間を少しとってください。ここで、あなたの一生が、もうすぐ終わると考えてみてください。または、自分がすでに死んでいると思ってみてください。」（これは大変面白い実験です。突然、自分の責任はすべて、もはや自分のものでないことが分かります。そして、多少なりとも自分の未来について神とともに考えることが、どんなに重要であるかがわかります。）

そして、私はこう言いました。「あなたが望むなら、私がここにいる間、毎日午後に、サットサンガ(1)に来て私たちと瞑想してください。」彼は毎日やって来て、私たちは瞑想し、神について語り合いました。

二年後、私が再びインドに行ったとき、彼の会社の従業員の一人が私にこう語ってくれました。「彼は別人になりました。ずっと穏やかになって、私たちに怒らなくなりました。このため、私たちのあいだには、平和と調和があります。四六時中緊張することも、神経質になることもないので、もっと仕事ができるようになりました。」これこそ、私たちの師《グル》がセルフ・リアリゼーション・フェローシップで教えていることの、すばらしい一例です。

あなたが夫や妻や子供たちに、いらいらや緊張を見せている限り、彼らも同じように反応し、ふるまうでしょう。必ずそうなります。ですから、家庭の雰囲気を変えたいのなら、あなたが率先するべきです。一晩で家庭が変わることを期待しないでください。そんなことはめったに起こりません。

変化はゆっくりで、自然です。たとえ変化がちっとも起こらなくても、がっかりしたり心配したりしないでください。師《グルジ》は私たちによく言われました。「神はすべての人間に聖なる贈り物をくださった。それは思考のプライバシーである。この中で人は生き、静かに神と交流して理解を深めることができる。するとそれが、家庭や、社会や、周りの人間関係も含めて、その人の全人生に反映し始めるのである。」たとえ周りの人々が目に見えて変化しなくても、自分の内に変化が起これば、他人の不作法にもそれほど傷つかなくなるでしょう。

ティーンエイジャーの行動は誰の責任?

私のところには、子供との「世代の違い」に悩むご両親が、よく相談に見えます。今日の若者の問題には、多くの原因があります。それを考え合わせると、この問題は、広大で複雑なテーマをつくり上げています。物質を超えた観点から見ると、過去世(2)の経験、カルマの影響が、生まれ変わった若者たちの上にあります。それは過去三十年間の戦争や、暴動や、人種間の虐待の悲劇に根ざしているのかもしれません。マスコミの影響もあります。社会のあらゆる階層が、自分の居間でテレビの画面をとおして、他のあらゆる階層のことを知ることができます。私たちのパラムグル(3)、スワミ・スリ・ユクテスワが言われたように、「仲間は意志の力より強い」のです。

私たちの社会は、一般に自由放任主義的で、宗教的・道徳的水準が低下していることを考えてみてください。このことは出版物や音楽や映画などに、はっきりと表れています。人間の内にある、より低級な本能をあおるようなものによって、粗野で動物的な性質が引き出されてしまうのも無理はありません。ここで、このような広範囲にわたる話題から離れて、親子関係についての基本的な真理を少し考えてみることにしましょう。

今日、ほとんどのティーンエイジャー（十代の若者）が困難に陥っていることについては、すべてが彼らのせいというわけではありません。彼らの両親、そしてそのまた両親にも目を向ける必要があります。第一に、両親自身が、往々にしてよくしつけられていません。そのため、良い手本となることができないのです。といっても、聖人ぶってお手本を示せと言っているのではありません。私が言っているのは、正しい意味での手本――よく理解し思いやり、厳しさが必要なときは厳しさをもってのぞみますが、自分の感情を統御できないときには絶対に叱らないこと――を意味しているのです。親が子供を理解しようとするときには、「私はおまえの父親（または母親）だから言うことを聞きなさい」といった態度をとるようなことはしないものです。そのような態度は子供に通用しません。

子供に愛を与えることに加えて、親は、子供の親密な友になることを学ばなければなりません。そしてこの関係は、小さい頃から始めるべきです。子供がまだ小さいうちから、両親が子供との良好な関係をつくっておかないと、大きくなるにつれて、親子関係の断絶が起こってしまいます。

子供の欲望を満たすために、物を与えて甘やかしてはいけません。何か欲しい物のために働かせるべきです。そうすれば、子供はその価値を知って感謝するでしょう。もし家庭でこのことを学んでいないと、いずれ、おそらくは不幸な状況のもとで、社会から教えられることになるでしょう。子供に物を手に入れるための責任と、受け取る物の価値を、肌で感じるよう教えてください。

ある家庭では、母親が炊事や家事をすべてして、子供たちは義務や責任をまったく負わされていません。これは正しくありません。子供には、それぞれの年齢や能力の範囲内で、ちょっとした仕事を決めてやらせるのが当たり前と思いましょう。どの子供も、家族の一員として権利を有し、貢献しているのだという自尊心と、責任感を教えてください。

両親が子供の考え方を理解すること、つまり、いつも子供の見方でものを見ようとすることは大変重要です。そうすれば、子供が正確に、正しい見方でものごとを見ることができるように、親がもっと助けることができます。親は自分が怒っていたり、感情的になっていたりするときは、絶対に、絶対に、子供を叱ったりぶったりしてはいけません。子供はそういうしつけ方を尊敬しないし、それに応えないでしょう。子供は、自分に対して英知と愛と理解をもって接する親を敬うでしょう。

親は、子供に規則を教える前に、注意深く考えるべきです。そして子供に「だめ」というときには、本気で言うべきです。子供にこのように思わせてはなりません。「そのうち両親は自分で何を言ったか忘れるだろうし、そうしたら好きなことができるぞ。」子供は、あなたが思っている以上に利口です。時が来るのを待てば、両親のどちらかがしつけの手をゆるめてくれるだろうなどと考える機会を、子供に与えてはいけません。子供は、どんなことならうまく逃げおおせるか分かるくらい賢いのです。これは人間の性分なのですが。

しつけに成功している親は、いつもまずこう考えています。「私が子供に言おうとしていることは、単なる私個人の意見や権威の主張だろうか、それとも理にかない、公平ゆえに正しいのだろうか？」そして、一度言ったからには、子供に従わせなさい。もしそのときに、そのしつけ方が、公平に理解をもってなされているとわかれば、子供は尊敬をもって従うでしょう。その子は愛と尊敬から、自分の立派な親を喜ばせようとするでしょう。

今日、子供たちは非常に反抗的です。それは、権威や他人の権利を尊重することを学ぶのが人生の一部であると、一切教えられなかったからです。数年前までは、子供は若い大人であるから、やりたいように自分を表現する完全な自由が認められるべきだという考え方があり、多くの親がそれを信じていました。何ということでしょう！　いったい何のために、神がこの地球に両親を置かれたのだと思いますか？　もし、父親と母親が子供を指導するように神が意図されなかったのなら、親には卵を産ませ、子が孵《かえ》るころには親はどこかへ消えてしまい、子供たちを放っておくようにするでしょう、カメのように。神は、親が自分の子孫をつくり上げる責任を負うことを、望んでおられます。この世に子供を送り出す夫婦は、その子を見捨てる権利はないのです。

子供には日曜学校を勧めるべきだと思いますが、絶対に無理強いはいけません。子供を特定の宗教の型に押し込めるのは間違いです。まず子供が、霊的なものへの願望と関心を持たなければなりません。かなり小さい頃から、神への愛、神への信仰、神が友であると感じること、などの霊的な姿勢が養われていれば、そういう性向を持つ子供になるでしょう。パラマハンサジは、決まった時間に、親と子が一緒に祈ったり瞑想したりするべきであるとお教えになりました。こうすることによって、子供は親を見習って、神と関わり始めるのです。でも家族の礼拝は、長すぎてはいけません。子供たちは、落ち着きがなくて心を制御できないからです。子供にとって、じっと長いあいだ座るのは難しいのです。道徳や信仰、正しい行い、神への愛の感覚をはぐくむような話を読んだり、聞かせてあげたりするのは、とてもすばらしい方法です。これはインドが良いお手本です。子供たちの感じやすく、受け取りやすい耳にまず語られるのは、高貴で感動的な聖典のお話です。

悪いことをすると神様が罰するという印象を、絶対に子供たちに与えないように。神を恐れるのではなく、神を愛するようにさせましょう。神を愛しているから正しいことするのだと教えてください。カルマの法則についても少し教えるべきでしょう、こんな風に。「この世であなたがまく種は、あなたが刈り取るのよ。もし嘘をつくと、ほかの人たちもあなたに本当のことを言わなくなるし、あなたのことを信じなくなるのよ。人から盗んだり、無理に取ったりすると、人もあなたから取るでしょう。

でも、あなたが人のことを考えるのなら、ほかの人もあなたに優しくするでしょう。あなたが人を愛せば、人もあなたを愛するでしょう。」

子供に心を開かせ、ある程度子供が大きくなったら、人生、感情的な問題、性について正しい態度を養うように導くのは親の義務です。その教育をするときは、いつも何をしていても、親は常に心を開いて理解してくれるのだ、という印象を子供に与えるようにすべきです。親から理解が得られないからほかの人のところへ行かなければ、と感じさせてはいけません。

賢明な親は、子供がどんなことを言おうと、決して驚いたり、困ったり、うろたえたり、ショックを受けたりしません。いつも子供にこう感じさせましょう。「お父さんやお母さんになら、困っていることは何でも話せる。だっていつもわかってもらえるから。」

あるとき、若い人が私にこう言いに来ました。「お父さんやお母さんとは話せません。自分の問題を話そうと思うんだけれど、それは自分にとって大事な問題なんだけれど、両親は聞きたくないようなんです。それどころか、怒りだし、はねつけようとします。自分の思っていることを言わせてくれません。だから、だまっていることにしました。もう両親とは話しません。両親は私のこういう悩みや考えを知りません。忙しすぎるのか、聞きたくないのか、あるいは私に我慢できないからかもしれません。」

これは、親の犯す最大の過ちの一つです。子供の問題や関心を一緒に考える時間を取らないのです。

その代わり言い訳をします。「私はおまえに住むところを与えている。いい服も買ってやるし、日曜には車を貸してやる。友だちと出かけさせてやってるし、毎年旅行にも連れていってるし、欲しい物は何でもたくさん与えているじゃないか。それで十分だろう?」いいえ、それで十分ではありません。そういうものは、親子の理解や愛情の代わりには絶対になりません。

どの親も、いつか子供にこう言ってもらいたいのです。「私は両親に感謝しています。両親は私に厳しかったけれど、いつも私を愛してくれていたことを知っているし、両親のところへ行けば、理解してくれ、辛抱強く導いてくれるのがわかるので、何でも話しに行けました。」しかし、そういう父親や母親になるためには、両親自らが、自分を訓練しようと思わなければなりません。親は肉体的にも、道徳的にも、知性の面でも、霊性の面でも、正しい見本とならなければなりません。英知、忍耐、理解をつちかい、子供と話すときはいつも、完全な自己統御を実践しているべきです。このようにして親は、この世に子供を送り出すときに担《にな》った聖なる責任を果たすことができるのです。

人間関係に秘められた聖なる意味

神が私たちにさまざまな形の人間関係をお与えになったのには、一つ理由があります。それは、お互いに学び合うためです。ある意味では、どの人も私たちの「グル」、つまり先生です。子供たちは私たちを教え、訓練します。というのも私たちは、子供の人生を正しく形成する手助けをするために、限りない忍耐を学び、私利私欲を離れ、どのように手を差し伸べるかを学ばなければならないからです。その反対に、私たちも子供の先生《グル》です。なぜなら、子供を導き訓練し、人生の始まりを可能な限り良いものにする責任があるからです。

このようなあらゆる人間関係から、私たちは愛を広げ、純化することができます。そして究極的には、愛のみが人を変えると私は信じます。子供、夫、また誰であろうと、愛の意識と尽きることない理解をもって接すれば、たとえ彼らが何を言おうと、何をしようと、どんなにあなたを傷つけようと、結局あなたが勝利者となるでしょう。でも、あなたも耐えて、努力し続けなければなりません。

人にこうあって欲しいと思う特質を、あなたが、自分の人生のなかで、見本を示してください。「いかに生きるべきか」――これは偉大な科学です。パラマハンサジは私たちにおっしゃいました。「わたしがスワミ・スリ・ユクテスワ師のもとに入門したとき、師はわたしに『正しくふるまうよう学びなさい』とおっしゃった。」そしてあなたも、この世で正しくふるまう方法を学ばなければなりません。これが宗教の科学です。正しいふるまい方ができるようになったとき、あなたは、神が何であるかを知るでしょう。なぜなら、そのときあなたは、自分は魂であり、死すべき肉体や心ではないことを常に知っており、その上で行動するからです。魂はいつも、神の存在という聖なる甘露を十分に飲んでいます。あなたは死すべき存在ではなく、聖なる存在です。だから、それらしくふるまえるようになりましょう。

それができるようになるには、セルフ・リアリゼーション・フェローシップが教えているように、宗教を実際に役立つものにして、日々の生活で実践すること、そうして初めて可能になります。宗教とは、日曜日に大々的になり、平日には忘れ去られるというものではありません。私たちの師はおっしゃいました。「わたしは、ふつうの教会信者には関心はない。もし関心があったら、世界中に無数の信徒を持っていただろう。わたしは、多くの探求者の中から、心から真面目に、熱心に神を知ろうとする魂を引き抜くために来たのだ。」師はすべての人に修道僧になれとは言われませんでした。「あなたの心を、引きこもって静かに神を拝むことができる隠れ家にしなさい」とよく言っておられました。その隠れ家では、神を第一におきましょう。神があなたの魂の最愛のお方となり、友となり、父、母、同胞、師となったら、どんなにすばらしいことでしょう。人生が価値あるものとなり、人間関係も楽しい経験になります。あなたは、より大きな神の愛と理解と思いやりをもって、自分の子供や夫や妻を愛するようになるでしょう。神は、人間同士の絆、心と心の絆を強くしてくださり、愛を制限し押さえつける、利己的な執着の束縛から解き放ってくれます。所有欲ほど愛を押しつぶすものはありません。「あなたは私のものだからこれをしなさい。私はあなたをこう扱う権利がある。」これはしばしば、人間関係で致命的な打撃になります。

二人の大人が結婚する前に、そして子供をもつ前に、正しくふるまう方法を学ぶ学校に行くことが法律で必須とされるべきだと、私は思います。人間の本質や他人とうまくつきあう方法の、霊的・心理学的な教育を受けていれば、幸福で調和のとれた、霊的に進歩した家庭生活をおくれる可能性があります。そのような開かれた人間関係のなかで、魂は花開くのです。

夫が妻に、妻が夫に、子供が親に、親が子供に、互いに尊敬を抱かなくなったとき、個々の関係がうまくいかなくなります。友情が欠けると、人間関係は堕落します。友情なしには、夫婦の愛も親子の愛もすぐに壊れてしまいます。友情によって相手は、自分の考えや個性を自由に表現できるようになります。

二つの魂のあいだに完全な理解と意思の疎通があるところには、真の友情と真の愛があります。夫婦でも親子でも、どんな人間関係でも、友情、尊敬、思いやりを大切にすれば、互いを粗末に扱ったり、その行為に傷ついたりすることはないでしょう。

あなたは言うかもしれません。「そのとおりです、私の夫（または妻、または子供）さえ、そうなってくれたらよいのに！」でも、まずあなたから始めてみてはどうでしょう？　自分の役割を果たしてください。あとは神の手に委ねましょう。

与えたものは必ず返ってくるのですから、まず自分から始めてください。

（1）字義は「真理の集い」。「サットサンガ」はふつう、真理探求者たちの打ち解けた集いで、指導者がその場で、神やその他の霊的主題について語ることが多い。

（2）ヒンドゥー教の聖典に述べられている転生の教義によれば、人間は、地上での幸福や完成という偽りの希望に惑わされ、果てしない世俗的欲望の網に捕らえられるようになる。この欲望を満たそうと、人間は何度もこの世への誕生を求めなければならなくなるのである。これは、神だけが幸福への欲望を満たすことができるという、人生最大の教訓を学ぶまでつづく。

　転生はまた、カルマと呼ばれる、聖なる因果の法則を完了させるために必要である。善悪の行為という種子は、今生か来世で、必ず実を結ばなければならない。聖パウロは次のように述べている。「まちがってはいけない。神は侮られるようなかたではない。人は自分のまいたものを刈り取ることになる」（ガラテヤ人への手紙 6章7節）

（3）自分の師《グル》の師《グル》。

１９７５年 ロサンゼルスのコンボケーション（大会）にて、セルフ・リアリゼーション・フェローシップ会員に講話

「聖なる愛の意識のなかで、師パラマハンサ・ヨガナンダは、私たち皆を引き寄せられました。師は、強くそして優しい愛の糸で私たちを結びつけ、愛と信仰の香り高い花輪を編みましたが、それは唯一の愛であり、私たちの魂の最高の恋人である、神の御足のもとに捧げるためでした。」

第七章　私たちが人から学べること

一九六四年十二月四日
カリフォルニア州ロサンゼルス、SRF国際本部にて

私たちが他人にできることで、霊的に最も役立つことは、自分自身が本当に思いやりあり、親切で、愛情深い人間になることです。人を変える最良の方法は、まず自分を変えることです。私たちがより平和で、穏やかで、深い愛を抱くようになれば、周りの人々に同じような影響を及ぼさずにはいられません。

自分を霊的に変容させる方法は、いくつもあります。そのうち最も重要なのが瞑想です。人は、神との個人的な関係を築き上げるために努力すべきです。そうすれば、その人の意識の中で、主はもはや単なる名前や遠い存在ではなく、愛して触れることのできる存在であることがわかるようになります。そのようなつながりが築かれたとき、求道者の心は、とても大きな安心、平和、喜び、愛を楽しんでいるので、内なる充足感をもって、あらゆることに対応できるようになります。

私たちは、他人のもつ雰囲気に応じて、肯定的あるいは否定的に反応します。でもそのような人間的な反応に満足していてはいけません。私たちがこの地球にいるのは、すべての人が、神の似姿につくられた魂であることを悟るためなのですから。

自然に心が引かれるような相手になら、自分の最良の部分を表現するのはやさしいことです。でも、あまり親密すぎると軽蔑が生まれてしまうのも、偉大なる真実です。愛する人や、愛してくれる人といるときに、優位な立場に立とうとしてはいけません。愛が完全で長続きするためには、常に尊敬がともなっていなければなりません。尊敬がなければ、真の愛は次第にしぼんでいき、だめになってしまいます。尊敬するということは、相手が神の似姿につくられた魂であると、常に思い出すことです。

私たちが肯定的になれないような相手の場合は、どうしたらよいでしょう？　誰かがあなたを怒っているか、憎んでいるとします。もしあなたが、自己訓練のできた冷静で分別ある人なら、火に油を注ぐような真似はしないでしょう。相手が自制心や心の平和を失ったからといって、こちらまで失うことはありません。私がここマウント・ワシントンで、パラマハンサ・ヨガナンダ師の訓練を受け始めた初期の頃の体験から、ある実例が思い出されます。

最初の頃、私たちの部屋の家具は必要最小限で、オレンジ色の衣装箱と、今も使っている固い木のベッド、背のまっすぐな椅子、床にはじゅうたんはなく、全部でそれだけでした。マウント・ワシントンに短期間滞在した、ある女性が、すべての弟子の部屋の家具を新しくすることになりましたが、私の部屋だけはそのまま残されました。このことは、私にとって何でもありませんでした。というのも、私は物のために来たのではありませんし、世間にいたときに、すでにそういう物は持っていましたから。でも師《グルジ》は、この仲間外れに気づかれました。師はいつも、どんな不平等にも素早く気づかれました。師は、人のことを不親切に語るようなことは決してありませんでしたが、私に理解させるために、「彼女はあなたを嫉《ねた》んでいる」とおっしゃいました。

自分に好意をもたない人と接する方法について、パラマハンサジが教えられたことを、私は機会あるごとに実行し始めました。「人があなたをどう扱おうと、その人に愛を与え続けなさい。」私は、神と私の師以外の誰からも、何ひとつ求めていないという態度をとりました。ですから、その女性は私を傷つけることはできませんでした。私は彼女から何も求めていなかったので、私の望みが、彼女の仕打ちで否定されるようなことはありませんでした。私が求めるものは、愛する神と私の師から与えられていました。いつも瞑想するときには、彼女が、神の愛と神の霊的な光の中にあることを、心に思い浮かべました。

しばらくたったある日、彼女は不幸と孤独の中にいました。彼女が大切に思っていた人々が、彼女と付き合いきれないことが分かり、離れていってしまったのです。私たちは、たまたまホールで出会いました。彼女から話しかけてきたので、私は彼女に慰めの言葉をいくつか言いました。その後、彼女が私に会いたいというので、また一緒に話しました。彼女は胸のうちを私に話してくれました。「初めてあなたがここに来たとき、私にはない霊的情熱で満ちあふれていたので、あなたが恨めしかったのです。けれど、私があなたにしたことにも関わらず、あなたは私に、理解と本当の友情を与えてくれました。」そして私は、いつも同じように愛をもって接すれば、人がいかに変わるかということを、身をもって知りました。私は自分の人生で、何度もこのようなことが起こるのを見てきました。

平常心を保ちなさい

人があなたをどう扱うかではなく、自分がどう振る舞うかを気にかけなさい。この規範は、イエスやパラマハンサ・ヨガナンダ、すべての偉人たちが教えています。人生のどんな場面でも、自分を愛する人にも愛さない人に対しても、同じようにとるべき正しい態度があります。それは、主クリシュナが重要な美徳として賞賛された、平常心です。「おお、アルジュナよ、（感覚の対象と接しても）心を波立たせない者、苦しみにも喜びにも、平静で平常心を保っている者、そのような者だけが、永遠の命を勝ち取るにふさわしい！」[1]クリシュナは、「人が親切なときに、愛してくれるときに、平常心を保ちなさい」とは言いませんでした。そんなことは簡単にできます。クリシュナは、どんな状況におかれても、平常心でいるようにと教えたのです。これを実践すれば、良い結果がもたらされることがわかるでしょう。

師《グルデーヴァ》は、曇りのない、澄み切った鏡のような方でした。その鏡の前に立つと、誰でも、ゆがみも自己正当化もなしに、あるがままの自分が見えました。利己的な小さな自己の荒れ果てた細部まで見えました。パラマハンサジは、私たち一人ひとりの弱点を知っておられました。だから師は、私たちを訓練する義務を怠りませんでした！　と言っても、師はこの責任を楽しんでおられたわけではありません。師はいつか私に、「わたしは訓練するのは嫌いだ。来世は、誰にも訓練しないつもりだ。しかし、グルの義務は、霊的な助けを求める人の性格上の欠点を見つけ、直覚的英知のメスで心理的な腫《は》れ物を切開し、癒すことなのだ」と言われたことを思い出します。

自己訓練もこのようにしてなされます。それは私たちに識別力、つまり、なすべきときになすべきことをする能力を教えてくれます。でも自分の欠点がわからない限り、欠点を直すことはできません。たとえ自分の欠点がわかっても、多くの場合、克服するに足る強い願望に欠けています。でも、心から自分を改善したいと望むなら、私たちの師《グル》のような、欠点を指摘し、直す手伝いをしてくれる聖なる友のもとへ導かれます。日常生活での人との付き合いも、自分の欠点を探し出すのに役立ちます。他人や他人の行動に対するあなたの反応を分析することによって、自分の望ましくない性格にたくさん気づくことでしょう。

誰でも、自分が置かれた環境は、周囲の人間も含めて、どの点においても、みな自分で引きよせたものです。そこからもたらされる経験は、その人の霊的成長に必要不可欠です。その経験を肯定的にとれば、自分の環境から利益が得られ、否定的にとれば、環境によってだめになってしまいます。私たちには自由意志があるので、いつもその選択は任されています。でも究極的な意味から言えば、私たちの行動に神の宇宙の法則が作用して、神が、私たち一人ひとりを現在の場所に置いたのです。

神があなたに何を期待しているかを知りなさい

どんな環境に置かれても、神があなたに何を期待しているかを知ろうと努めることは有益です。もし周囲の環境がひどくて、いつもイライラさせられて、仕返ししたい、やり返したい、害を加えたいという気持ちのもとに反応し、自制心を失ってしまうようなら、あなたはその場でのレッスンを学んでいません。自己訓練によって、常に平常心を保てるような自己統制力を養わなければなりません。もっと神に頼るようにすれば、難しいことではありません。霊的に強くなり、他人や物事によって動じなくなって初めて、人に愛を与え思いやることが本当にできるようになります。

師《グルジ》はよくおっしゃいました。「もし烈火のごとく腹が立ったら、自分の舌をかみなさい。そして落ち着きを取り戻すまで、怒りをおぼえた人や場所から離れなさい。」腹を立てて得ることは何もありません。理性をはたらかせ、親切で、理解をもっていれば、誰とでもうまくいくということを私はいつも経験してきました。でも私は、他人が怒ったり、激しい言葉を使ったりすると、それを避けてきました。師は私のそんな過敏なところを見て、わざと私に容赦ない、身を切るような注意をされ始めました。私は師に対しても、師の言葉に対しても、深い尊敬をもっていましたので深く傷つきました。師にこう言ったことを思い出します。「グルジ、なぜそのようなことをなさるのですか？」師は説明されました。「あなたは人のことを気にしすぎる。あなたに無情になれと言っているのではなく、強くなれと言っているのだ。人がきつい言葉を話すとあなたは逃げる。手をあげて降参する。それは弱さだ。」そのように師は、ご自分の師がなさったのと同じ訓練を私にしてくださいました。師《グルデーヴァ》はいつも正しかったのです。師は私が手ぬるさなど必要としないことをご存じでした。私はすでにそのようになっていました。師は私に、霊的な中軸となる、不屈の内的強さを与えようとされていたのです。

何年か後に、師《グル》は私を弟子たちの前でたいへん厳しく叱りつけましたが、私は動揺しませんでした。私は師に用事を頼まれたので、外へ出ました。私のいない間、師は他の弟子たちに向き直って、こう言われました。「彼女の態度を見ましたか？ 何年もあのように変わりません。彼女に何を言っても、またどんなふうに言っても、平常心を保っています。あなた方はみな、彼女から学べるはずです。」それから何年かたって、その場にいた弟子たちがこのことを私に話してくれたとき、私の魂は、何と大きな喜びと感謝に満ちあふれたことでしょう！ 私にとって、これほどありがたい言葉はありませんでした。というのも、どんな場合にも平常心を保つことこそ、私が懸命に努力してきたことだったからです。私たちの師は何と偉大な方なのでしょう！ 師が私にしてくださったことを思うと、私の全身全霊は高揚して打ち震えます。どんなに感謝していることでしょう！

師の厳しい訓練のおかげで、私は、内面的に動揺せずにいることは思ったより易《やさ》しいとわかりました。あなた方もみな、日々同じような訓練を受けているのです。自分で気づいていなくても、日常生活の出来事や人々があなたに訓練を与えてくれています。どんな経験も、成長するための機会です。なのにあなた方はたいてい、間違った反応をしています。

霊的な道で成功しようと思う人は、自力で向上し、普通に反応する段階を越え、さらに上へ登らなければなりません。この努力をしないと成長しません。怒ったとき、復讐したいと思うとき、人を批判したいとき、自分のことは顧《かえり》みず人のあら探しをするとき、私たちは霊的に停滞しています。私たちの義務は、自分自身を正すことです。

不変の神のもとにとどまること

ある経験をとおして、学ぶべきことを学ぶなら、人が何と言おうと、私たちに何をしようと問題ではありません。私たちは皆、自分が魂であることを知るために、この世に生まれてきました。この小さな自我や、肉体や、感情的で気分の変わりやい心を克服しないで、どうやって真の自己を知ることができるでしょう？　それには、自己訓練、深い瞑想、神への信仰、神を人生の北極星（道しるべ）

とすること、心を神という唯一の目標に据《す》えることが必要です。人の意識はいつも何かに集中しています。セックスだったり、お金だったり、また、財産であるかもしれません。人は何かに集中せずにはいられません。それが物であろうと、感情であろうと、魂であろうと。私たちの選択はそのように単純です。選択の結果、どうなりますか？　私たちの誰もが、不変の神に心をとどめておくことを学ぶべきです。それが、バガヴァッド・ギーターで主クリシュナが説かれた教えです。神に心をとどめていましょう。そうすれば、人生をうまく過ごしていくのは、とても易《やさ》しいことだとわかるでしょう。

（1）　バガヴァッド・ギーター　2章　15節（『God Talks With Arjuna』のパラマハンサ・ヨガナンダ訳より）

第八章　神を愛することの大切さ

一九六一年九月二十五日　カルカッタのヨゴダ・サットサンガ・ソサイエティ・オブ・インディア年次特別集会にて

皆さん、長年の間ずっと、そしてこれからも、私にとって本当に大切なものである、人生になくてはならないもの——愛、聖なる愛、神への愛について、少々お話ししたいと思います。この世の中で、愛はすべての人が求めている、すべての心が切望している唯一のものです。家族間の愛、友人同士、夫婦間、恋人同士の愛など、あらゆる形の愛は、すべて唯一の共通の源から生まれます。あらゆる人間関係をとおして私たちが受け取る愛は、愛なる神のあらわれにほかなりません。

これが、私たちが神を求める理由です。私たちは皆、愛と喜びを求めています。そして、最も純粋な形の愛と喜びは、神の内にしか見つけることができません。けれど私たちはまず、神以外のあらゆるところを探し求めます。多くの苦しみと悲しみに耐えながら、夢があぶくのように消えるのを見ながら、人生の試練を通り過ぎたときに初めて、神への信仰を少しずつ抱き始めます。そうして私たちは、神を探し始めるのです。

神との関係において、私は、聖なるお方を母[1]として考えることを好みます。父の愛は往々にして理性的で、子供がよい子かどうかに左右されます。しかし母の愛は無条件です。わが子を思うとき、母は愛そのものであり、慈悲であり、許しです。私たちは父としての神を、全能で、法をつくる方、裁く方として考えます。しかし私たちは、子として母なる神に近づき、自分がよい子かどうかなど気にせずに、母の愛は自分のものだと言うことができるのです。

多くの方から最もよく聞かれる質問は、どうすれば神からの答えをいただけるのか、どうすれば平安を見出すことができるのか、という質問です。普通の人は、日常生活の心配事や背負っている責任に心をほとんど奪われていますので、内なる平安というものを知りません。また、人の心は仕事や物質的な娯楽を求めることに常に忙しいので、神のための時間を見つけることができません。深い瞑想によって、自分の心を神に向ける方法を学んでいない人には、神も平安も見つけることはできません。

ラヒリ・マハサヤ[2]のクリヤ・ヨガのような科学的瞑想法によって、心は集中し静止して、あたかも静まった透明な湖面のようになり、神の影が映し出されて見えるようになります。この絶対的平安の状態において、求道者は、自分が肉体や精神と同一であるという妄想を忘れ、「私は神の似姿につくられた不滅の自己である」と気づきます。偉大な平安と恍惚の境地を体験すればするほど、いつもその状態でありたいと望むようになります。瞑想にもっともっと深く潜っていくにつれ、底知れぬ平安、聖なる愛、至福の海を自己の内に発見するでしょう。

神だけのための時間を作りなさい

神は私たちに毎日二十四時間をお与えになりました。私たちはこのほとんどの時間を無駄に過ごしています。神だけのために、いくらかの時間を割くことはできないものでしょうか？　私たちは心配事や責任が多すぎて瞑想の時間がないと言い訳します。しかし、もし神が、私たちのために割く時間はないとおっしゃったら、どうなるでしょう？　一瞬にして、私たちのいわゆる重大な用事というものはすべて無に帰してしまうでしょう。

バクティ、つまり神への愛によって神を求めるのなら、より簡単に神を見つけることができます。何をしているときも、神から心を離してさまよわせてはいけません。心の中で絶えず、自分の心のことばで神に話しかけなさい。さまざまな人の姿をとおして私たちのもとにやって来るのは、神の愛のみであることを忘れないように。恋する人が心の奥で、常に恋しい人のことを考えているように、何をしているときも神に注意を向けていましょう。

神という聖なる北極星からの導きの光に、心を常に集中させていてください。困難の時には、愛しい神の御足《みあし》のもとに駆けよってください。神に祈りましょう。「私に英知をお与えください。この世は単なる宇宙ドラマであり、その中で私は一時のあいだ、役を演じているだけだと分かるように。愛するお方よ、自分の役を演じながら、人生のいかなる悲しみや喜びを見ようとも、あなたの変わらぬ意識の中に、心をとどめることができるよう教えてください。」

師《グルジ》はこう書いています。「朝目ざめたときも、食べるときも、働くときも、夢みるときも、眠るときも、礼拝するときも、瞑想するときも、聖歌を歌うときも、神の愛を行ずるときも、わたしの魂は口ずさむ、だれにも聞こえない声で、『神よ、神よ、神よ』と。」[3]これが真の恋人のあり方です。いつも一心不乱に神を思い続けましょう。「愛するお方、わたしの愛するお方よ！」そして、その意識を保ちながら、すべての義務や活動を行いましょう。

（1）ヒンドゥー教の聖典には、神はすべてに内在すると同時にすべてを超越しており、人格を有すると同時に人格を持たないと書かれている。神は、絶対者として求めることができ、また、愛、英知、至福、光としても、イシュタ（人格神）の姿としても求められる。あるいは、父、母、友の形をとった理想の存在としても求めることができる。

（2）ラヒリ・マハサヤは、マハアヴァター・ババジがクリヤ・ヨガの聖なる知識を授け、その聖なる科学を伝授するよう定めた方である。パラマハンサ・ヨガナンダが幼少のとき、ラヒリ・マハサヤはヨガナンダをひざの上に乗せ、霊の洗礼を授けた。そのとき母親にこう言った。「若いお母さん、あなたの息子さんはヨギになりますよ。神と人との掛け橋になって、多くの魂を神の国に導いて行くでしょう。」この言葉は後に現実のこととなる。マハアヴァター・ババジは、クリヤ・ヨガを西洋および全世界に広めるべくパラマハンサ・ヨガナンダを選び、神を悟ったラヒリ・マハサヤの弟子、スワミ・スリ・ユクテスワに、この使命のためにヨガナンダを霊的に訓練するよう指示した。この四名の偉大なアヴァターが、セルフ・リアリゼーション・フェローシップおよびヨゴダ・サットサンガ・ソサイエティ・オブ・インディアのグルの系譜をなしている。

（3）「神よ、神よ、神よ」の全詩は305ページに掲載。

第九章　人生を霊的にする

一九六三年五月二日
カリフォルニア州ロサンゼルス、ＳＲＦ国際本部にて

霊的なサーダナ(1)において、あるいは日常生活において、どんな困難に出会っても、神を求める人はたった四つの原則を守るだけでうまく対処することができるようになります。

第一の原則は、神への信仰です。どのような試練にあっても信仰を求めて努力しなさい。信仰は、神を人生の北極星（道しるべ）に据《す》えることによって、つちかわれます。瞑想のときに、また心に問題が浮かんで来たらいつでも、このように祈りなさい。「私の神よ、あなたはここにおられます。あなたは私を助けて、この大きな試練を切り抜けさせてくださることを、私は知っています。」神はあなたに必要なものをご存知ですし、神にとって不可能なことはありません。信仰は、あなたの必要とするものと、神の無限の力を結びつけます。

第二の原則は、深く瞑想すること、そして、神に導きと助けを祈ることです。あらゆる悩みから自分を解き放とうと努力しながら、実行してください。神はあなたを助けたいと望んでいます。あなたの受け入れる準備ができたときに、あなたは神に導かれるでしょう。

第三の原則は、全託です。「神よ、あなたのご意志がなされますように。」神のご意志に全託することは、霊的な道では最も重要です。何が起ころうとも、それが肉体に関することでも、仕事に関することでも、その他の関心事に関わることでも、神のご意志がなされるように祈りなさい。なぜなら、神のご意志は英知に導かれているからです。自分が幸せになるためには、ある望みが叶《かな》うことがとても重大だと思っているかもしれませんが、私たちの個人的な望みを叶えてくださいと神に頼むだけでは、まだ英知の眼でものを見ているとはいえません。神がお選びになるのは、常に私たちにとって最善のことなのですから、神にお任せしなければなりません。導きを神に祈り、正しい結果が得られるようベストを尽くして努力したあとは、万事に神のご意志を受け入れる姿勢を神に示さなければなりません。

最後の原則は、リラックスして問題を手放すことです。その問題を神の手にゆだねなさい。ベストを尽くしたら、それ以上心配するのはやめなさい。仕事や心配で眠れなくなるほど、泥沼にはまってしまう場合もあります。でも、私たちの重荷を神に背負ってもらえば、心がどれほどリラックスして平和になることでしょう。

この四つの方法は、内なる平和を保持し、神とのより深い関係に到達するために役立ちます。また、あなたを悩ませたり、深い瞑想を妨げたりするあらゆるものを、心から追い出すことができるでしょう。

瞑想に心を沈めなさい

瞑想のために座るときは、すべてを忘れなさい。瞑想の時間になったら、何ものもあなたの邪魔はできないように、自分を訓練しなさい。そのくらい深く集中する能力は、規則正しく瞑想することによって養われます。私たちの霊的な集団の中では誰もが、日々の瞑想の時間をないがしろにすることは許されません。まじめに参加することが最重要の規則です。こんな簡単な要求に従えないような弟子は、聖なる目的に到達するために必要な自制力を身につけることができないからです。

日中の活動時にも、世俗の心の落ち着きのなさに、自分を見失わないよう注意しなさい。心の中で神の御名《みな》を唱えなさい。神を思うことに、心を忙しく働かせなさい。この練習をパラマハンサジは、思考の「霊化」と呼びました。これは、自分の思考を支配することによって可能です。たとえばあなたに、数分の自由時間があるとします。怠惰に過ごしたり、否定的な考えにふけったりしていては意味がありません。神のことを思い、心の中で神と会話してみてはどうですか？　神の存在はとても平和に満ちていて、とてもすばらしいのです！　この習慣を身につけたら、あなたはいつもその意識状態でいたいと願うことでしょう。

思考を「霊化」することによって、次第に自分の行動も「霊化」されるようになります。そうすれば、その人の成すことはすべて、瞑想の一形式となります。その人の全人生が、霊的体験の連続にならなくてはいけません。

高次の力を引き出すことを学びなさい

物質的な心を持つ人は常に、お金、家、家族、責任、興味という見方から物事を考えています。だからいつも心配事がつきまといます！　霊的な人は同じような責任を負っていても、より高い思考レベルに心をおいて対応します。自分の思考を「霊化」することによって、その人は高次の力を引き出すことを学びます。どこに行こうと、誰に会おうと、どんな責任を果たしていようと、自分の心が神の悟りの次元から、決して下がらない状態になるときがいずれ訪れます。キリストは「徴税人や罪人たち」を助けるために、多くの時間をともに過ごしましたが、キリストの意識レベルが、彼らの思考や行動によって下がることはありませんでした。聖なる白鳥のように、キリストは、物質主義という水の影響を受けずに動きました。師《グルデーヴァ》は、私たちもそうなるようにと訓練されました。あなた方がどこにいても、神という北極星に心の焦点を当てて、自己の内奥にいつも集中しているようにしましょう。

毎日起こる問題は、私たちに平常心を保つ練習機会を与えてくれます。私たちはそのような問題に抵抗したり、狼狽したり、イライラしたりせずに、また自分は進歩していないと考えたりするのではなく、むしろ問題を歓迎すべきです。次のことを覚えていてください。神を求める人が霊的な道で最大の進歩を遂げるのは、とてつもない障害に直面したときです。そのとき、自分の内なる強さ、勇気、肯定的な考え方という霊的な筋肉を限界まで使って、否定、悪、不親切の猛攻撃に抵抗するよう強いられます。私たちが成長するのは、物事がうまくいっているときばかりではありません。私たちはみな、うまくいっているときを大切に思うものです。しかし私は、試練を与えてくださるよう、聖母様(2)に何度となく祈りました。なぜなら私は、聖母様への愛を、無条件の愛にしたかったからです。私は、完全な愛以外のものを、聖母様に差し上げることに満足できません。神を愛する人は、何ものからも逃げることを望みません。神を求める人は、多くの意味で不完全かもしれません。しかし、そのような人は、一つのことを除いてどんなことも完全だと言うことはありません――神への愛を完全なものにするために努力し続けるのです。

霊的な道で起こる困難に目を向けないようにしてください。そのような困難も、もしも瞑想によってこの肉体とこの世界を忘れ、あなたが内なる平和を発見すれば、無いも同然です。何という満足感、何という喜びと聖なる愛の完成の感覚でしょう！　これこそ、神が皆さんに体験してほしいと望むものです。努力すればだれもが、神の愛の聖なる完成を実感することができるでしょう。この愛を体験する人は、例外的な人なのではありません。そのような体験をした人でも神を愛し、知るために努力しなければなりませんでした。あなたも同じようにすべきです。

その努力とは、心をつねに神におき続けようとすることです。日々の問題に直面しても、心の中で祈りなさい。「主よ、私の海は時々真っ暗になり、星も見えなくなります。それでもあなたのご慈悲のおかげで、私には道が見えます。(3)私と私の人生を、あなたの望むようになさってください。あなたを愛していることしか、私には分かりません。私の愛が、あなたにとって喜ばしいものになるように、どこから見ても完璧になるように私を助けてください。」何という自由、何という喜びが、わき上がることでしょう！　皆さんも、神とそのような関係を持つことができます。

魂の最愛のお方（神）以外のものには、満足しないでください。神の愛は、すべてを焼き尽くし、すべてを満たす愛です。自分は、最愛のお方であり、宇宙の聖なる恋人である神と結ばれた魂であると理解しはじめたときに、魂の自由がおとずれるのです。

バランスの取れた生活の価値

自分の思考を「霊化」できると、あなたの心は常に崇高な考えに没頭します。といってもそれは、あなたが地に足を着けていないとか、責任を果たすのを怠っているという意味ではありません。師の訓練はそのことを戒めています！　師が与えてくださった霊的修行《サーダナ》が、世間にいても、僧院や静修所にいても実行できるものであったことに、私はとても感謝しています。もし私たちが皆、山の頂上で神を見つけようとそこに避難していたとしたら、私たちは自分の運命にどれほどがっかりさせられたことでしょう！　多くの求道者たちは、そのような生活に耐えられる霊的な強さを持ち合わせていません。神と一体となった師《グル》は、各々の弟子が、どのような訓練を必要としているのかを知っています。そして、もっとも霊的に開花するところに、その弟子を置くのです。

アビラの聖女テレサのような、偉大な実例を考えてみてください。あの方はとても実際的で、大きな障害にもかかわらず、たくさんの修道院を設立しました。それでもなお、常に神への愛に恍惚となり、その愛に没頭していたのです。また聖女ベルナデッタに起こった葛藤と、彼女が受けた誤解について考えてみてください。彼女の最期の瞬間は私を感動させます。あらゆる肉体的、精神的苦しみの体験にもかかわらず、聖なるお方に気づいたとき、ベッドから起き上がり、こうささやきました。「あなたを愛しています。あなたを愛しています。あなたを愛しています。」これは私にとって完璧です。私が皆さんに望むのは、このような神との関係です。私がこれまで説明した方法により、思考を「霊化」することによって、それが可能になります。神への信仰、毎日深く祈って神を瞑想すること、神のご意志に全託すること、自分の問題を神に委ねることです。この方法は美しい哲学のようではありませんか？　これは最高の生き方です。

瞑想のあとも、瞑想中に感じられた、平和で落ち着いた状態にとどまりなさい。内なる平和は、神がおられることの最初の証しです。そしてその落ち着いた状態に心を保つことは、活動のさなかに神を思うために、とても重要です。瞑想のあとは、できるだけ長い間、内なる神の気づきを思い出し続けなさい。働いているときも、運動しているときも、リラックスしているときにも。そうすればするほど、その状態があなたにとって、より自然なものになるでしょう。実は、神の内に生き、動き、存在することは、自然な意識状態なのです。しかしそれを悟るためには、瞑想中に体験する、喜びにあふれた平和な気づきを保ち続ける努力をしなければなりません。

大師《グルデーヴァ》はよくおっしゃいました。「その状態を失ってはならない。手放してはならない。その思いの中に安らぎなさい。その思いの中で働きなさい。その思いの中で人を助けなさい。神の平和な思いの中で、人生に起こるすべてのことを経験しなさい。そうすればあなたは、真に生きていると言えるだろう。」人生は夢であることを思い出してください。すべての体験を神に結びつけていなければ、人生は真実ではありません。深く瞑想すると、師のおっしゃるように、私たちはスクリーンの裏側に行きます。するとそこで、創造の映画を監督・指導し、私たちを導いている「聖なる映画監督」（神）に気づくのです。

真理は単純

私たちがパラマハンサジに問題を持ち込むとき、長い話し合いなどは一度もなく、たった一つの簡単な答えがあるだけでした。「心を神におきなさい。」この英知の言葉に、私はどれほど感謝しているでしょう。そして霊的な道を行くために教えてくださった方法の単純さに、どれほど感謝していることでしょう。なぜなら神は単純ですから。人生は真実ではないので複雑に見えますが、神の真理だけは単純です。

人がうそ偽りの上に人生を築くとき、それを隠すためにすべての時間が費やされます。その人は、自分の周りにクモの巣を張りめぐらせるので、自分も脱出できなくなります。しかし、常に正直な人はありのままです。考えにも人生にも、どこにも複雑さはありません。神も同じです。人がまじめに神を探し求めるとき、まったく単純でまっすぐな道を見つけます。複雑さを見るのは、外の世界を見るときだけです。内なる神を見るとき、あなたはまったくの単純さ、聖なる喜びに満ちた単純さを見るでしょう。神とはそういう存在です。そしてあなたも、自分の人生をそのようにすべきです。そうすればあなたも神を知るでしょう。

（1）霊的修行の道。
（2）母親の持つ愛と慈悲深さの性質を体現する、神の人格的側面。（104ページの注参照）
（3）「Polestar of My Life（私の人生の北極星）」パラマハンサ・ヨガナンダの『Cosmic Chants』より。

第十章　賢者の目から人生経験を見る

一九七一年三月二十五日
カリフォルニア州ロサンゼルス、SRF国際本部にて

私が僧院に入って間もない頃に、ギャナマタ[1]が私に書いてくださった貴重なメモの中から、その英知のいくつかを皆さんにお伝えしたいと思います。ギャナマタは、私に示してくださったこの四つの原則にそって生きられました。そして、私たちも同じように生きるよう助言し、励ましてくださいました。

あなたの前途に輝きつづけるゴール以外、何ものも見ないこと、注意を払わないこと。
何が起こるかではなく、それによって私たちがどう変わるかが大事。
日々、すべては神から送られてくるものとして、受け入れなさい。
夜は、すべてを神の御手《みて》にお返ししなさい。

あなたの前途に輝きつづけるゴール以外、何ものも見ないこと、注意を払わないこと。

これは霊性の道を行く上での基本原則です。なぜなら、神の探求は、生き方だからです。日曜日に敬虔な気持ちで教会へ行って、家に帰ったら、神を忘れた世俗的な生き方を続けるのでは、十分ではありません。自分の見るもの、考えること、行うことが今の自分を決定する、と知らなければなりません。神を深く探求する人は、気を散らすもの、つまり神から心を引き離すようなことに、時間や心を集中させてはいけません。人生の良くない面を見てはいけないし、それに巻き込まれてもいけません。神を求める真摯な気持ちと相容れないような思考や行動や娯楽を避けなさい、と大師《グルデーヴァ》パラマハンサ・ヨガナンダは教えられました。私たちは常にその理想を抱き続けるべきです。

皆さんの中で、世間で暮らしている人は、自分を向上させることも霊感を与えることもないような映画、それどころか、悪い反応を引き起こす低俗な映画に行ったり、カクテルパーティーに行ったりして、時間を無駄にしてはいけません。あなたの目的である神から意識を引き下げるようなことは、どんなこともしてはいけません。こう考える人がいるかもしれません。「それなら今日は、好きなようにできるぞ。今夜家に帰ってから、深く瞑想するんだから。」しかし、このような言い訳をする人は、今生のあいだに神を見つけることはできないことを知ってください。

私たちは、神の聖なる子なのですから、神と一体であることを常に覚えていられるように振る舞えるよう、日々努力すべきです。師は、この有名な格言をよく引用されました。「悪を見るな、悪を聞くな、悪を語るな。」この英知を象徴する三匹の猿の置物は、インドでもアメリカでも広く知られています。一匹目の猿は両手で目をふさいでおり、二匹目は両耳を、三匹目は口をふさいでいます。感覚を誤用することによって、神を熱望する意識が汚されないようにしましょう。

何が起こるかではなく、それによって私たちがどう変わるかが大事。

私たちは、自分の過ちや、他人の不正行為によって被《こうむ》った不運なできごとによって、意気消沈したり失望したりしてはいけません。後々考えてみたとき、自分の行動の過ちに気づいて、恥ずかしく思うようなことを、私たちの誰もがしたことがあります。しかし、そういった過ちの記憶が、残りの人生に悪影響を及ぼすのを許すことは、同じくらい間違っています。どんなことがあろうと、みじめな気持ちになったり、自分や同胞を信じる心を失ったり、罪悪感にあふれるようになったりしてはいけません。あらゆる体験に正しく霊的に反応するためには、体験から学び、自分をより良い方向へ変化させようと決意することです。

私が非常に若い弟子であった頃に師に宛てた手紙を、最近見つけました。私はこう書きました。「師よ、私は約束します。私は積極的《ポジティブ》になり、思い・言葉・行いであなたのご指導に抵抗しないよう、毎日ベストを尽くします。」強い意志をもち、積極的な心をもつ人は、わが道を行きたいと望む傾向があります。そのよう人は、自分にとって何が最善かわかっていると確信しています。師《グル》の聖なる仕事は、弟子が、どうやって英知に導かれた意志を養うかを学べるよう助けることです。師は私を訓練することによって、私が、自分の過ちから学べるように助けてくださったのです。

利己的な、過ちに導かれた意志を捨てられない弟子たちに、師は忠告なさいました。「あなたが、このようなことをし続けるなら、聖母様はあなたを追い出すでしょう。」はじめ、私はこの言葉にとても驚きました。でもすぐに、師は神聖な法則を私たちに指摘されただけであったことがわかりました。そして今、私は、この道で神を求める皆さんに同じことをお話ししたいのです。自我の過ちに固執しないで、師《グル》のお導きに従いなさい。そうしなければ、カルマの法則がその人を霊的な道から放り出すでしょう。

私は、一〇〇パーセント師の期待にそって生きていないと感じていたので、自分を非常に厳しく裁き、それゆえに、とても苦しむ傾向がありました。そのようなとき、師は再度、私に正しい視点を示してくださいました。「過ぎたことは過ぎたこと。自分を正して過去を忘れなさい。そのことをこれ以上考えてはいけない。」ギャナマタもまったく同じことを言っておられます。あなたが意図せずに犯した過ち、またはあなたに起こる不快な出来事は、問題ではないのです。大切なのは、これらの体験によって、あなたがどう変わるのかです。人生がもたらす、あらゆる状況にどう反応するかを決めるのはあなただけです。あなたは苦々しい気持ちになりますか？　がっかりするでしょうか？　自己憐憫の人になりますか？　または、聖なる理解力があり、憐れみ深く、強い精神をもち、神に身を捧げた人になりますか？　神の探求に成功することを邪魔できるのは、あなた以外の誰でもありません。

日々、すべては神から送られてくるものとして、受け入れなさい。

これは最も重要なポイントです。他人があなたに良くした、悪くしたなどと絶対に思ってはいけません。すべての人を神の道具とみなしなさい。聖なる魂、熱心に神を探し求める求道者になりなさい。そうすれば、自分や人に起こることすべての背後に、神の御手《みて》を見るでしょう。私たちの生活を静かに愛情深く見守っておられるのは神であり、神のみであることを、よく知っておいてください。日々、すべては神の御手から送られてくるものとして、受け入れなさい。そうすればあなたは、神が常にそばにいて、祝福してくださっていることに気づきはじめるでしょう。

夜は、すべてを神の御手にお返ししなさい。

仕事や義務で心がいっぱいなので神のことを考えられない、というような言い訳をしてはいけません。これは僧院に住んでいようが、世間に住んでいようが、すべての求道者が克服しなければならない、基本的な問題の一つです。自分の責務に没頭しすぎると、瞑想の時間になっても、そういったことを心から払いのけられなくなる傾向が誰にもあります。しかし、神の御手にお返しすることの重要性を知らなければいけません。

夜に、そして瞑想の時間が来たらいつでも、心の中ですべてを神の御手にお返ししなさい。あなたは家事で、事務所で、工場で、学校で、または経済的な問題で、個人的な責任に関わるあらゆることで忙しかったかもしれません。これらは、日中のあなたの義務です。でも夜になり、瞑想の時間が来たら、心の中でこれらの責任を神のもとにお返ししなさい。この精神作業を毎晩実行するなら、瞑想のとき、あなたの意識から神以外のすべてを捨てることが、だんだん簡単になることにあなたは気づくでしょう。そうすればあなたは、自由に神と霊交できるようになるでしょう。

この四つの原則を覚えておくよう、皆さんにお勧めします。なぜなら、この四つの原則を実行したら、自分の霊的進歩に、とても、とても役立つことが分かるはずだからです。この人生で私たち皆に、神を知る機会があります。成功するかどうかは、おとずれてくるあらゆる体験に、私たちがどう反応するかにかかっているのです。

（1）　ギャナマタ（英知の母）は、SRF僧院のもっとも初期の出家者の一人。パラマハンサ・ヨガナンダは、しばしば彼女の聖人のような霊的境地を賞賛した。一九三二年に僧院に入ったとき、彼女は六十代前半だった。スリ・ダヤ・マタはその一年前に十七歳で僧院に入っていた。パラマハンサ・ヨガナンダがマウント・ワシントンを離れるとき、若手の弟子の一人だったスリ・ダヤ・マタを、ギャナマタの手に委ねることがあった。スリ・ダヤ・マタは、ギャナマタの模範的な生き方の影響を受け、助けられた。（出版部注）

第十一章　正しい態度について考える

一九六二年十二月十一日
カリフォルニア州エンシニタス、ＳＲＦ僧院にて

仏陀はかつてこう言いました。「僧たちよ、聖なる人生を過ごして得られる恩恵とは、かせぐことでも、人気でも、名誉でもなく、また道徳の完成でも、集中の完成でも、知識でも、ビジョンでもない。僧たちよ、確実で揺らぐことのない心の解放、ただこれのみである。これが聖なる人生の目的である。これがその真髄である。これがその目標である。」

「揺らぐことのない心の解放」とはどういう意味でしょうか？　それは、心がつねに習慣や感情や執着の強制から自由となり、英知、愛、無私の精神のみに支配されているという意味です。また、あなたがもはや自我《エゴ》にコントロールされないことを意味します。つまり、魂としてのあなたが運命の支配者となり、心を通じて手綱《たづな》をとることを意味します。あらゆる状況や状態において、正しい態度をみせることは、自己を支配した証拠です。

正しい態度は神への道です。正しい態度がなければ、人は神を知ることはできません。それは霊的な人生の最も基本となるものです。人は、正しい態度でいられるように努力し続けるべきです。さ

もなければ、どれほど神について語っても、どれほど聖典を読んでも、何年師《グル》のそばにいても、すべて無駄になります。

正しい態度に内在しているのが謙遜です。神の目から見て、最もちっぽけなものとしての自分を受け入れることなしに、神を知ることは不可能です。これは何も、自分がどんなにちっぽけであるかを言いふらしたり、嘆いたりするという意味ではありません。いいえ、謙遜とは、人があなたに何を言おうが、何をしようが、常に変わらないでいることです。バラの花は、手で潰されても、手の中に香りを残します。批判という手の中で、厳しい冷酷なことばの手の中で、人があなたをもみくちゃにしようとも、優しさ、優しいことば、優しい行動、とりわけ優しい思いを与え続けることが、正しい態度です。優しい思いなしには、人はことばや行動で、心からの優しさを表現することはできないからです。

多くの人が抱える問題は、怒ったりイライラしたりすると、理由を聞こうとも、理解しようともしなくなることです。自分が正しいと盲目的に思い込んでしまうと、どんなに説明しても、どんなに理由を話しても、その人は受け入れません。その人にわかるのは、自分の欲望が妨害されたということだけで、それが問題のすべてなのです。言いかえれば「激怒している」のです。そういう時にこそ、正しい態度をとるべきなのです。

あなたのご意志がなされますように

この世の何かが私たちを怒らせ、またそのせいで自分を抑えられなくなるのなら、それは単に、私たちが正しい態度をとっていないことを意味しています。このことについて分析してみれば、その怒りは、欲望が妨害された結果であることがわかるでしょう。その欲望は、気高いものであったかもしれません。しかし、それでも基本的な事実は残ります。私たちがある方向へ行こうとしていて障害に出会うと、そのときに怒りが生まれるのです。前進したいという欲望が邪魔されたからです。このようなとき、その人の態度が、どう反応するかを決めます。もし態度が正しければ、そんなときでもこう言うことができるでしょう。「主よ、私の意志ではなく、あなたのご意志がなされますように。」これを誠実に実践すれば、怒りの感情から完全に解放されます。これを着実に実践するよう努力していけば、正しい態度が身につき、常に心に平和がもたらされます。

神は、この世でご自身の意志を果たされる際、人を通じて働かれます。私たちは常に、神を受け入れられるよう努力しなければなりません。正しい態度はここにあります。私たちが神を受け入れる度合いに応じて、そして正しい態度をとる度合いに応じて、神の道具としての良し悪しが決まるのです。この「度合い」の違いが、個人の違いを生む第一の基礎になります。

神の道具になりなさい

スリ・ユクテスワは、私たちの師《グル》パラマハンサ・ヨガナンダに言われました。「正しくふるまいなさい。」そして師《グル》は、私たちにこう注意されました。「常に正しい態度がとれるよう努力しなさい。」この二つの教えは一つであり、同じことを言っています。正しい態度を実践することで、神を受け入れられるようになってきます。そして神を受け入れられるようになると、神のご意志の通り道になることができるのです。正しく配線された電線は電気を通します。でも、電気の通っていない電線に、何の価値があるのでしょう？　同様に、私たちの真の価値は、電線となって神に奉仕できることにあります。これによって、神は、地上でご意志を働かせることができるのです。神の完全な道具となるための、受容性と謙虚さをもてるように、正しい態度を身につける努力をし続けることは、私たち皆の義務です。

クリスマスの季節が近づくと、私だけでなく皆さんも、霊的な情熱と喜びを感じるようになると思います。私はこの人生を無駄にしたくありません。どんなに多くのことが私たちの足を引っ張り続け、霊性の道で退歩させようとしていることでしょう！　私たちは常にそういったものに抵抗しなければなりません。といっても、神経質にならず、緊張しないで抵抗しましょう。私たちは、平静な識別力を使って、心を惑わすこの世のもの――私たちを神から遠ざけ、また神へと導く正しい態度から遠ざけるようなもの――はすべて、霊性の道から取り除かなければなりません。霊的な道の秘密は、正しい態度にあります。一度これを身につけたなら、神を探求することは、この世で一番簡単な、自然なことになるでしょう。

瞑想のときに、正しい態度をくださるように神に祈ってください。私はいつも神と師《グル》に祈ります。「あなたが私をどう訓練しようと、私をどうされようと気に止めません。でも、すべての体験をとおして、私に正しい態度を教えてください。私があなたの訓練をいやがったり、抵抗したりしませんように。何が起ころうとも、私が自己憐憫や怒り、失望にふけることのないようにしてください。」今言った性質は、普通の利己的な人間の性質です。私たちは普通の人間では**ありません**。私たちは魂です。私たちはみな神の子です。だから、それらしくふるまうべきです。神との関係の上で、正しい態度を手に入れなさい。そうすれば、世間ともうまくやっていけるでしょう。

第十二章　新年は霊的な好機

一九六五年八月二十四日
カリフォルニア州エンシニタス、SRF僧院にて

SRFの各僧院では、師《グル》パラマハンサ・ヨガナンダのつくられた伝統に従い、大晦日の十一時三十分から〇時三十分まで、そこで生活している弟子たちが集まり、ともに瞑想する。一九六一年、ロサンゼルス国際本部にて行われた瞑想は、スリ・ダヤ・マタが主導した。以下に掲げるのは、その機会に僧院内の弟子たちへ向けられた、彼女の霊感あふれる言葉——すべての神の探求者への、愛のこもった励ましの言葉である。

新年の始まりは、ものごとの流れを変える絶好の機会である、と師は教えてくださいました。ですから、大晦日に自分自身を内観し、分析し、霊的にどうであったか詳しく調べてみるのは良いことです。どこが霊的に進歩したのか、退歩したのはどこなのか、私たちは考えなければなりません。それから新しい年に、自分のものにしたいと望む資質について瞑想すべきです。

私たちのなかに、怒り、貪欲、嫉妬の傾向はないでしょうか？　唯一の真実である神から注意を引き離すような欲望に、気を散らされていないでしょうか？　たとえ、そういった欠点がたくさんあっ

たとしても、がっかりしてはいけません。それでも、神は私たちを愛しておられます。私たちが向上しようと努める限り、どんな失敗をしても、神は私たちを助け励ましてくださいます。神を求める人が助けを求めて、片方の手を神の方へと伸ばすとき、最愛の神はその人を引き上げるために、両手を差し伸べられます。ですから、私たちも神のお導きを祈りながら、少なくとも片方の手は神へと伸ばし続けていましょう。それから、この新年には、神から私たちを遠ざけるものは何でも払いのけられるよう、もっと努力する決意をしましょう。

悪とは何であり、善とは何でしょう？　善と悪は相対的なことばです。ある人には善であっても他の人には悪かもしれませんし、ある人には天の食物であっても他の人には毒かもしれません。あるインドの偉大な聖者は言っています。求道者の心を神から引き離し、落ち着きのなさ、落胆、怒り、嫉妬のような意識へと引き下げてしまう考え・言葉・行動はすべて、その人にとって間違い、つまり悪であると。私たちは、意識を引き上げるようなことだけを考え、話し、行うように生きる努力をしなければなりません。

私たちに怒りながら話す人に乱暴な言葉を返したり、自分が軽視されるか無視されたときに嫉妬を感じたり、自分が当然受けるべきと思っていたものを、他人が与えてくれなかったときに不機嫌になったりするのは、たやすいことです。しかし、私個人の体験から言いますと、すべてを神の御手《みて》から来るものとして受け入れるようになったとき――深く瞑想し常に神の存在を感じることを通じて、人生で体験するあらゆることにおいて、私たちが対応しなければならないのは神だけである、と感じるようになったとき――真の自己を悟る道において、あらゆる落とし穴を避けることが可能になります。

どの魂も神の似姿につくられています。謙遜、英知、愛、喜び、至福という神の資質はすでに、私たちのうちに存在します。でも「私」すなわちエゴは、私たちの本質を忘れさせてしまいます。内在する聖なる特質に、意識的に思いをめぐらすようにすれば、ふたたび自分の本質を理解するようになります。

神の光は暗闇を破壊する

心を神から遠ざける気分や習慣というものはすべて、陽気さ、積極性、喜び、献身、愛、親切、同情という肯定的な思考によって置きかえることで克服できます。これらの内なる資質に目覚めると き、貪欲、利己主義、怒り、憎しみ、嫉妬、消極性、激情といった悪癖は、しだいに死に絶えていくでしょう。部屋が暗いとき、物が見えないと不満を言っても、また、棒で闇をつついても追い払うことはできません。その暗闇を追い払う方法はただ一つ。光を入れることです。同様に、無知を追い払うには、自己憐憫《れんびん》にひたって闇にとどまったり、内なる闇を人のせいにして非難したりするのではなく、神の光を取り入れることによって可能になります。内なる英知の光を灯しなさい。そうすれば、長年の闇はすべて消え去るでしょう。

神の意識に生きる求道者は、自分が常に神に集中していて、いつも神のある側面——わが神、父なる神、母なる神、子なる神、愛する神、恋人である神、私のものである神——の周囲に、心を思いめぐらせていることがわかります。この意識をもっと持ち続けようと努めていると、すべての人の中におられる神の似姿が自分の内にもあることを、より早く気づくようになるでしょう。

良い決心を強める

心のなかに霊的な望みを持ち続け、それが成就するように神に深く祈りなさい。絶え間なく祈り続けなさい。数時間とか一日だけではなく毎日、行動のさなかでも、心の背後でその祈りが繰り返し流れているようにしなさい。もしあなたが、一つの思いを成就させるくらいの、揺るがぬ信仰と熱意を持っているなら、あなたは神の応えを見出すでしょう。神がご自分の帰依者を見捨てることはありません。でもあなたは、根気強くなければなりません。もし、初めのうちは神の応えを受け取れなくても、あきらめてはなりません。努力し続けなさい。突然、まったく思いもよらないときに、愛する神はあなたの祈りに応えてくださるでしょう。

自分が克服したい悪い習慣、またはもっと成長させたい良い習慣を選び出しなさい。そして、この新年が終わるまで毎日、自分の目標を達成するために努力しようと決意しなさい。数日、または数ヶ月で忘れるほど、たくさんの決意をしてはいけません。良い資質をひとつ決めなさい。そしてあなたの内にそれが確立するまで、その資質に注意・決意・熱意を傾けなさい。

私は何年も前の新年に、謙遜を身につけるため一生懸命がんばろうと決意したことを思い出します。毎日その目的のために努力しました。謙遜とは実際何なのかを考えました。もっと謙遜を与えてくださるよう、神がもっとも有効だと思うあらゆる方法で、私に謙遜を教えてくださるよう、瞑想中も神にお願いしました。瞑想のなかで、活動のなかで、あらゆる方法で、その資質を伸ばすために一生懸命努力しました。同じように別の機会には、神への信仰や、他人を理解するなど、その他の霊的資質を身につけようと努力しました。こういったことは生涯つづく努力ですが、大事なことは、このような資質を獲得しようと第一歩を踏み出すときでさえ、固い決意と努力が必要であるということです。皆さん、これが、あなたの心の良い望みを叶える方法です。決心してください。あなたの意志の力を使ってください。人生は過ぎ去っていきます。あなたは、英知、愛、理解、喜び、平和というもっとも豊かな収穫を、残された人生の季節に刈り取りたいはずです。

多くの求道者は私にこう言います。「神の方へ向かっているのかどうかがわからない。不毛の努力をしているように感じる。何の進歩もしていないようだ。」そのような求道者に言えることは、さらなる努力が必要であるということです。神の存在へのより強い望みと決意が必要なのです。

パラマハンサジはよくこう言われました。溺れるものが、三度目に沈もうとしてあえぐときの危機感をもって、恋人が愛する人との別れに感じるのと同じ思慕の情をもって、またけちん坊が黄金に対して感じるのと同じ所有欲をもって、求道者は神を求めなければならないと。もし、これほどの神への熱意、憧れ、愛着をもっていたら、その人はこの一生で神を悟るでしょう。私たちの内で、そのような聖なる欲望の火花が点火するまで、満足してはいけません。この新年に、神にもっと近づくことを決意してください。唯一の真実であり、永遠に続く愛である神との関係を、より深く結びついた、よりやさしく愛のこもったものにしようと決意しなさい。あなたの心と精神が、そのような聖なる関係の中に安住したとき、人間関係のすべてが、より純粋でやさしさあふれるものになるでしょう。

瞑想の岩の上に人生を築きなさい

自分自身に誓いなさい。病気のとき以外は、毎日の瞑想を必ず行うと。私は師《グルジ》の勧めでその誓いをして以来、それを破ったことはありません。そのおかげで、強大な内なる力が与えられました。さらに毎週、まる一日、または数時間を静寂の内に過ごし、そのあいだ長めの瞑想をしなさい。何年も前にエンシニタスで師がそのことをお話しになったとき、私は週に一日の夕方を、長めの瞑想に当てることにしました。私にはしなければならない仕事がたくさんありましたが、毎週木曜日は六時に、夕食をとらずに自室に行き、深夜まで瞑想しました。この習慣によってはぐくまれた強さ、そして瞑想のあいだ神に対して感じた愛と信仰心は、私の霊的な進歩をはやめてくれました。あなたも神を見つけたいのなら、このような決意をして、ただ口で言うだけではなく忠実に実行しなければなりません。

週一回の長めの瞑想のあいだは、世間を忘れて、心の中からすべての心配を投げ捨てなさい。あなたの問題を神に引き渡しなさい。六時間という短いあいだ、その心配は神にしてもらいなさい。あなたの心の言葉で神に語りかけなさい。そうすれば、あなたは自分が霊的に進歩していることがわかるでしょう。さらなる努力をすること、これが唯一自分の進歩を知る方法です。

常に神の存在を感じるようにする

霊的進歩のもう一つの方法は、常に神の存在を感じるようにすることです。パラマハンサジは、こう教えられました。神を知りたいのなら、朝起きて最初に神のことを思うように訓練すること、そして仕事中は一日をとおして、神がなさる方であり、あなたは小さな道具にすぎないと考えるようにしなさい、と。あなたの知性、積極性、喜び、陽気さを神への奉仕に使いなさい。一日が終わりに近づいたとき、あなたの心を神の内に深く静止させなさい。こういう方法で、「神のみ」という意識を持ちながら前進しなさい。人生であらゆることを経験しながらも、心に最高の喜びをもち、最大の勇気と信仰と積極性を、そして何よりも、最愛のお方の御足に捧げた聖なる愛をもって、「神のみ」の意識を保ち続けなさい。

最後に、愛する師《グル》とともに過ごさせていただいた、ある年の新年瞑想会で、私が書き留めたことを皆さんに披露させてください。この言葉はここ数年間、私にとっての助けとなりました。「いつもこのことを忘れないこと。私たちは神のご意志に反対することはできない。私たち一人ひとりは、この世でそれぞれの役割をもっている。私たちはそれから逃れられないし、何ものもそれを奪うことはできない。義務を果たすに当たって、次のような姿勢をもつこと。『おお主よ、なさるのはあなたです。私を、あなたのために喜んで仕事をする道具にしてください。』人生は一秒で吹き飛んでしまう。どうして、この世で私たちが行為者である、などと考えられよう？　ギーターは言う。『他のすべてのダルマ（義務）を捨てて、わたしのことだけを思え。わたしは汝をすべての罪（より小さな義務を行わないことから生じる罪）から解放する。』[1]」

日々最善を尽くすことを忘れないで

「この世で皆が忘れてはいけないことは、一瞬一瞬、日々、最善を尽くすことである。神はあなたが持続的に努力することを望まれる。神はあなたががっかりしたり、あきらめたり、逃げ出したりすることを望まれない。活動のさなかに、あらゆる試練のさなかに、神はいつもあなたとともにおられることを覚えておくべきである。六十年間、砂漠でキリストに祈り続けた聖アントニオに、イエスは『アントニオ、お前は苦しんでいたが、わたしはずっとお前とともにいたのだ』と言われた。」がっかりするような状況に出会ったときはいつでも、この言葉を思い出しましょう。

二元性はこの世の本質です。否定的な側面にとどまらないでください。私たちは神への強い信仰を持ちながら、良いことも悪いことも受け取ることを学ばなければなりません。師《グルジ》の言われたように、人生で出会う試練は、祝福のために差し出された、神の御手《みて》の影にすぎないのです。人生のすべてを一つの意識で見渡せるようになりなさい。「主よ、あなたがなさる方です。あなたの御手から私は、やさしい愛撫と同様に、平手打ちも受けます。なぜならあなたは、私にとって何が最善なのかをご存知だからです。あなたは私の友をとおして私を愛され、私を敵だと思う人々をとおして、私をきたえておられます。」

このことを意識して、新しい年を迎えましょう。勇気、信仰、強さをもち、自分の前に置かれたどんなことも喜んで行う気持ちをもって、そして何よりも、いつも神の愛を感じたいと切望する気持ちをもって、新年に立ち向かっていきましょう。神は私たちからご自分を引き離しているのではないのです。私たちが、この世のものを追い求めることによって、感覚や感情に溺れることによって、神から意識を引き離しているのです。偉大な大師の方々が教えておられるように、意識を静止することを学んだときに初めて、私たちは神の存在を内側に感じることができるのです。(2) 神は時の始まりから私たちとともにおられます。神は今もともにおられ、これから先、永遠にともにおられます。変わることなき神にしっかりとしがみついていなさい。

私から皆さんへの祈り

新年にあたって、私が皆さんのためにお祈りしたいのは、それぞれが霊的な道で、もっとも高く、もっとも貴い目標を成就されますように、ということです。聖なる愛を探し求める人は、それを見つけられますように。同情心を求める人は、人間関係からではなく同情心の泉である神から探されますように。強さ、勇気、謙遜を求める人は、唯一の偉大な教師である神――こういった資質をあなたが身につけるのを助け、自分の内に眠っている神性を目覚めさせてくださる神――のもとに行き、自分自身が神の真の子供であると見いだしますように。思い出の中で、私には、天におられる師《グルジ》が新年のときに激励された声が聞こえます。「目覚めよ、これ以上眠っていてはいけない！　目覚めよ、これ以上眠っていてはいけない！　目覚めよ、これ以上眠っていてはいけない！」

平和・喜び・幸福・聖なる愛への道は、あなたの意識の中心に神をおき、その内に安らいでいることです。「神のみ」という唯一の思いに集中しなさい。「あなたは北極星。あなたの内に私は生き、動き、呼吸し、存在する。私が求めるのはあなたを愛し、あなたにお仕えすることだけ。」これをあなたの、新年のたゆまぬ祈りとしなさい。

昼も夜も神のことに集中しなさい。そして神の愛に酔いしれなさい。神のみが真実です。神の愛の内に英知、謙遜、喜び、哀れみ、理解、完成があります。私たち一人ひとりが、その愛をもっと熱心に探し求めてゆけますように。

より深く瞑想し、より積極的に、より誠実に、より集中して神にお仕えしようと努めてください。お仕えするだけでは不十分です。お仕えすることはすばらしい特権であると考えて、熱意、喜び、心のなかの愛をもって奉仕しましょう。年の始まりと同じように、神だけを思いながらこの年を締めくくることができるよう、私たちが新年のすべての日々を、神への賛歌を歌いながら、喜びあふれる意識を保って過ごせますように。

（1）バガヴァッド・ギーター 18章66節（『God Talks With Arjuna』の中のパラマハンサ・ヨガナンダの訳より）
（2）「静まれ、そしてわたしが神であると知れ」（詩篇 46章10節）

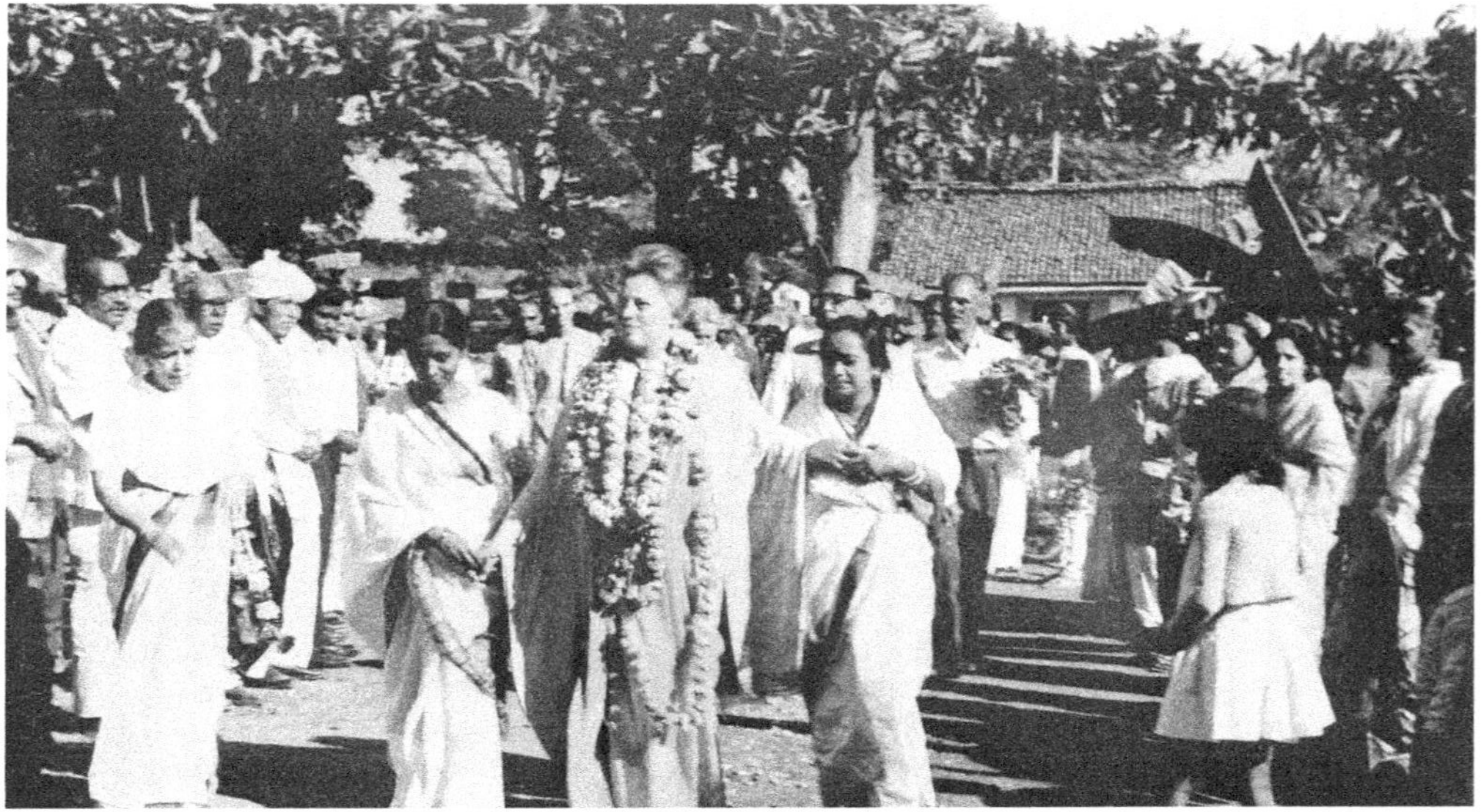

１９６７年 インド・ランチにて、ＹＳＳ本部でのダヤ・マタ歓迎会

「人生がもたらす、あらゆる体験を通過するときに、神の意識を維持することによって、私たちは自分自身を、そして周囲の人々を、無限なる全体の一部として再び見られるようになります。」

１９６１年、インド・ダクシネスワのヨゴダ僧院（ＹＳＳ本部）にて
近隣の子供たちに食事を施す。そのほとんどが貧しい家庭に生まれる。

「瞑想することによって、自己を忘れ去ることができるようになります。自分と神の関係について、また、人々に内在する神に奉仕することについて、より多く考えるようになります。」

1968年2月 インド・ランチ　僧院の僧たちが24時間神の御名《みな》を歌い続けるラーム・ドゥンの儀式中、深い瞑想に浸る

「偉大な大師の方々が教えておられるように、意識を静止することを学んだときに初めて、私たちは神の存在を内側に感じることができるのです。神は時の始まりから私たちとともにおられます。神は今もともにおられ、これから先、永遠にともにおられます。変わることなき神にしっかりとしがみついていなさい。」

第十三章　許しの秘密

一九六九年三月二十四日
カリフォルニア州ロサンゼルス、SRF国際本部にて

聖なる復活祭の季節が、ふたたび巡ってきました。一年のなかでもこの聖なる季節は、私にとって、際立った高揚を意識のうちに感じる時期です。そして皆さんの意識も同じような感化を受けられるようお祈りします。イエス・キリストの、人類のための最高の犠牲を思い出させるこの時期になると、キリストは十字架上で最高の奇跡を行ったという、聖なる師《グルデーヴァ》パラマハンサ・ヨガナンダが何度も繰り返しておっしゃった言葉について考えます。イエスは、自分を裏切った人々、自分を誤って裁いた人々を咎《とが》め非難する権利を持ちながら、自分の命令で敵を滅ぼす力を持ちながら、その力を使わなかったばかりか、なんの敵意も抱かなかったのです。むしろ、イエスは悪に打ち勝つ聖なる方法を世界に示したのです。それ以外の方法では、人間の魂を無知の闇から永遠の英知へ、永遠なる神との霊交の光の中へと復活させることはできないのです。キリストが示した道は、「父よ、彼らをおゆるしください。自分が何をしているのか、わからずにいるのです。」(1)という単純な愛の言葉によって、不滅のものとなりました。

これは、今日でさえも人類にとって非常に重要なメッセージであり、私たち一人ひとりが、聖なる愛の光を心の中で、そしてこの世で輝かせ続けたいと願うなら、このメッセージを生活の中に取り入れなければなりません。心と頭から、あらゆる恨みや敵意を取り除くことが重要です。なぜなら、そのような感情はそこにあるべきものではないからです。

誰かが私たちに不親切なふるまいをした時、それに対して何かをしなければと感じるのはどうしてでしょう？　どうして私たちは、神の御手《みて》にただ委《ゆだ》ねるということができないのでしょう？　私は、神に委ねることが正しいと信じています。聖なる法則、聖なる愛が私たちのためにこの問題を解決してくれる、と十分知った上で、「父よ、彼らをお許しください。彼らは自分が何をしているのか分からないのです」と、私たちも言うことはできませんか？　聖なる法則は、私の人生のあらゆる場面で効果がありました。これは皆さんにとっても、全人類にとっても効果があるはずです。

問題は**私たち**にあります。私たちが意地の悪さや、人を憎む心、復讐心、怒り、嫉妬心を捨てられないのです。その理由は、私たちがサタン（迷妄）、つまりこれらすべての悪い心や感情を実在させてしまうことですが、そのサタンの手を離して、神の御手をつかむことができないからです。

憎しみ、怒り、意地悪という暗い墓から、私たちの意識を復活させましょう。あなたは意地悪とは何であるかを知っているでしょう。他人を傷つけたいという欲望です。たぶん、私たちは誰でも、時には気づかずに人を傷つけることもあるでしょう。このように気づかずに傷つけてしまった人がいたら、誠実に許しを乞うべきです。そして他人に対して、故意に手を上げることは、たとえそれが心の中であっても、絶対にしてはいけません。もしそうしてしまったら、最初に苦しむのは自分自身です。なぜなら、その瞬間に私たちは、内なる神の気づきを失うからです。

愛の宝庫である魂の悟りを求めなさい

皆さんに対する私の魂の願いはただ一つです。自分の魂の内に見つけた喜びのゆえに、平和と安心の感覚のゆえに、偉大なる愛のゆえに、私は皆さんがどなたも、聖なる意識に浴することを心から願っているのです。その意識を達成することも、保持することも非常に難しいというのは本当です。それゆえ神聖な方法で生活を変えようと努力している方々に対する私の仕事は、ゴール（神）からさまよい出たときに皆さんに思い出させること、そしてもっと深く、もっと真剣に、もっと強い信仰で、私たちの師《グル》のあとについていくよう皆さんを励ますことです。

大師《グルデーヴァ》はやさしさ、愛、許し、あわれみが肉体をまとったようなお方でした。師には意地悪、利己主義のかけらもありませんでした。それでもキリストを誤解した人がいたように、師を誤解した人々もいました。人が暗闇に慣れると、目が光に耐えられなくなります。目がくらむからです。ですから、理解と正しい行動の光からそっぽを向くと、そして自己憐憫《れんびん》、私利私欲、利己的執着に傾くと、光を反射するものや人に腹が立つようになります。もしその光を受け入れるなら、その光が意識と人生の隅々まで明るくし、自分がこれまで最も望んできたもの――ところがそれを得るための正しい原則に従ってこなかったもの――が与えられることが分かるでしょう。

それゆえ、この復活祭の春の季節に、私たちの情熱を新たにして、魂の声で神に叫びましょう。私はそうしています。私は人生のどの瞬間にも、神を必死に求めています。時々真夜中に目覚めると、眠いとは思わず、あらゆる瞬間、可能な限り、ただ神に語りかけながら過ごしたいと思うのです。私にとってそれが現実なのです。そして私は神との霊交で楽しみ、平和、喜びを見出します。それゆえ、皆さんにもそうあってほしいと望むのです。

自分の過ちや弱さに盲目的にとらわれていて、手放すことをせず、自分の人生を神に任せることをしない人を見るとき、私は苦しみます。真の自己の悟りを達成したいのなら、手放し、任せるべきです。もっと神を信頼しなさい。もっと神を信じなさい。神を受け入れなさい。あなたが受けた不正を正義に変えることのできる神を信仰しなさい。あなたは自分を弁護する必要はありません。神をあなたの弁護人にしなさい。

誰かが私のことを誤解するとき、私が案じるのは、彼らがダヤ・マーとではなく、神と完全に調和していないことです。そういうとき私は、聖母様に一生懸命に祈ります。「彼らを祝福してください、彼らを祝福してください！　彼らの意識をあなたの内に目覚めさせてください。彼らがあなただけを頼りとしますように、あなただけにしがみつきますように！」そう祈るとき、その人たちの魂との関係において、喜びと心の平和を感じます。聖なる師《グルデーヴァ》はよくこうおっしゃいました。「あなた方一人ひとり――そう全員！――が聖母様の御足《みあし》もとに駆け寄っていくのを見届けるまで、わたしは満足できない。」これはまた、私自身のささやかで、熱い望みでもあります。なぜなら、師はこうも言われたからです。「いつでも覚えておきなさい。あなたが心の中で神を愛しているなら、何ものもあなたを害することはできない。」ですから、私たちは皆、心の中で神と愛し合うべきなのです。そうすれば、恍惚とさせ、すべてを焼き尽くす神の愛は、世俗的な痕跡を完全に消し去って、人が自分に何をしようとも、私たちは心が動揺することなく、万人への唯一で聖なる愛という変わらぬ意識に、常にとどまっていられるのです。

善をなすにも、悪をなすにも、心はすさまじい威力をもっています。非常に不穏な昨今、皆で一緒に人類のために深く祈りましょう。私たちが個人としてある程度の悟りに到達し、そして神を思うことである程度の安心感に到達するため、努力することは重要なのですが、その一方で、この病んでいる世界のためにも祈りましょう。人類がすべての問題を、サタンではなく神を案内人として、悪の力ではなく神に――神のみにしがみつくことによって解決する方法を学べるように祈りましょう。

（1）ルカによる福音書 23章34節

第十四章　祈りのとき、全託のとき

一九六六年五月十九日
カリフォルニア州ロサンゼルス、SRF国際本部にて

「肉体的治癒を求めているときに、全託すべきか、祈りやアファメーション（肯定的な言葉を自分に言い聞かせること）をすべきか、どちらの方法が望ましいのか？」という質問にスリ・ダヤ・マタが答えた講話。

私の師《グルデーヴァ》、パラマハンサ・ヨガナンダと多くの年月をともにした間、私は師が、自分のために祈らないことに気づきました。事実、師はこのように言われたことがあります。「わたしは自分のために祈ることができない。わたしは神の望まれることを行うために、自分の全人生を神に与えた。」師の一生は全託のお手本でした。

最高の意味において、もし神を信頼し、信仰しているのなら、神に何かを願う理由はないはずです。神は、人間としての限られた理解しかもたない私たちよりも、私たちの必要とするものをご存知です。ですから、自分のために祈ることは、神への信仰と矛盾することなのです。

時おり、パラマハンサジが、ある人を大きな苦しみから解放するために悪いカルマ[1]を引き受けて、代わりにご自分の肉体に苦しみを受けることがありました。私たちは師に嘆願しました。「グルジ、なぜ、治癒を祈らないのですか？」

「自分のために、どうして祈ることができようか？」と師は答えられました。「わたしは自分の肉体のために祈ったことは一度もない。肉体は神に捧げてしまった。神はわたしの肉体をお望みのままにされるだろう。わたしもそのようになることを望んでいる。」師《グルデーヴァ》は、神の意識のうちに完全に満足されていました。神を求める人がパラマハンサジのように、神の内に完全にとどまった意識状態に到達すると、肉体の状態など、重要なことではなくなるのです。自分の肉体のために祈る人は、まだ肉体に執着しているのです。

しかし、他人のために祈るのは正しく良いことです。そのときは何よりも、人々が神に対して受容的になって、肉体・心・霊的な助けを、直接聖なる医師（神）から受け取りますようにと、祈ります。これがすべての祈りの基本です。神の祝福は常に存在しますが、受容性が欠けていることが多いのです。祈りは受け入れる力を高めます。もし自分の信仰が完全でないのなら、自分のため、または他人のために祈ることは大切です。なぜなら祈りは信仰を強め、いつでも助けようと待っている神の扉を開くからです。[2]

神との個人的な会話――最も自然な祈り

「祈り」ということば自体、形式的で、一方的な神へのアピールを意味しているような気がして、私は使いたくありません。私にとって、神と会話すること、近く親しい友としての神に話しかけることとは、より自然で、個人的で、効果的な祈り方です。戦争の悲劇や、人類のその他の苦しみについて聞くとき、また誰かから助けを求める手紙を受け取ったとき、私はただちにそのことについて神と話し合い、私の魂の静かな聖所で神と会話します。

もし、私たちがどんなときにも神に心を合わせ、神と霊交しているなら、祈ったり、何かをお願いしたりする必要があるでしょうか？　そのとき、私たちは完全に幸福であり、神を信頼していることを確信しているので、心の中にはいつもこのような安心感があるでしょう。「神は、ご自身が私になさっていることをご存知です。私は必ずしも神のなさり方を理解できませんが、神が最善を知っておられるとわかっていますので満足です。」これが、全託です。

神への完全な愛は、どんな場合にも、神のご意志を完全に信頼することを前提とします。ですから、自分のために祈ることは、神への信仰において不完全となるのです。だれかを非常に深く、無条件に愛しているとき、そして相手が自分を愛してくれていると暗黙の内に信頼しているとき、相手が自分をどのように扱おうと気になりません。同じことが神への愛についてもいえます。私たちは、生命・心・

精神を神に完全に捧げきって、何があろうと一向にかまわない、というようになるべきです。つまりどんなときにも、意識がかき乱されたり、動揺したりしないということです。そのような意識を持つ人は、神に釘づけにされていて、自分自身が神の至福に満ちた存在に包み込まれているので、危機が来ようと、一時的な肉体に何が起ころうと、問題にしないのです。私はこのような、神への完全な信頼の状態を信じています。

全託とは、人から苦しみを取り除くことではありません。パラマハンサジがある晩、次のように言われたことを思い出します。「わたしは何年間もこの肉体の苦痛を味わってきた。しかしふしぎなことだが、聖母様は一方で苦しみを与えながら、一方であなた方をとおしてこの肉体の面倒を見てくださる。」師《グルジ》の場合は、完全に自己と神とが一致していました。自分が魂であることを悟っていたので、神こそが、自分の肉体が苦しむのをお許しになっており、と同時に、肉体を維持し必要な手当てをお与えになっているのも神である、と一歩退いて見ることができたのでしょう。

このような全託は、苦しみを徳のように美化し、苦しみがくることを祈るような、悲しみに身を任せる、気のめいる状態ではありません。自分に世界中の苦しみがくるように神に願う信心深い求道者や、神を喜ばせる方法として苦しみに浸る修行者は、むしろ全託への否定的なアプローチをしています。私は肯定的なアプローチを信じます。「私は魂です。私の本質は至福に満ち、力強く、完全です。私はこの肉体の世話をします。でも肉体にとらわれることなく、肉体に生じるあらゆる不完全さを嘆くこともしません。」もし頭痛がしたら、その事実をみとめ、手に入れられる、理にかなった療法を行うことはまちがっていません。でも、自分の本質は、自分がまとっている肉体の不快感からは分離していて影響されない、という真実に意識をとどめておくべきです。

肉体は魂の外套《がいとう》にすぎない

肉体はまちがいなく、魂をおおう外套にすぎません。もし、オーバーコートがボロボロ、よれよれになっても、ふつうはそのことを深く悲しむことはないでしょう。繕《つくろ》ったり、別のコートに代えたりするでしょう。魂が一時的に身につけている、肉体というコートが自分であるとみなすことを、意識に許してはいけません。

神のやり方を理解しない人々は、霊的な完成とは肉体の完成であるから、神と調和した人の肉体は病気にならないという考えを抱いていることがよくあります。そんなことはありません！　この観念を捨てない人は、自分が肉体に執着しているのです。その人にとって肉体が非常に重要なのです。肉体にほどほどの手入れをすることが間違っていると言っているのではありません。スリ・ユクテスワはこう言われました。「お前の飼い犬ではないか。骨の一本ぐらいくれてやりなさい。」(3)　肉体には必要なものを与えて、あとは忘れなさい。また、キリストはこう言われました。「何を食べようかと命のことで思いわずらい、何を着ようかとからだのことで思いわずらうな…あなたがたの父はこれらのものがあなたがたに必要であることを、ご存じである。(4)」

重要なことは、普通の人がどんなに肉体の手入れをしようとも、永遠に肉体の内に住むことは許されていないということです。だったらなぜ、一時的なものにそれほど神経を集中させるのですか？　肉体の手入れに心を奪われ、魂をはぐくむことをしなかったり、二の次にしたりすることは、霊的にまちがっています。必要とあれば苦しみをとおしてでも私たちを目覚めさせようとして、肉体に病気や欠陥があらわれるのを神がお許しになるのは、私たちは神の子であり、この死すべき肉体ではないこと、また、この世界は私たちの家でないことを気づかせるためなのです。私たちは不滅の魂であり、私たちの家は神の内にあります。

全託の徳を強調する上で、私たちは祈りとアファメーションが占める位置と価値を無視すべきではありません。パラマハンサ・ヨガナンダが示された理想的な全託は、一般の人にとって高い目標になるでしょう。なぜならそれは、神のご意志を完全に霊的に理解し、同調することに基づいているからです。そのような求道者は、自分の問題に抵抗すべき時と方法も、苦しみに自分の身を任せる時も知っています。

「神は自ら助くるものを助く」

イエスを十字架にかけようとする人々の手から、イエスはご自身を解放する力をもっていました。「わたしが父に願って、天の使たちを十二軍団以上も、今つかわしていただくことができないと、あなたは思うのか？」(5)しかしイエスはこう祈りました。「父よ、御心《みこころ》ならば、どうぞこの杯《さかずき》をわたしから取りのけてください。しかしわたしの思いではなく、御心がなるようにしてください。」(6)与えられた状況において、このような神への同調を感じられない人にとっては、祈りとアファメーションは有効であるだけでなく望ましいと思います。祈りとアファメーションは、精神と意識が、神の祝福と導きに対して受容的になることを助け、信仰を強め、意志を呼びおこし、その結果、自然治癒力を目覚めさせます。そうやって、祈りとアファメーションは、「神は自ら助くるものを助く」という、もう一つの宇宙法則を作動させるのです。

アファメーションの磁力

誰でもアファメーションを実行すべきです。私にとって最も役立つアファメーションは、「主よ、私の意志ではなく、あなたのご意志のみが、私をとおしてなされますように」と、「主よ、あなたがなさるのであって、私ではありません」のふたつです。

この世は、電子が陽子の周りを回転するように、一つの粒子が別の粒子の周囲を回転するという原理でつくられています。こうして、創造の力が生み出されています。アファメーションも同じ原理に基づいています。ある想念の周囲を、集中した意志の力が回転すると、力強い磁力が生み出されます。「主よ、あなたは私のもの、私はあなたのもの」や、「主よ、あなたはあの人の身体のうちにおられます。あの人は元気です」というようなアファメーションが、強い思いの力をどんどん増しながら、何度も繰り返されると、断言されたものがそのまま実現されます。

同様にこの原理によって、否定的な思いの周囲を、意志を集中させて繰り返し回転させるようにすれば、否定的な結果をもたらすことができます。人は否定的な思いによって、自分自身にも他人にも、甚大な被害をもたらすことができます。なぜならこの世では、自分で蒔《ま》いたものは自分で刈り取るからです。空中《エーテル》に投げかけた思いは、自分に返ってきます。ですから、パラマハンサジはこう言われたのです。「自分の思考に注意しなさい。自分が蒔いた種は、いつか自分で刈り取ることを、絶対に知っておきなさい。」自分と他人の善を願う、肯定的な正しい考え方の大切さが、この言葉に含まれています。

思考――世界最強の力

思考は世界最強の力です。神の思考から、すべての創造物が生まれました。神なくして何ものも存在しえません。私たちは神の似姿につくられているので、神の無敵の力は、私たち一人ひとりの中に存在しています。私たちの思考も意識も、聖なる知性と神の意識の一部です。内なる力は私たちが外に求めるものではありません。内なる力を表に出せるようになるには、力の泉から引き出す方法を学ばなければなりません。

自分か他人のために癒しのアファメーションをするときは、真っ白な光となった神の偉大な癒しの力が、自分か、あなたの祈りの相手を包み込んでいる様子を思い描きなさい。その光があらゆる病気も欠陥も溶かし去っていくのを感じなさい。私たちが考えるあらゆる向上的思考、私たちがあげる祈りの声、私たちが行うあらゆる善行には、神の力が宿ります。私たちの信仰が強くなり、神への愛が深まれば深まるほど、この力をもっとすばらしい方法で実現させることができるようになります。

その人の思考が力強く、信仰が完全であるとき、それが究極的に至高の善のためとなるのなら、宇宙の法も神のご意志でさえも、祈りとアファメーションの力に影響されうるということを、はっきり知っておいてください。けれども、神への信仰と愛をもって力強く祈り、肯定的に癒しを断言したのに、最後の結果が逆のものであったなら、その時こそ、内なる平和の中で、神のより高い英知に全託するときです。しかし、神が最後の宣言をするまでは、変化と相対性をともなうこの世の、あらゆる不完全さに抵抗するために、人が神から与えられた力と意志と強さを使うことを、神は期待しておられるのです。

（1）過去の善行または悪行のもたらす、良いまたは悪い結果のこと。（90ページの脚注を参照）

（2）セルフ・リアリゼーション・フェローシップ『癒しの祈りの会』は、SRF僧院の僧侶によって構成され、日々、肉体の病気・心の不調和・霊的な無知の癒しを目的とした祈りが行われている。自分自身のための祈り、または親しい人への祈りは、ロサンゼルスのセルフ・リアリゼーション・フェローシップに手紙、または電話で依頼することができる。この祈りの活動に、セルフ・リアリゼーション・フェローシップ『世界を結ぶ祈りの環』が加わって協力している。『世界を結ぶ祈りの環』は世界中のSRF会員や友人から構成され、定期的に世界平和と人類の幸福のために祈っている。『世界を結ぶ祈りの環』の活動を記した小冊子は取り寄せ可能である。

（3）『あるヨギの自叙伝』第12章

（4）ルカによる福音書　12章22―30節

（5）マタイによる福音書　26章53節

（6）ルカによる福音書　22章42節

第十五章　人は神が必要

一九六九年三月二四日
カリフォルニア州ロサンゼルス、SRF国際本部にて

この世の中において、また僧院においても、最も満たされた人生を送れるかどうかは、内なる霊性の道を歩むかどうかにかかっています。人が神を手にすれば、心にはどんな渇望もなくなります。神のうちに享受した完全な充足感、満足感のなかで、人はこれまで探し求めてきたものすべてを見つけることでしょう。そのような人には、これ以上この世に惑わされませんように、という祈りしかありません。神との霊交を見いだせば、それを突破口として、肉体意識や自我意識というちっぽけな監獄の独房から、魂の自由へと逃れることができるようになり、二度と閉じ込められたくないと思います。

閉じ込められた自我の本質が理解できるかどうかは、限界と利己主義にみちた自我を、どれだけ神に委《ゆだ》ねられるかにかかっています。常に「私、私、私」と考え続ける人の意識に、神がお入りになることは不可能です。「私」にすっかり没頭している人には、「あなた」（神）のための場所はないのです。最初に努力すべき目標は、その「私」を取り除くことです。これは簡単ではありませんが、神への深い憧憬《しょうけい》を発展させていくと、より易しくなります。

そのような神への憧憬が、苦しみをとおして生まれることは、ままあることです。しかしながら、霊的な道に苦しみは必須であるとは、私は思いません。イエスの生涯と教えについての多くの解釈は、悲しみと苦しみの美徳に拘泥《こうでい》しています。この考え方は非常に暗くなります。私は若い頃でさえ、この考えを示されたときに拒絶しました。だれかが、自発的に喜んで悲しみや苦しみを求めるなど、私には想像がつきませんでした。これは現実的で実際的な神に至る方法ではありません。なぜなら、こういった否定的な状態は、魂にとって不自然だからです。ヨガが悲しみの道だと思っていたなら、私は絶対に入門していなかったでしょう！　神の探求は、あらゆる苦痛と不幸を終わらせるはずだと、私は信じていました。この霊的な道を歩んで三十数年経った今、神を見つけ、神と霊交することは、人類の苦悩を完全に終わらせると、私は疑いもなく確信しています。

だからと言って、霊性の道を行く人が、困難の時期を体験しないという意味ではありません。神を求めているのだから、私たちの行く手にはだかるあらゆる障害を、神が取り除いてくれるべきだと思うのはばかげた考えです。もちろん、神はそうすることができるでしょう。しかしもしそれをしたなら、人の強さはどこから生まれるのでしょうか？　筋肉は使うことによって強められます。腕を使わなければ、肩からだらりとぶら下がったまま、次第に弱まり、萎縮《いしゅく》してしまいます。人にもそれが言えます。信仰、献身、慈悲心、根気、信愛、忠誠心、忍耐——魂の奥深くで、未熟なままで眠っているあらゆる特質——という筋肉を、サーダナつまり霊的な修行によって呼び起こし訓練しなかったら、人は、人間的な弱さと限界を改善し克服することはできないでしょう。

神と人は無条件の愛を求める

神はご自分の子供たちに対して、非常にがまん強い方です。神は私たちを無条件に愛されます。私たちが神に切望するものも、このような愛ではありませんか？　私たちが何か過ちを犯したとき、または必ずしも最高の理想にそって生きられないときに、神が私たちを見捨てるというような、もろい愛を、私たちは神から望みません。また、私たちの神への愛についても、神に見捨てられたと勘違いして、その仕返しに神を見捨てるというような、もろいものであってもいけません。そういう種類の愛は無意味です。私たちは、無条件で永遠に続く愛を求めています。そのような愛を望むなら、私たちは同じ愛を喜んで神に与えるべきですし、また世の中の人々にも与える努力をすべきではないかと思います。

どんな人も、私が求める愛を与えることはできないと、私はよく知っています。これは、多くの過去世やこれまでの体験からに違いありません。人が私にあらゆる崇敬、栄光、称賛、愛を与えたとしても、それでは十分でありません。神のみが私の魂を満足させるのです。神のみが、私たち一人ひとりの深い渇望を完全に満たすことができるのです。

あなたが神にしがみつけば、神はあなたを助けることができる

どんな体験がこようとも、そのなかに神のご意志と祝福があると信じるべきです。その目的は、罰するためではなく、私たちを強化し、私たちの愛を証明するためです。私たちの人生を常に導いているお方は神です。神の手をどれだけしっかり握っているかに応じて、神はあなたを助けることができます。怒りのために、または世間が正当な待遇と呼ぶものを得られなかったと感じて信仰が弱まったために、自分の手を神から引き込めるならば、はっきり理解しなさい、あなたはまさに、自分の求めるものすべての根源から、手を引いているのだと。この偉大な真理は、避けて通れない人生の現実として、繰り返し証明されてきました。

この世では、私たちが与えたものがそのまま返ってくるということを覚えておいてください。私たちを罰するのは神ではありません。今世と過去世の誤った行動が、私たちの苦悩の体験の原因をつくったのです。原因は結果と等しいし、結果は原因と等しいのです。一瞬でも疑う余地はありません。常に望ましい結果をもたらすような原因をつくるよう、励みなさい。私たちが始めることのできる最高の原因づくりは、積極的で意識的な、常に強まる神への愛です。神のみが、すべての求道者のあらゆる望みを、完全に叶《かな》えることができるのです。この真理を絶対に見失わないようにしましょう。

神を喜ばせることを人生の動機にせよ

神への愛を言葉に表しても、詰まるところほとんど意味がありません。私たちが神をどのように感じているかを、率直に表現できる唯一の方法は行動することです。このことはおそらく、その人の働きによってその人を知るだろう、(1)と聖書が述べている理由を説明してくれるでしょう。私たちのしていることに誰も理解を示してくれなくても、あまり問題ではありません。たとえ、自分が良くなろうとして、また良いことをしようとして一生懸命に努力したのに、誰も気にとめず、誉めてくれないように見えたとしても、不満に感じるべきではありません。私たちは人のためではなく、神のために働くために地上にいるのです。どんな行為もすべて、神の御足《みあし》もとにうやうやしく捧げられる、信仰の供え物として行うべきです。人生のあらゆる瞬間に、そして、行うことすべてにおいて、私たちが相手にすべき対象は神です。神は、私たちを導き、維持しておられる生きた力です。神のみが、常に私たちとともにおられ、私たちの思いのすべてに気づいておられます。ですから、私たちの思いは常に、もっとも気高くもっとも高潔であることが大切なのです。私たちの動機は、神を喜ばせることであるべきです。神を喜ばせる上で私たちの人生と奉仕が、同様に神の子供たちを喜ばすものであるようにと望むことができます。

誤解も、誤解から生まれる苦しみも、心が純粋な人には起こりません。目標である神を見失いさえしなければ、心は正しくなるでしょう。神を求める人が、目標（神）へと導く手順に忘れずに従うなら、道に迷うはずがありません。その手順とは、いつも神を切望することであり、神への切望は、神の存在を常に感じ、神に語りかけるようにすると育まれます。そして、瞑想したくないときでも日々の瞑想をし、それから、献身の精神で自分の人生と奉仕を全身全霊をこめて神に捧げることです。

神は私たちを必要とはしませんが、私たちには絶対に神が必要です。私たちには神の真理が必要です。私たちはこの大いなる非実在の海で、真実の存在（神）をつかむ必要があり、その真実の存在（神）という筏《いかだ》にしがみついて行けば、無限で永遠なる神の悟りの岸辺に、安全に到達できるでしょう。

（1）「あなたがたはその実によって彼らを見わけるのである。わたしにむかって『主よ、主よ』と言う者が、みな天国にはいるのではなく、ただ、天にいますわが父の御旨を行う者だけが、はいるのである。」（マタイによる福音書 7章 20―21節）

第十六章　神に好かれるために

一九七〇年七月十三日
カリフォルニア州ロサンゼルス、ＳＲＦ国際本部で開催されたセルフ・リアリゼーション・フェローシップ五十周年記念国際大会に参加した、各センターの代表たちとのサットサンガ

瞑想の海に深く潜り、神の英知、平和、愛、喜びの真珠を見つけることの重要性を、パラマハンサ・ヨガナンダは、教えの中で特に強調されました。その宝物をしっかりと持ち続けるために、師《グルジ》は私たちにこう話されました。神を求める人は沈黙の内に生きて、行動して、存在すべきだと。僧院では、私たちはこれを実行しています。と言っても、私たちがいつも静かに座って瞑想しているとは思わないでください。私たちはここで、非常に忙しくしています。しかし私たちは、自分自身の内側で、より多く生きることを学びます。私たちは時間とエネルギーを、怠惰なおしゃべりで無駄使いしないように心がけています。師は時々こう言われました。「水が半分しか入っていない水差しを揺らすと、水はピチャピチャはねて、騒々しく中身のない音を立てる。しかし、水が満たされている水差しを揺らしても、何の音もしない。人も神の意識の水で満たされて、このようにあるべきだ。」心の水差しが、聖なる考えで満たされているとき、あまりおしゃべりしたいとは思いません。人はむしろ、静かな観

察者となり、騒がしいもの、つまらないものから遠ざかり、周囲の善いもの、美しいものを内側に吸収します。

この状態は、上の空とはちがいます。師《グルジ》のおそばにいた人々はみな、不注意でいることは許されませんでした。師は、常に注意を怠らないようにとお教えになりました。しかし心が落ち着かなくなり、外に向かいすぎる傾向があるときはいつでも、パラマハンサジは「心をいつも神に据えておきなさい」と言って、私たちの高いゴールを呼び覚まされました。

何かの問題で師と話した後、何度私は日記に、「師は言われた。『神にただ預けなさい。すべては神しだいである』」と書いたことでしょう。人は座って祈りさえすれば、何もかもが与えられ、この世の目的を果たすことができる、などとパラマハンサジは言われませんでした。科学者、ビジネスマン、主婦に、「ただ座って祈りなさい。神はあなたの仕事を代わりにやってくださるだろう」と言ったら、どうなってしまうでしょう。

師は常に、実際的な考え方をされました。神は自ら助くるものを助く、と私たちは学びました。創造主は、すべての人に神の聖なる知性の火花を授けました。そのため私たちは、自分の能力を、この知性を使って伸ばしていくことが期待されています。仕事を成し遂げながら、心の中では常に祈り続けなければなりません。「主よ、私は理性を用い、意志をはたらかせ、行動します。しかし主よ、なすべきことができるよう、私の理性と意志と行動を、正しい方向にお導きください。」これは効果があります！　私はこの祈りの効果を知っています。なぜなら、セルフ・リアリゼーション・フェローシップの活動を何年もの間続けてこられたのは、この祈りのおかげなのです。

神を知るのは最も簡単

ある探求者は、神を知ることは難しいと不満をもらします。しかし神を知るのは最も簡単です。なぜなら神は、私たちから切り離されていないからです。神は決して、私たちから離れることはありません。もしそうだったとしたら、私たちはここにいないでしょう。私たちは存在すらもできないでしょう。神はご自身を私たちから切り離しません。人が自分を神から切り離したのです。私たちの思いが外側に向けられたとき、有限な世界の多様性に夢中になるとき、私たちは自分を神から切り離すのです。これは、単純な真理です。

どうしたら私たちの意識を、神に結合し直すことができるのでしょうか？　朝起きたら、最初に仕事のことを考えてはいけません。いつもの習慣より、何分か早く起きる練習をしましょう。そうすれば一日の仕事を始める前に、十五分または三十分を、瞑想そして神との霊交に使うことができます。その間は、時間と世俗的な責任を忘れましょう。もし、急いで瞑想を終わらせなければいけないと感じるなら、神の存在を感じるだけの受容力をもてないでしょう。瞑想のあいだは、すべての外界の思考を手放します。神のみを考えます。あなたの心の言葉で神に語りなさい。瞑想の後は、心に集めた瞑想の平安感を、すべての活動にできる限り取り入れるようにしましょう。

もしあなたの目的が奇跡なら、神は身を引く

やがて、多くの場合、あなたがまったく期待しないときに、神のやさしい応えのしるしを受け取るでしょう。このような方法で、人は聖なる意識の内に成長していきます。それには日々、熱心に努めることが必要です。聖なる意識というのは、たとえば、神が雲の中から現れて、あなたのために金色の文字（美辞麗句）を書くというような、唐突にやって来るものではありません。そういう奇跡を期待してはいけません。なぜならあなたが期待する限り、神は身を引かれるからです。それが神のやり方です。

あなたが奇跡を願っているとき、あなたが欲しいのは神ではありません。神がご自身を証明するように頼んでいるだけです。これを神はなさいません。真剣にあなたの心を神に与え、一生懸命、無条件に神を信じなさい。そうすれば、神はご自身をあなたに与えられるでしょう。あなたが神の奇跡のみを待ち望んでいる間は、絶対に神は来られません。

現象的な体験は、必ずしも霊的進歩の証拠にはなりません。非常にまじめな求道者は、そのよう

な体験をくださらないようにと祈る傾向があります。なぜならそういった経験が、神という真のゴールから気をそらすものになりうることを知っているからです。霊的な現象というものは、求道者の神への愛を刺激せず、むしろ、神に繰り返しご自身を証明してほしいとの望みを刺激します。多くの貴い魂たちが、非常に高い状態から転落しました。なぜなら奇跡を求めて、神の姿を見失ったからです。もし、ある求道者がそのように正しくない方向に向かうのをパラマハンサジがご覧になったなら、こう忠告なさいました。「その方向は迷妄に導くだろう。神のためだけに、神に憧れ、神を愛しなさい。そうすれば神はあなたに応えるだろう。」私の人生はそのとおりでした。私は神に祈りました。「私はあなたから何も欲しがりません。神よ、何も証明していただかなくてもけっこうです。でも私はあなたに一つの奇跡をお願いします。私の人生で何が起ころうとも、私がどんな責任や試練を背負おうとも、あなたへの憧れを絶対に失わないように約束してください。その憧れをなくしたら、私は生きていけません。」いつも神に憧れていることが、私の望みです。なぜなら、そうすることで、神は常に私の心の中におられるからです。神を求める人はこのように感じるものです。

自然のヴェールをはがす洞察

私たちは人生を、常に新しい興味をおぼえるような、まったく魅了するようなものにして、神の創造のすべてに恍惚となることができます。どのようにしてでしょうか？　外面だけを見るのをやめるのです。万物の背後にある、神の御手《みて》を見てください。花を見てごらんなさい。花の美しさの何と魅惑的なことでしょう。ほとんど同じ形の小さな種から、あのようにさまざまな美のパターンがあらわれてくるのです。その不思議さには、夢中にさせられます。

　人類の多くは、うわべだけの人生を生きています。決して何かについて深く考えることはなく、新しい感覚的なスリルを常に探し求めています。その結果、人生にぐったりと疲れ、空っぽになります。このような霊的な沈滞状態が、今日、世界中に蔓延しています。

　パラマハンサ・ヨガナンダは、（ひとつとして同じものがない）一粒の砂でさえも、その真価を認めるようにと、また花々や木々に注意を向け、その美を尊重するようにと教えられました。私たちは物質的な形の背後にある創造主を見て、神の全創造に最高の敬意を払いつづけることを、師より学びました。その精神で生きることを学ぶとき、人はこれまで自然の中に隠されていた美を見ます。たとえば、広大な青空いっぱいに、神の筆跡があるのを見ます。このように、自然のヴェールをはがして神を明らかにする洞察は、絶えず神の存在を感じる訓練をすることによって生まれます。人生に起こることすべて、群衆、大勢の人は、究極的に、唯一なるお方で通分《つうぶん》（集約）されます。神は、全創造、全人類の偉大な共通分母（共通要素）です。いつも何をしているときも、神のことを考えなさい。これがバクティ・ヨガ[1]、カルマ・ヨガの意味です。

真のカルマ・ヨギの条件

カルマとは「行動」のことです。カルマ・ヨガは、無私の行動をとおして、小さな自己を神に結合する道のことです。もし人がこの世で神を知ろうと思うのなら、常に正しいこと、善いこと、建設的なことを行うように努力しなければなりません。そして、パラマハンサジが言われたように、「いつも、自分のしていることは、神のためにしているのだと考えなさい。」

どんな人にもなすべき義務があります。その義務は、神によって与えられるか、過去の行動の結果に応じてカルマの法則により与えられます。この責任から逃れることなく、神の英知と導きを完全に信じ、ベストを尽くして果たさなければなりません。自分自身のために行動するとき、その人は自分の小さな自我と同一になっています。しかしすべてを神に捧げるとき、その人は、神との内なる一体性を悟ります。人が自分の行動の結果をすべて神に捧げたときにはじめて、カルマ・ヨガによる完成に到達するでしょう。これは大事なポイントですので、忘れないでください。

私たちは完全に神に依存している

はかない、いつか死ぬ存在でありながら、人はどうして、この世のものごとに対して権利を自動的に所有する、などと考えるのでしょうか？　人は、なぜこの地球に来たのか、いつここを去るのか知りません。ここに私たちを連れてきた神に、私たちは完全に依存しているのです。私たちがこの地球にいるのは、神から与えられた義務を、自分の全能力を尽くして行い、その結果を神の御足《みあし》のもとに捧げるためです。私たちは、生きているあらゆる瞬間に、神によって維持されています。今だけではなく永遠にずっと。人に生命を与える、まさにそのお方を見捨てるとは、何と悲しいことでしょう！

「すべてを神に捧げなさい」と師《グル》は言われました。「自分の行動の責任さえも捧げてしまいなさい。神を責任者にするようにと、神ご自身が望んでおられる。なぜなら神は、あなたを通じてすべてを行なっている真の『行為者』だからだ。あなた方は、行動の結果も、行動の責任も、神から取り上げようとしてきたのだ。」　朝も昼も夜も、一般の人は「私、私に、私のもの」に浸っています。それに反して、師のすばらしい謙遜さは、何と印象的、何と霊感を与えるのでしょう！　誰かが師のことを誉めると、師は言いようのない優しい微笑を顔に浮かべ、こう言われるのです。「なされるのは神です。わたしではありません。」

パラマハンサジはお教えになりました。「この『私』が死ぬとき、そのとき自分が誰なのかを知るだろう。」自我意識が去ったとき、人は真にこの悟りを生きることができるでしょう。「主よ、もし私がこの世で何か善いことをしたのなら、それはあなたのおかげです。私が犯す過ちはお許しください。次回はより善くなるように助けてください。」

神への恐れを抱いてはいけない

人が過ちを犯したからといって、神は悪意をもって人を罰することはありません。神はとても親切な、許して愛するお方です。神に恐れを抱いてはいけません。子供の頃でさえ、私は復讐心のある神という、哲学的な概念に抵抗しました。私は受け入れることができませんでした。神がご自分の子供たちの過ちや罪に、厳格に懲罰を下すということを受け入れることはできませんでした。そういう父親を愛することができるでしょうか？　子供はおびえて生活し、悪いことをしたら、激怒して殴りひっぱたくような親からは、逃げ去ることでしょう。私たちは神の御前《みまえ》では、子供のようなものです。神は人間の弱さも、人間が神のマーヤ、つまり宇宙的迷妄に迷わされやすいこともご存知です。私たちが誤った行動をする前から、すでに神はご存知です。私たちが過ちを犯したとき、自分の過ちを認め、子供のように神のもとへ行って許しを乞い、明日はより善くなるように、祝福をお願いするべきです。このようなやり方で、神と交流する習慣を身につけると、神との関係がより深くなります。愛と、より善くなろうとまじめに努力することに基づいた、そのような親密さがあれば、神はご自分の子供を罰しようとはなさいません。

困難は神の責任であることを神に思い起こさせる

神は、人が溺れてしまうような、この大変な迷妄をつくられました。これは間違いだったと、神に思い起こさせましょう。もしも神が、マーヤの宇宙的迷妄をつくっていなかったら、人は悪い行動をするように影響されなかったでしょう。何か困難が起こったら、神にも責任があることをそれとなく触れた後、何が真理であるかを知るために、迷妄のヴェールを切り裂く強さを与えてくださいと、常に神に願うべきです。私たちは、この世の他の人たちがしていることや、その人たちが私たちを受け入れるのか拒絶するのかを、気にすべきではありません。私たちはいつも神の真理のみを見て、それに沿って生きることを望むべきです。

ある人は世間で知られていないかもしれません。でも人は、世間で認められるためにこの世にいるのではありません。人は、神に好かれ、神に受け入れられるように努力することが望まれているのです。私たちは人の基準ではなく、神の基準に沿って生きるべきです。人がこの世の基準で生きているために、神の創造物に起こっていることを見てください！　社会はひどい状態で、私たちは政治家や、教師、両親、若者を信頼していません。誰も他人を信頼していないのです。何と悲劇的な状態でしょう！　どうやってこれを正せるのでしょうか？　私たちは神を信頼することから始めるべきです。私たちの創造者への信仰と、生命の本源であるお方を常に思い出すことが、欠けているのです。

人は、失ってしまった聖なる遺産の返還を要求すべきです。イエスのたとえ話の放蕩息子のように、人は家出した子供であり、聖なる父のもとに帰る努力をしなければなりません。人は脱俗者がするように、黄土色の衣をまとう必要はありません。本当の簡素さと自由は、心の中にあるからです。心の中で、神は静かにあなたを見守り、静かに導いておられます。心の中で、愛と全託の気持ちをもって神と会話する習慣を身に着けなければなりません。

神を求めようと努力する人は、人生に対して中立的な姿勢をとらねばなりません。無感覚で無関心なのではなく、むしろパラマハンサジが言われたように、「必ずしも幸福をもたらさない、終わりなき欲望を育てるのではなく、人生をこのように考えなさい。『主よ、あなたはわたしをこの肉体に入れられました。わたしは生まれることを願いませんでした。わたしの存在を夢見ておられるのはあなたです。』」言い換えると、あなたとあらゆる姿の生命は、神の思考が凝縮し、物質化されたものであると悟りなさい。私たちの存在すべて、私たちの持つすべては神のものです。私たち自身は無いも同然です。神の内に私たちはすべてのものを持ち、神の内に私たちはすべてなのです。その意識の中で、善い仕事を行い、人生の善い果実を楽しみましょう。

（1）バクティ・ヨガは、神へと導く霊的修行法の一つであり、神との霊交および神との合一を求める方法の主眼として、全託の愛に重点をおく。

第十七章　霊的進歩の秘密

一九六七年 五月二十五日
カリフォルニア州エンシニタス、SRF僧院にて

霊的な習慣を身につけるためには、一連の霊的な指針をもつことが必要です。パラマハンサ・ヨガナンダは、自分は規則を好まないが、最初のうちは求道者に規則は必要だ、と言われました。一度正しいふるまい方を学べば、規則は不要になります。

スワミ・スリ・ユクテスワジの英知をふまえて解釈すると、「正しいふるまい方」とは、とぎれることなく神と同調することから生まれる、正しい態度と行動を意味しています。私たちが、常に神の意識の中にあることを見出せれば、もはや規則は必要ではありません。それまでは、私たちは規則による訓練を必要とします。霊的な規則を、縛りつけるものと考えてはいけません。規則は友であり、私たちを導き、エネルギー・思考・行動を、建設的な方法で神へと向かわせるのを助けます。

私たちが、規則をもっともよく理解し、進んで規則に従うことができるようになるのは、正しいふるまいとは「なすべきときに、なすべきことをすること」に要約できると分かったときです。正しいふるまい方の技術を身につけた人には、規則は必要ありません。しかしその人は何の束縛感もなく、

引き続き同じ規則に従い続けるでしょう。たとえば私たちの僧院では、毎日グループ瞑想を行うという規則があります。「なすべきときに、なすべきことをすること」を理解して、それができるようになると、この規則は、もはやその人にとって規則ではなくなります。その人が自動的に規則に従うのは、正しいふるまい方の習慣が身についたからであり、また、そのようにすれば自分が確立させたい生き方を実現できるとわかるからです。その人は、神とともに**ありたい**のです。

水が陸地を無差別に流れることを許されるなら、水は破壊的な力としてふるまいます。何かの有効な目的で水の力を利用するためには、まず水の流れと方向をコントロールするために、ダムを建設しなければなりません。そうすれば、水の力は有効に活用されます。霊的な努力にも同じことが言えます。方向性を与えれば、生産的になります。賢明な規則は、私たちを邪魔するのではなく、まっすぐに進むよう調整しながら、望ましい方向へと導いてくれます。霊的な道を歩む上で、規則は、人生における必要不可欠な位置を占めています。

セルフ・リアリゼーション・フェローシップの会員は、パラマハンサ・ヨガナンダが教えた原則を自分の「規則」または指針にし、師が定めた霊的な日課に従うべきです。そうすれば、自分の努力がどれほど効果的に、神の方へと向かうかを知るでしょう。その中で最も大切な規則が、正しい活動とバランスが取れた日々の瞑想です。

奉仕と瞑想の対立

深く神を求める人の心の中でよく起こるのが、この疑問です。「奉仕と瞑想のあいだにはどんな関係があるのか？　私の義務は、建設的活動にあるのか、瞑想にあるのか？」結局のところ、活動の最高の形は瞑想です。それゆえ、たとえ神を求める人の義務が、結果的に多少影響を受けたとしても、瞑想はおろそかにしてはいけません。

神は活動的であると同時に、非活動的でもあります。神の活動なくして、創造はありえません。同時に、創造の背後におられる絶対者（神）は、永遠に静止しています。私たちが神の似姿につくられた魂であるならば、私たちの性質もまた活動的であり非活動的であるのです。神を知ろうとするすべての人の目標は、この二つの性質を自分の生活の中で、どのように融和させるかを学ぶことです。

神を知ろうとする人に、毎日八時間、十時間、十二時間座って深い瞑想をする活力・意志力・決断力・信仰心があるなら理想的です。私が言っているのは、ただ上の空で座って、時々眠りこけて、また「意識を回復する」ことではありません。深く瞑想することを言っているのです。高度な霊的進歩を遂げていない求道者は、そのような長時間の瞑想状態を維持することはできないでしょう。それゆえ、霊的な道を歩む一般的な人にとっては、神への奉仕として行う仕事もまた重要なのです。人の望みはすべて、瞑想の方に向けるべきです。そこに疑問の余地はありません。しかし、この望みに、利他的な活動の精神を結びつけるべきなのです。

バガヴァッド・ギーターは、私たちは自己のためでなく、神のために活動的であるべきだ、つまり活動と瞑想を組み合わせなければならない、と述べています。これは、ギーターの中で、主クリシュナがアルジュナに説いた哲学の本質です。活動的な世界の人々が皆そうであるように、私も、活動から解放される機会はまったくありませんでした。それでも自由な瞬間《とき》があったら神で満たそうと、私は最初のころ心に決めました。これはとても重要なことです。つまり、神のために十分に活動して、すべてを神のために行い、自分の自由な瞬間《とき》に、神のことだけを考えること。これが生活の中で、「活動と非活動」の二つの原理のバランスをとり、組み合わせる方法なのです。

ある時、洞察力のある会員が私にこう質問しました。「何かの奉仕を行うために、瞑想を途中でやめよう、瞑想を縮めよう、瞑想を休もう、という思いに駆られるのは、誘惑の一種ではないのですか？」そうです、その通りです。私たちには何らかの義務があります。もちろんそれを軽視してはいけません。しかし、後に回してもよいような仕事、必要な瞑想を終えてからやってもよいような仕事に心を奪われてしまうことがよくあります。つけ加えると、仕事を終えたらすぐに、瞑想しようと思った瞬間に、気を散らすものは脇において瞑想すべきです。夕方の時間、仕事の後の時間は、このような神を知るための努力に費やされるべきです。

瞑想は私たちの最も重要な義務

自分の仕事をやり終えた後は、深く瞑想するために、一人でこもる習慣をつけるべきです。私たちは入門した当初から、この習慣を身につけるように教えられました。私は、次のような訓練がもっとも役立つことを知りました。週に一日、私は僧院の仕事を五時で終わらせ、夕食はとらずに、自室にこもり瞑想を始めます。そして深夜まで瞑想の座から離れません。この訓練が私にもたらした霊的な強さ、聖なる祝福は、とても言葉では表せません。神のために時間をつくろうと本当に努力する、この原則に献身的に従う人は、自分の進歩が非常に早まることが分かるでしょう。

瞑想は私たちの最も重要な義務です。瞑想は神との関係を確立し、それによって、人生のあらゆるものごとの意味を教えてくれます。ですから私たちは、まず瞑想して、それからその他の義務を果たすべきです。私たちが瞑想を怠るときはほとんど、瞑想しない言い訳をこしらえます。人は多くの場合、もっともらしい理由をつけるのを好みます。「私はなぜ、義務を放棄して瞑想だけしていてはいけないのか?」とか、「私には仕事がたくさんありすぎて、瞑想する時間がありません。」このように、仕事をしないためにも、瞑想しないためにも、言い訳が必要になると、理屈をつくり出します。人が真に神を望むなら、自分の行く道を何ものかが邪魔するのを許しません。その人には仕事があるでしょう、義務を果たさなければならないでしょう。でもその人は、「仕事が神の探求の制約になる」

との考えを受け入れようとはしません。これが正しい姿勢です。

神を求め、見つけるには、強力な意志の力と自己鍛錬が必要です。上の空のお祈りを少しあげ、良い仕事を少しばかりするだけで、最高の宝（神）を手に入れることはできません。私たちはその宝物を、自己鍛錬によって、また瞑想と正しい行動（すなわち自分の義務を正しく果たすこと）に意志の力を振り向けることによって、手に入れることができます。

神が力をお与えにならなければ、人は理屈を言うことも、指一本あげることすらできません。だから行う方は神なのです。私たちは単なる神の道具です。この理解をもち続けて仕事をするならば、その人の活動は、瞑想の一形式となります。人は、自分の考えるとおりの人になります。瞑想とは、自己の内で神と同調している境地ですが、その状態を、日々の生活のなかでの活動や職務に応用することができるのです。

考え方の変化は神を引き寄せる

神が存在するので、私たちも存在します。神は人生の根本原理です。神の他には何も存在しません。ということは論理的に言って、私たちは神の一部に違いないということです。神との分離感は、迷妄です。考え方を変えるようにすれば、この迷妄を打ち破るのに役立ちます。何をしているときにも、心は常に何かを考えています。ですから、心に命じて、神のことを考えるようにし、そっと神に語りかけるようにしましょう。

たとえば、表面上は肉体の世話をしているときも、心の中ではこのように考えていなさい。「この肉体は神の寺院である。神がお望みのままに使えるようにお世話をする以外に、私はこの肉体とは何の関係もない。神がどのようにこの肉体を使うのか、または、神がこの肉体を維持されるかどうかは、神の仕事であって私の仕事ではない。私がこの肉体を健康的に世話するのは、この肉体に興味があるから、または縛られているから、またはしがみつきたいからではなく、神のために維持するためである。」

仕事をしながらも、神に心を向け続ける努力をするとき、もちろん、私たちはぼんやりしてはいけません。どの瞬間も心でこう言い続けるべきです。「主よ、この乗り物をとおして注がれる、あなたの強さと知性がなかったら、私は何もできないでしょう。」深い瞑想で、神との内なる霊交ができるようになると、人の心は神に没頭します。その人は何をしていても心の中で神と会話し続けることができます。パラマハンサ・ヨガナンダの美しい詩『神よ、神よ、神よ』では、このことが表現されています。「朝目ざめたときも　食べるときも　働くときも　夢みるときも　眠るときも　礼拝するときも　瞑想するときも　聖歌を歌うときも　(親しい人すべてを) 神の愛で愛するときも　わたしの魂は口ずさむ　だれにも聞こえない声で　神よ、神よ、神よ、と。」パラマハンサジは、全人生をこのように生きられました。同じように生きることは可能です。絶えず神を思いだしているとき、ある日神は、突然お応えになります。そのとき、何という喜びが、洪水のように全身に押し寄せることでしょう！　その喜びが、霊的な道をゆく求道者を支えてくれるのです。

不平を言わずに、喜んで義務を果たしなさい

義務を果たすとき、私たちは絶対に不平を言ってはいけません。どのような仕事にめぐり合っても、どの瞬間も、熱意で燃えていなければなりません。ぐちをこぼし、否定的になっているとき、私たちは神の力を締め出し、神との接触をなくしています。最善を尽くしながら、常に肯定的で陽気で、神に全託していることを感じるべきです。これによって、この世の何ものからも得ることのできない、平和と落ち着きがもたらされます。また私たちは、やる気がなければなりません。私たちが義務を怠るとき、自分を欺こうとしないように、自分の動機を見張らなければなりません。たとえ、「ノー」と言うために、最も論理的な言い訳をすることができたとしても、実際そう言っているときに、本当はその特定の仕事がやりたくないからだと、私たちは気づいています。「ノー」と言っているときに、密かに否定的な態度をとっているからだと、私たちは気づいています。

人は義務を果たし、神に奉仕するために、熱意を持って創造的に働きながらも、達成感のプライ

ドに苦しめられることのないようにすべきです。もちろん何かを上手にやったとき、私たちは幸せです。誰でも自分がしたことで、何らかの満足感を感じたいと望みます。それは悪いことではありません。しかし「**私**がやった」という利己的な考えを避けなければなりません。プライドが踏み込んでくるのはそこです。誰かが自分への誉めことばを言ったら、直ちに心の中で神に感謝すべきです。「主よ、私はあなたがなさる方だと知っています。私自身は何もわかりません。一人では何もできません。この人生で何か価値あることができたとしたら、あなたが私に与えてくださった知性と信仰のお陰に過ぎません。」この訓練は、誉められたら神にその称賛をお返しするものです。すべての称賛は神のものだからです。このとき人が利己的なプライドを感じることはありえません。

魂として人はすべて平等である

プライドを避けるには、別の方法もあります。私たちはみな、神の御前《みまえ》に平等であることを理解してください。神の目には、偉大な人も劣った人もいないのです。死が訪れると、あらゆる物質的成功から切り離されてしまいます。そのとき、そういったもののどこが重要だというのでしょう？　その人が偉大な科学者であるとか、偉大な演説家、偉大な作家であっても、あるいはこの世の基準からみて名声を手に入れたとしても、そういうことに主は関心をもちません。そのような業績は、私たちに何ら重要な霊的知識を提供しません。魂の悟りは、永遠の価値を持つ、死によって取り去られない唯一の成功です。霊的な原則は、人のエゴを平らにする優れた道具です！

私たちの師《グル》、パラマハンサ・ヨガナンダの性質の中で、私が非常に尊敬しているものの一つは、どの人も魂として扱ったことです。ある人を、この世での能力や地位によって、高くまたは低く位置づけるようなことはしませんでした。誰も、権力や地位によって、師の歓心を買うことはできませんでした。師の唯一の基準は、「あなたは神を愛し、神を見つけたいと思いますか？」でした。それのみが師にとって重要でした。イエスもこのお手本を示しました。イエスの弟子たちは世間的な学者でもなく、成功者でもありませんでした。十二人の使徒たちは、福音を広める責任を与えられ、それはすでに二千年続いていますが、彼らは最も卑しいとされた階層の出身であり、そのうち数人は漁師でした。このことからわかるのは、世間で何を成し遂げたかではなく、神を知るためにがんばり、神と同調するために努力して何を成し遂げたかが重要であるということです。

最後になりますが重要なことを述べます。人はどんなことでも自分の持てるすべての知性と能力を用いて行うべきですが、やり終えたとき、結果にとらわれてはいけません。これがギーターの説く教えです。大きな熱意をもってすべての義務を果たしながら、しかも結果にとらわれない姿勢を保ち続けられるようになったとき、その人は、とてつもない精神的な自由を手に入れるでしょう。

唯一の善は神である

神を熱心に求める人は、人や世間から望んだものはすべて、神から受け取るのだと悟るようになります。魂が切望した、あらゆる称賛も励ましも神から来ます。魂が転生を通じて渇望した、すべての愛は神から来ます。他人やこの世のものごとに求めた、あらゆる英知・理解・幸福はすべて神から受け取ります。どんな打撃的な状況にも、揺らぐことなく一人で立つ強さも、唯一の絶対者なる神から受け取ります。魂は独立していて、全能で、神の似姿につくられている、よって神の性質を授けられている、ということを私たちの魂は知っているから、このような強さ、自己充足を皆が求めるのです。人の苦しみは、全能性を表現できない魂の苦しみから来ます。人が自分に設けた限界は、目には見えないひもであり、自分の魂を縛っているのです。

瞑想は、このような束縛から魂を解放します。そして正しい行動とは、自由で完璧で喜びにあふれた魂の性質が表にあらわし出されることを意味します。

1973年 インド・ダクシネスワのガンジス河畔にて
ヨゴダ僧院でのサットサンガ

「神を信じる人は、神のことをあまりに強く感じるので、あらゆる体験を神と結びつけます。たとえ世間の問題に関わっていようと、仕事場で忙しく働いていようと、夫や妻や子供たちに愛情を示していようと、その人はすべてが神――神から、そして神のために――と理解するのです。」

１９７３年 ボンベイのマラバール・ヒルにて
アナンダ・マタ（250 ページの注参照）、スリ・ダヤ・マタ、スリ・ムリナリニ・マタ（当時ＳＲＦ副会長、13 ページの注参照）

「この世の大きな喜びの一つは、何にでも慣れあいにならないことにあります。そうすれば私たちは、常に何か新しく、霊感を与えるような、わくわくするものを人生で見つけます。…どんなことも、どんな人も当たり前だと思わない、この理想を実行してください。」

第十八章　瞑想は現代生活と両立するか？

一九七一年二月十二日
カリフォルニア州ロサンゼルス、ＳＲＦ国際本部における講話の要約

最終的な目標は、あなたが瞑想で何を体験するかです——語られてきた言葉や、書かれてきた言葉が目標なのではありません。長い年月を通じて、パラマハンサ・ヨガナンダや偉大な大師の方々が説いてきた真理は、それだけで終わりというものではありません。その真理は、至福と愛に満ちた、心奪われるような神との関係を直接体験できる黄金律、つまり聖なる規範・法則として役立つだけです。語られた言葉や書かれた言葉が、深い悟りの邪魔にならないように気をつけてください。つまり、人は言葉の中で迷子になることなく、その言葉が述べている真理の『体験』、すなわち悟りに没頭すべきです。多くの人が真理を知的に理解することに夢中になって、究極の目標を忘れています。

ある人がこんな質問をしました。「私は何度も何度も瞑想し、それ以上先に行けない、ある境界線のところにいます。ときどき意識が拡大し始めたかのように思えるのですが、日々の仕事に向き直ったとたんに、神との接続がぷっつり切られてしまうのです。瞑想での体験は、まだ日常での体験の一部になっていません。西洋人の忙しい生活は、瞑想と両立できるのか、という私の疑問に対する答えはまだ見つかっていません。絶対なる神は、深い静寂や平和の中でしかつかまえることはできない、と

私は感じています。この忙しい生活の中で、同胞のためにも何かしなければならないのに、どうすれば瞑想との両立といった芸当ができるのでしょう？」

瞑想に正しい行いを組み合わせなさい

バガヴァット・ギーターや聖書のイエスの言葉を振りかえると、「真の自己の悟り」へといたる真の道は、瞑想と正しい行いの組み合わせであると、私たちに教えています。聖なる意識を体験するためには、両方とも必要なのです。

何年も前に僧院に入ったときの私は、一日のできる限り多くの時間を、長く深い瞑想に捧げたいという一つの夢をもっていました。組織的な仕事をするなどとは、少しも考えていませんでした。台所でも、庭園でも、事務所でも働きながら、同時に師《グルジ》の秘書としての仕事も全うしていました。私は頼まれたことは何でもやりました。でも神に到達し、できるだけ早く、神との聖なる出会いを果たしたい、という望みしかありませんでした。でも私が、静かで瞑想的な活動だけしようとすると、師が私を仕事に引っぱりもどすことに気づきました。私は長いあいだ、このことで悩みましたが、ある日、師は次のように言われました。「このことを悟りなさい。神の探求とは、人の内におられる神に奉仕することでもある。瞑想に正しい行いを加えて、人生のバランスをとることを学ばなければ、あなたは神の意識に完全に没頭することはできない。」

師はこの真理を、僧院に住む者だけのために言われたのではありません。世界中の人々のためにも言われたのです。この真理は、バランスのとれた人になるために絶対に必要なことです。「バランス」について考えるとき、私は人生で出会った一人の人物を連想します。私の意見ですが、絶対に完全にバランスのとれた方——それは師《マスター》です。神に完全に没頭していながら、同時に神の仕事に対しても、無私の奉仕をすることに専念されていました。これが私の理想です。それでは、どうすればそのような状態に到達するのでしょうか。お手本はあなたの目の前にあります。あらゆる宗教の敬虔《けいけん》な帰依者に関して、師はよくおっしゃいました。「クリスチャン・サイエンスの信奉者は、一日を始める前に、自分たちの聖典である『科学と健康』からとった、その日の日課を学ぶ。同じようにカトリックの信者は、毎朝ミサに出席する。そのように、セルフ・リアリゼーション・フェローシップの忠実な会員は、朝と晩に一人の時間をつくって、深い瞑想に捧げなさい。」

瞑想だけが霊的な飢えを癒す

毎日、朝晩の瞑想を行う習慣を身につけるまでは、自分の魂を満足させることはできません。そして、神を喜ばせることもできません。これは全世界の会員に当てはまります。セルフ・リアリゼーシヨン・フェローシップの会員の生活には、朝晩の食事や睡眠の時間と同じくらい、いやもっと重要な時間があります。毎日、食事や睡眠の時間をつくるのと同じように、神のための時間をつくろうという信念と求道心と決意を抱いた時、その人は自分のゴールに手が届こうとしています。皆さんも間違いなくそのことが分かると思います。しかし不幸なことに、今生だけでなく過去世からも、その他の多くの習慣がつくられてきたので、私たちはこの責任、この聖なる義務から逃れようとしているのです。でも、深く瞑想し神を求めるような機会はなかった、と言えるような正当な理由はありません。皆さんは自分を欺《あざむ》いているのであって、神を欺いているのではありません。

「汝自身に正直であれ。そうすれば昼の次に夜が来るように、必然的に、汝自身にも誰に対しても不誠実ではいられなくなる。」[1] ほとんどの人はこの言葉の意味を理解していません。「汝自身に正直であれ」という意味は、小さな自我意識、内に住まう小さなイド（本能的衝動の源泉）ではなく、あなたの内におられる神に対して正直であれと言っているのです。これが霊的な道で重要なポイントです。

師が西洋にもたらした、人は神を求めると同時に、一生懸命仕事をすべきであるという考え方を、いったいどのように実行したらよいのでしょう？ 最初に、自分が人生で達成したいことに心を集中してください。このときあなたは正直でなければなりません。欲しいものがたくさんあって、「お金も、名誉も、地位も欲しい。このすべてが欲しい」という人もいるでしょう。しかし、もし正直に分別力を働かせ、他人の過ちから学ぶことができるのなら、周囲を見回してみると、あなたが望むものを手に入れた人たちは皆、人生の目的である幸福を見つけてはいないことがわかるでしょう。

「まず神の国を求めよ。…そうすれば、これらすべてのものは、加えて与えられるだろう。」[2] この言葉は嘘であって、人をなだめすかせて、霊的な無関心状態にするための言葉にすぎないのでしょうか？[3] それともこれは、神の生きた精神、生きた英知を表すものでしょうか？ 私自身にとっては、「この偉大な言葉は真理である、と私は知っている」と疑問の余地なく言うことができます。まず、神を求めなさい。そうすればこれまで欲しがっていたすべてのものが、加えて与えられるでしょう。私は、欲しいものは何もないとわかりました。私の心には完全な満足があります。

先ほどの瞑想で、私はすばらしい至福、心を奪われるような神の愛を体験しました。その時、私はこう思いました。「おお神よ、自分の心の中で、この広大な内なる寺院で、どれほどのことを体験できるかを、世界中の人々が知ることができたなら！」それは、肉体と関係なく、魂を焼き尽くして日夜その意識状態にとどまっていたい、としか考えられなくなるほどの、完全に満たされた感覚なのです。

霊的目標に向かって真剣に

そのためまず初めに、自分のゴールは何かを知り、そのゴールに向かっていくために必要な手段と道しるべを用意しなさい。最も大事なことですが、瞑想しなさい！　やりたくないと感じた時も瞑想しなさい。体調の悪い時でも、とにかく瞑想する癖をつけなさい。疲れている時も、まずベッドに横にならないこと。このくらいの決意が必要です。この原則を学んだら、それはあなたの精神的支柱となるでしょう。神を見つける人は、何かの支柱を持っている人です。道徳的支柱だけでなく、健全な感情的支柱、そして特に霊的支柱を持っている人です。この三つが必要です。

そして、自分のゴールを知ったら、どんな誘惑があっても絶対に妥協してはいけません。人生に対する不満、人間関係に対する不満から挫折した人々が、どんなに速やかに転落して、霊的な生活の車輪のハブ（中心）からどんどん遠くに離れていくのか、私は知っています。師は、私たちによくこう話されました。「神を知ろうとするなら、はしっこの方にいないように。」カーニバルや遊園地で子供が遊ぶゲームのように、回転する輪の中心近くにいれば、どんなに速く回転しても振り落とされませんが、はしっこにいると、あっという間に振り落とされてしまいます。これと同じことが霊的な道でも言えます。

次の質問です。〔ダヤ・マタは手渡された質問を読む〕「自分を修練する必要はない、と主張する教師たちがいるようだと聞きました。」この言葉に私は答えます。「まったく、**まったく**の大ウソです。」そんなことはありえません！　自分をどのように克服するかもわからずに、神を知ることはできません。不可能です。嫉妬で心がいっぱいな人、ねたみで心がいっぱいな人、官能的な考えばかり持っている人は、神を締め出します。光と闇を、同時に同じ場所に持つことはできません。心の中でも、神の意識とそのような人間的な考えは同居できません。不可能です。そのような悪い考えを、自己修練なしにいったいどうして追い出せましょうか？　他に方法はありません。問題なのは、修練とは何かを理解していない人が多いことです。

肯定的で正しい考え方

部屋から闇を追い払おうとする時、ハエたたきで闇をたたきだそうとする人はいないでしょう。なぜなら千年間たたき続けたとしても、闇は消えないからです。闇を追い出す方法は、明かりをつけるかマッチをすることです。否定的な考え方を克服する方法は、反対の肯定的考えで置き代えることです。人生で、より肯定的に考え始めると、より肯定的に話すようになり、より肯定的に行動するようになります。あなたは、よい結果を自動的に自分の方に引きつける、聖なる法則を適用しているのだとしっかり理解しましょう。

そのため、日々の瞑想に並行して、自分の思考を見張ることが重要です。なぜなら思考は行動の父、または親と言えますから。「人は心の中で思っているとおりの人となるからである。」[4] 考えていることは、最終的に言葉になり、行動になって現れます。そのため、人は自分自身の内側、自分の思考から始めなければなりません。人は、否定的、批判的、疑い深い考えを、肯定的考えに置き代えなければなりません。私の経験では、一番簡単な方法は次のようなものです。仕事の合間にひまな時間があれば、神に心をとどめなさい。神は世界で最も力強い思考です。これが「神の存在を感じる訓練」と呼ばれているものです。あなたが生まれた時、心は何もない真っ白な道のようです。しかし、あなたの思考が脳の溝を刻み始めます。あなたがある特別な思考——特にそれが否定的で破壊的な思考である場合——それを何度も繰り返し考え続け、その溝から出るための訓練や修練を誰もしてくれなかったとしたら、年を取るにつれて、その思考に完全に縛られ、自由が効かなくなり、自分を解放することができないと気づく日が来るでしょう。

昼も夜も神を思いなさい

それゆえ霊的な道においては、神を知りたいと望むなら、あなたの脳に新しい溝を掘り始めることが重要です。肯定的で愛に満ちた、神への思いという溝です。あなたが学校の先生でも、数学に携わっていても、講師でも、台所で料理をつくる主婦でも、どんな種類の仕事をしていても、あらゆる瞬間に「私の神よ！　私の神よ！　私の神よ！」という、たった一つの溝を掘りこみなさい。しかし、上の空でやってはいけません。いつも私は思っています。「おお、私の主よ、あなたを喜ばせる方法を教えてください。私はあなたを喜ばせるためだけに生きたいのです。」こう思う時、うっとりするほどの喜びを感じます。私にはこれ以外の生き方が想像できません。この状態は至福に満ちています。神の名を唱えるときはいつも、新鮮な喜び、新鮮な愛の流れがあなたの心の中に、また意識の中に流れ込むのが感じられるでしょう。

神の存在を感じる訓練をし、瞑想しなさい。これが、この世の同胞とともに、幸せに生きる方法です。自分が感じることを、皆に話す必要はありません。事実、自分の霊的な生活を他人に話すことは大きな誤りです。人に話した瞬間、あなたは霊的な強さをいくらか失うでしょう。師《グルジ》は、そうおっしゃいました。実際、あなたもそうしてみればわかります。あなたは何かすばらしい体験をします。でもそのことを誰かに話したとたん、突然感じるでしょう。「おお、私は何か失ってしまった！」それは、あなたにとって非常に尊いものに他人の意識が侵入したからです。だから、師はいつも私たち弟子におっしゃっていました。「自分の聖なる体験について喋ってはいけない。」このようなサットサンガの機会や、皆さんを助けるためなら話は別です。でも、自分の体験を人に話す必要はありません。人に最も影響を与えることができるのは、私たちの生活・行動・思考を霊的にすることです。

話を質問に戻しましょう。「西洋人の忙しい生活は、瞑想と両立できるでしょうか？」それは完璧に可能です。完全に理にかなっています。神が私たちをおつくりになったときに、人間がそうあるように意図されたのですから。この世の何ごとをするにも、自分のしていることに熱意をもって、大きな喜びをもって、最深の注意をもって行いながら、心の中ではいつも「私の神よ、あなたのために行います」と思うべきです。

霊的な道を歩む私たちは、これくらいの熱意を持たなければなりません。自分の霊的な生活に中途半端な人ほど悪いものはありません。私から見ると、それは悲劇です。同じように、師がよく言われたような、まったく生気のない人生を送っている人、つまり、その人と握手すると、死んだ魚を握っているような感じのする人を見ることとも、同じくらいの悲劇です。

この世の仕事をしなさい。でもカルマ・ヨギ[5]の理想に従いなさい。「主よ、私は自分の義務を精一杯果たします。しかしそれは自分のためではありません。あなたが私を、ここに置かれようと、この下の方に置かれようと〔マタジはそのジェスチャーをする〕かまいません。気がかりなのは、私の置かれた場所に、あなたがおられるかどうかだけです。私は忠実に働きます。それは、あなたを喜ばせるためだけであって、手柄をたてるためでも、人から褒められるためでもありません。私の主よ、あなたを喜ばせることができるなら、それが私にとってすべてです。」人類がこのような原則を役立てる方法を学べば、理想的です。そうすれば、世界が平和と満足と幸福に満ちあふれることでしょう。平和を保つためには、このような生き方が今の文明に必要です。

責任の意味

私たちは仕事を楽しむようになるべきです。外に出て、公園で寝て、何の責任もなく、自分以外の人を気にかけないような人は、理想とは言えません。それでは、極端から極端に行ってしまいます。私たちは責任感のある人間になるべきです。このことを、神は私たちに期待しておられます。

「責任を持つ」とは、本当の自分を表現すること、すなわち自分の魂のあらゆる特質を表に出すことを意味しています。そして、そのようにしたとき、私たちは神の意図したようにこの世で生きていると言えるのです。私たちは神に心を集中させたまま、あらゆる活動を行うようになります。

シュカデーヴァとジャナカ王の物語のように、この世のあらゆる義務を果たしながら、神への気づきという油に、常に注意を払っていなさい。(6) 一生をとおして、毎日神があなたに与えるすべての義務を怠ることなく果たしながら、人生を歩んでいきましょう。義務を果たすことを神への捧げものとするのです。「私の主よ、私はあなたに黄金を差し上げることはできません。あなたに英知を差し上げることもできません。あなたはすでにすべてをお持ちですので、私は何も差し上げるものがありません。私の主よ、私は何を差し上げられるでしょうか。私はあなたに、人生の日々をとおして、ささやかな奉仕をお捧げできます。私が善の種を蒔《ま》くことができたとき、平安をもたらすことができたとき、建設的に語ることができたとき、何か良いことができたときはいつも、私は自分のためではなく、あなたのために奉仕をしています。」

建設的な感受性と破壊的な感受性

この人生で学ぶべき最高の技術の一つは、人と争うことなく気持ちよく付き合う方法でしょう。私は初めて師に出会ったときのことを思います。師は、会いに来る人がみな完全にくつろいだ気分になるような、ずば抜けた才能をお持ちでした。それはまるで、師がずっとあなたのことを知っているかのようでした。あの方にならあなたも最初の瞬間から、心を大きく開いてもよい感じがしたでしょう。師は、友情・愛・好意といった聖なる特質が身体をまとったかのような方で、その自分自身の特質を外に発する能力をもっていました。

私たちはこの世で、人を不必要に傷つけないように努めなければいけません。あなたも、誰かにつっかかろうとうろついている人がいるのをご存知でしょう。まるであなたの全人生は、こう考えるために捧げられているかのようです。「さぁ、どうしたらあの人の怒りっぽさを避けられるでしょう。機嫌を損ねないように、言葉の使い方に気をつけなくちゃ。」私たちには誰でもこういう経験があります。

師がどのようにそういう人に対処したかお話ししましょう！　怒りっぽい人を見るたびに、師はよくこう言われました。「あなたは自分の過敏さを克服する必要があります。」あまり自分中心になってはいけません。怒りっぽい人を分析するならば、その人は、人からあざ笑われるかもしれないと思って自分を守ろうとし、常に用心して自分をぐるぐる巻きにしている人です。それは間違っています。私たちは、もっと強くなる方法を学ばなければなりません。何年も前、師は私にこう言われました。私は非常に過敏で、師に出会うずっと以前から、そのことが大きな悩みの種でした。私は絶対に人を傷つけたくありませんでした。また、人からも傷つけられないように、いつも人から遠ざかっていました。戦争[7]の間は大変苦しみました。たくさんの少年が、体が不自由になったり、殺されたりしていると思うと、私は大きな悲しみに襲われました。

ある日、師はこう言われました。「あなたはわかっていると思うが、人生を生き抜きたいと思うなら、強くなる方法を学ばなければならない。」

私は答えました。「グルジ、私は冷酷な人は好きではありません。」

師はおっしゃいました。「誤解してはいけない。わたしの言っているのは、他人に同情も感じないような部類の強さのことではない。あなたが、ある程度の霊的強さ、霊的忍耐力を自分の中に養わなければ、またそうするまでは、他人を助けることも、自分を助けることもできないだろう。」

ある人が悲観的で弱くなったときに、あなたが深い同情をよせると、その人といっしょに、同じ混乱の穴に落ち込んでしまいます。そうなったら、あなたはその人を引き上げることはできません。聖なる人は、心の中で苦しみ、自分の十字架を背負っていても、誰にも知らせません。静かに自分の重荷に耐えます。しかし、誰かが苦しんでいると聞けば、その人といっしょに同じ穴に落ちることはなく、手を差し伸べてその人を引き上げるでしょう。

この世の中で、私たちはどうしても人を傷つけてしまいます。常に誰かを傷つけずに生きることは不可能です。キリストでさえそれはできませんでした。師でさえそれはできませんでした。人はその人それぞれにつくられていますから、時には誤って、人と摩擦を起こすこともありうると私たちは知っていなければなりません。一方、その点を理解して、誰かに傷つけられても、あまり過敏になるべきではありません。いつもその人の立場に立って考えなさい。その人の見方でものを理解しようと努めなさい。そして、何かあっても、あまり自分への当てつけだと考えないようにしましょう。話し合いで、いつも自分のことだと考えて絡《から》んでくる人と論じ合うことは不可能です。話し合うときは、規則を守るのが良いでしょう。他人を批評するのはやめましょう。そうすれば、多くの誤解を避けることができます。

このようなことを持ち出したのには、理由があります。質問は「どうすれば、神を日常生活の中に持ち込むことができるのか？」ということでした。答えは、「この種の自己訓練によって」になります。単にマントラ(8)を繰り返し、これで何も自己訓練しなくても神を知ることができると言うのは不十分です。それは不可能です。マントラを唱えること、神の存在を常に感じる訓練をすることを、正しい思考と正しい行動で裏打ちしなければなりません。なぜならギーターが説くように、神の悟りを人に授けるのは、瞑想プラス正しい行動だからです。

あなたは、朝から晩まで神のことを話して回りながら、同時に他人を踏みつけにし、それでいて神との霊交を持つようなことはできません。不可能です。他人との人間関係が、私たちの成長に必要ないのなら、一日中神だけを考えていられるように、神は私たちを一人ひとりの小さな世界に住まわせたでしょう。しかし、私たちが再び神との合一を達成するためには、その方法ではだめであると神は知っておられました。神は無数の私たち、無数の異なった個性や、特徴や、性格の集団をおつくりになり、この地球の、あらゆる異なった環境の中に、言うならば、私たちを放り込まれました。神は私たちに言われました。「さて、君たちはどうしたら互いに仲良くできるかを学びなさい。」そしてこれは、僧院内の弟子だけでなく、世界中の人々に当てはまることです。

正しい行動には、仲間と仲良くする方法を学ぶことも含まれています。自己訓練なしに、正しい行動は生まれません。自己訓練は、霊的な生活の基礎中の基礎なのです。

人は神の似姿につくられています。しかしこの聖なる似姿を、肉体の牢獄から、また機嫌・癖・感情といった目に見えない牢獄から解放しなければ、また解放するまでは、人は神を知ることはできません。この目に見える牢獄と目に見えない牢獄のなかで、魂は閉じ込められていることに気づいていますが、この牢獄から自分を解放する唯一の手段が、自己訓練です。「自己を支配すること」が、スワミという言葉の本当の意味です。神を知ろうと思う人は、自分を支配することを学ばなければなりません。そのような人は閉じ込められた魂を、肉体の束縛から、感情の束縛から、習慣の束縛から、解放する方法を学ばなければなりません。そうすれば、自分が何者かが分かるでしょう。そのとき自分が神の似姿につくられていることを知ります。その人は自由な魂となって、黄金や名声を求めて働く凡人よりも、もっと強い情熱をもって、義務を果たしながらこの世を動き回ることができるでしょう。聖なる人は、神への奉仕と瞑想のために、いつでも喜んで自分のすべてを捧げる準備ができています。神への奉仕と瞑想、この二つとも必要です。

瞑想と正しい思考

瞑想とは、気を散らすことから心を引き離して、神のみに集中させる能力です。瞑想には色々な種類があります。キリスト教神秘家が行った瞑想、ヒンドゥー教神秘家つまりヨギの行った瞑想、その他にも、世界の偉大な宗教で行われた瞑想があります。どの道も神に通じています。このことを、私たちは教え、信じています。何らかの形の瞑想なしには、神を知ることはできません。しかし、瞑想だけでは不十分です。瞑想と同時に、自分の考えを統御しなければなりません。人に対して悪意を抱きそうになるとき、攻撃した人に仕返ししたいと思ったとき、誰かを言葉で傷つけたくなったとき、その瞬間に、「私はそうしない！」と、自分を訓練するのです。そうしないのは、とても単純な理由からです。意地悪な思いが、自分の意識に入り込むのを許したとたんに、聖なる光が消えて自分の上に暗闇が下りてきます。若い頃、ダヤ・マーも随分傷つくことがありました。そんな時、私は聖母様にこう言ったものです。「ご承知のとおり、私はとても利己的なんです。私は、暗い思いや、仕返ししたい気持ちや嫌悪感を、この心の中に入れさせません。なぜなら、そういう考えが入った瞬間、あなたが消え去ってしまうからです。私はあなたを失いたくないのです。ですから聖母様、この世で自分の防御が必要なときには、あなたのためだけに戦います。あなたのことを思うのは、自分のためです。お望みなら、私のことを心配してください。私が気にかけているのは、あなたのことだけです。」

このような考え方は、神との甘美な関係をもたらします。神への深い親近感や親愛感をつくり上げます。神は本当に、最も近くにおられる方だと分からせてくれます。神のほかの誰に、自分のあらゆる難問を尋ねに行けるでしょう？　神以外の誰が、正しい方向に導く英知を持ちましょう？　神はまた、最も愛すべきお方です。神のほかに、私を無条件に愛してくださる方がいるでしょうか？　自分自身でさえ自分を理解することができないとき、神以外の誰が、私を理解できるのでしょう？　私の神より私に近い方がいるでしょうか？　なぜなら、とても大切に思い愛している人たちでさえ、いつかはお別れしなければならないからです。でも私は、愛する神への私の意識が、永遠に続くと分かりました。だから私は、そのような意識、愛する神へのそのような思いを、人生で何が起ころうとも手放さないつもりです。このように思えるようになると、神との関係は、それは親密なものになります。あなたは神がいつもともにいてくださると分かるでしょう。離れることはないのです。その域に達したら、どんなことがあっても、神との関係を失いたくないと思うはずです。神の聖なるメッセージを全世界に広めたいという思いで熱くなることでしょう。

人生におけるあなたの真の使命とは

世間の人々が神のことを考えずに、どうやって暮らしていけるのか私にはわかりません！「宇宙に置き去りにされる」という言い方を聞いたことがあるでしょう。これは今の時代を表していると思いませんか？　世間の人々は迷妄の中に置き去りにされています。悲劇です。残念なことに、悲しみが訪れてはじめて、私たちは自分を救う努力を始めるのです。そうなるまで待っていてはいけません。神はある理由があって私たちをここに置かれたのだと、今このときに、確信してください。「なぜ私は生まれたのか？」この疑問を問い始めると、迷妄の中にいる多くの人々は、自分が偉大な救世主になるために生まれたのだと信じるようになりますが、これはまた別の迷妄です！　ここに置かれた私たちが、この世で成すべき使命とは、自分を救うことなのです！　まず自分を救いなさい。そうすれば、神は人を救うための道具としてあなたをお使いになるでしょう。これが自分に正直になるということではないでしょうか？　自分を救う以前に、世界を救いたいと思っている人はたくさんいます。というのも、神を求める人からこういう手紙をよくもらうからです。「私には、神から与えられた偉大な使命があると、私は知っています。」この人たちにこう申し上げたいのです。「その通り、その偉大な使命とは『自分』を救うことです！」

今こそ、深く長い瞑想に自分を捧げなさい。今こそ、小さな自分を克服し、より大きな真の自己がもっともっと現れるように努力しなさい。師は私たちをこんなふうに訓練してくださいました。

ですから、親愛なる皆さん、私はここまでに次のような提案をしました。毎日瞑想しましょう、そして毎日自分の思考を見張りましょう。暗い考えでいっぱいになりそうなときは、自分の心を訓練しましょう。神は、私たちに善と悪を見分ける能力を与えられました。あなたが悪い方に向かっているとわかったら、すぐに立ち止まりなさい。回れ右をして、神のことを考え始めなさい。「神よ、私に強さをお与えください。私が乗り越えられるよう助けてください。」

激しい気性を持っているのなら、自分を修練しなさい。師は私たちによく言われました。「ひどい言葉を言う前に自分の舌をかみなさい。」私もこれを実行してきました。そしてある日こう思いました。「まぁ、カッとなったときに何が起こっているのかしら？　自分の平和も失っている。誰が苦しんでいるの？　誰を罰しているの？　自分自身だけ。ばかげているわ。」あなたの気性が激しくて、床に物を投げつけたくなったときは、外に散歩に出かけなさい。後に残してきたことは考えないで、歩いて、歩いて、歩きなさい。自然の美しさについて考えたり、何か別の建設的な方法に心を向けたりするように努めなさい。誰かを憎む気持ちが湧いてきたら思い出しなさい。あなたが何かを送り出したら、聖なる法則は、それをあなたに送り返します。憎しみをもつ人は、世の中から憎まれるでしょう。誰かに憎しみを感じそうなとき、すぐにこう思いなさい。「これは私に戻ってくるブーメランだ！　神よ、あの魂を祝福してください！　あの魂を祝福してください！」憎しみが湧き起こるたびに、「神よ、あの魂を祝福してください。あの魂を祝福してください。」こう思えば思うほど、神にもっともっとその人を祝福してもらいたいと願うようになります。これは事実です。

この原則を守って、あなたが直面するあらゆる問題や苦闘に活用してください。これがセルフ・リアリゼーションの教えを実際に活用する方法です。これはまた、日々の生活に神の聖なる原則を取り入れながら、神の存在を感じる訓練をすることです。

〔スリ・ダヤ・マタは、集会の祈りと瞑想を誘導した後、次の注意でサットサンガを締めくくった。〕

瞑想が終わった後も、瞑想から受けた平和と理解をこぼしてしまわないようにしてください。瞑想によって、あなたの意識という桶《おけ》にためた、神の思いと平和をできるだけ長く、一日中保ち続けてください。これが仕事の最中にも神から離れずに過ごす方法です。師の言葉です。「落ち着きながら活動的であり、活動的で落ち着いているよう学ばなければなりません。静寂の玉座に座る平安の王子が、行動の王国を支配するように。」

（1）　ハムレット 1幕3場
（2）　マタイによる福音書 6章33節
（3）　つまり、私たちが座って祈りさえすれば、神は必要なすべてのものを与えてくださるというような誤った仮定。自分の不完全さを克服するための霊的な努力なしに、深く瞑想するための真剣な努力なしに、そして自分自身の面倒を見、責任を果たしてこの世で神の役に立つような肉体的努力をしなければ、聖なる成就の法則が、私たちのために働くことはないであろう。
（4）　箴言 23章7節
（5）　カルマ・ヨガの道に従う者。（169ページを参照）
（6）　偉大な聖人君主ジャナカ王は、若いシュカデーヴァを弟子にとるためのテストとして、縁《ふち》まで油がいっぱい入ったランプを手のひらにのせて、宮殿内を一周するように命じた。しかも、そのランプの油を一滴もこぼすことなしに、宮殿の各部屋に置いてあるものすべてを詳細に観察（そして最後に、王に報告）しなければならなかった。
（7）　第二次世界大戦
（8）　マントラムまたはマントラは、一般的な意味では、根源音の科学であり、根源音は共振によって創造そのものと一つになる。霊的な意味では、心を沈め霊的にするのを助けるために、ある種の音を、声または心の中で発することである。

第十九章　幸福に通じる唯一の道

一九六一年十二月三日
インド、ニューデリーにて

私たちは、自分が完全不滅の魂であることを悟らなければなりません。習慣や気分、病気や失敗など、私たちが見せる不完全さは、私たちの本質の一部ではありません。死すべき人間という意識に、自分を深く同一化してしまったために、何も考えることなくその限界を受け入れているのです。むしろ私たちはこう祈るべきです。「主よ、私がこの肉体や、気分や習慣ではないことをわからせてください。私が常に、あなたの完全な似姿につくられた、あなたの子供であることを、いつもわからせてください。」

ある日の瞑想中、自分のあまりの不完全さに私が悲しんでいると、突然聖母様のやさしい声が聞こえてきました。「それでも、あなたはわたしを愛していますか?」すぐに私の全身は、あふれるばかりの聖母様への愛で張り裂けそうになりました。その時から今日まで、私の心はひとつの思いに没頭しています。「私は聖母様と愛し合っている。」その愛の中で、聖母様が望むことを行うために、私は人生を捧げている。」私は聖母様を完全に信用していますし、聖母様の愛は絶対に私を失望させないことを知っています。

神は皆さん全員を、同じように愛しておられます。日の光は、石炭の上にもダイヤモンドの上にも平等に降りそそぎます。ダイヤモンドの方が石炭よりも光を反射するからといって、太陽が不公平だとはいえません。同じように、神の愛という日光は皆さんを公平に照らしています。私たちは神の光を受けて反射する、ダイヤモンドのようにならなければなりません。

無意識ではなく集中力をもって、絶えず神の御名《みな》を唱えなさい。神との霊交は、最高の集中力が必要です。外で何をしていようと、「私の愛する方はあなただけ」と常につぶやきながら、心の奥深くで神のみに没頭することは可能です。

最高の成功者とは

すべての人間の姿をとおして私たちのもとへ届くのが、神の愛です。最初に神を探し求めれば、これまで欲しがっていたすべてのものが、あなたに与えられるでしょう。人間の求めるものはすべて、宇宙の恋人である神の内で、必ず見つけられることを私は知りました。この世の初めから、神を愛する偉大な人々が、人類に霊的感化をもたらしてきました。最も成功した人とは誰でしょう？　内面的に完全であり、自分や世界のすべてを理解し、いつの世でも世界から思い出され賛《たた》えられてきた人とは、どういう人なのでしょう？　それは神を知った人々です。

私たちの尊い師《グル》、パラマハンサ・ヨガナンダは、そのような成功者になるためには、まず神を求める気持ちを持たなければならないとおっしゃいました。人は普通、不幸が訪れるまでその気持ちを持ちません。人生がうまくいっているときには、神が必要だとは感じないのです。しかし突然、人生のすべてが駄目になってしまったように思えたとき——健康、財産、愛する人を失ったときに、人は泣いて神の助けを求めるようになるのです。

師《グルデーヴァ》は、まず神を探し求めなさいと、私たちに勧められました。なぜなら、自分の意識を神にとどめたときにのみ、人生の戦いに勝つことができるからです。常に変化するこの世で、困難に出会ったら、私たちは聖なる戦士にならねばなりません。人生に驚かせられたり、幻滅させられたり、打ちのめされたりするまでどうして待っているのですか？　今こそ、神を求める気持ちを育て、神を探し始めましょう。平和な時に私たちと共におられる方は、試練の時にも私たちを見捨てることはありません。

「真の自己の悟り」へと導くステップ

「真の自己を悟る」ための初めの一歩は、憧れること、聖なる「神への憧れ」を抱くことです。毎日瞑想することによって、私たちは神を愛する習慣を身につけます。誰でも毎日、神との深い交流のために時間を少し割くべきです。人は、自分の肉体を健康で快適に保つのに熱心です。またときには自分の知性を発達させようと努力します。しかし、自分の魂――真の自己のために、一日二十四時間のうち、どれほどの時間を捧げているでしょうか？　ほとんどしていません。ジャパ(1)やプージャ(2)や、祈りの言葉を唱えているときですら、心は、気が散って落ち着いていません。私たちは神に対して誠実でなければなりません。「主よ、あなたを愛します」と言いながら、心の中で何か他のことを考えていたら何の意味があるでしょう？　たとえ一回でよいから、純粋な愛をもって神の御名《みな》を唱えなさい。あるいは、より深い憧れと集中力をもって、何回も何回も唱えなさい。そうすれば、神の御名があなたの人生を変えるでしょう。

これから先、私のような神を求める人が何度もやって来て、あなた方に神の話をするでしょうし、あなた方は神についての多くの本を読むでしょう。けれども、人も本も、あなたに聖なる目的を達成させてはくれません。目には見えない、あまねく存在する神を、自分の努力で見つけ出さなければなりません。心を内側に向けて、肉体意識から離れさえすれば、あなたは神を見つけるでしょう。

人生の目的は神を知ることです。私たちは神を知らなければなりません。なぜなら、人類の根源的な病は、無知であるからです。全知である神の力と接することによって初めて、私たちはその無知の影響から自分を解放できるのです。

「神への憧れ」を育てることに加えて、神を求める人は、「簡素さ」に努めなければなりません。生活を単純で簡素にしなさい。不必要な物は求めないように。西洋は贅沢すぎます。インドは貧しすぎます。師《グルデーヴァ》は、東洋の霊的理想と、西洋の物質的能率のバランスが必要であると言われました。多すぎても少なすぎても、結局不幸をもたらします。「高邁な思想と簡素な生活」が、幸福な人生の最高の掟です。思考を気高く保ちなさい。心の力は偉大ですから。

次は「正しい行動」です。なすべきときに、なすべきことをするのです。大体において私たちは、習慣の命令に強制されて行動しています。正しい行動とは、習慣に支配されるのではなく、真の原則に従って行動することです。インドでは、正しい行動はヤマとニヤマ(3)にまとめられています。これはキリスト教の十戒に当たります。このような原則に従って生きなさい。自分に正直になりなさい。自分の真の動機を知りなさい。こうすれば、成長して、もっともっと真実によって生きるのに役立ちます。

正しい行動には朗らかさがともなうべきです。悲しい気持ちや、否定的な気分のとき、朗らかになろうと決心するだけで、その状態から抜け出せます。師はよく言われました。「あなたが幸福でいようと心に決めれば、何ごともあなたを不幸にはできない。しかしあなたが不幸でいようと心に決めれば、何ごともあなたを幸福にしない。」ですから、いつも朗らかでいようと決意しましょう。逆境にあっても、困難は一時的なもので、いつか過ぎ去ってゆくものだと思い起こして、心を肯定的に保ちなさい。

ラージャ・ヨガは、神との科学的な交流の仕方を教えます。ラージャ・ヨガの教えでは、集中とは、気を散らすあらゆる対象から注意を離し、一度に一つのものに注意を向けることをいいます。その原理は、動揺するあらゆる考えを静めることで、心を静かで澄んだ湖のようにします。すると、集中の対象を、心の中に完全に映し出して見ることができるようになります。世の中で成功するためにも、瞑想で進歩するためにも集中力が必要です。

集中状態を達成したら、瞑想の準備がととのいます。瞑想では、神を集中の対象とします。瞑想中、心が唯一の神に没頭すると、あなたは意識の広がりを感じはじめ、聖なる愛に満たされるのを感じます。その愛は、すべてに流れてゆきますが、所有したい愛ではなく自由にする愛です。これが神の愛です。これが心と魂の求めるすべてを満足させる愛です。この愛の内には、神意識の恍惚の境地があります。魂が、肉体との同一化から解放されると、神の至福に満ちた意識にひたされて、その聖なる恍惚の境地の中に永遠にとどまること以外に望みがなくなります。外に何かを求める必要はないと感じるようになります。

私たちの国はこの世に属していない

人はこの世が唯一の真実であると考えています。でもこの世を超えた何かがあるのです。そして人が常に不満なのは、自分の国がこの世に属していないからなのです。ここではすべてが一時的で、変化しており、時間という幻想によって支配されています。人が神と一体になると過去・現在・未来はなくなります。神のみが永遠なのです。

神について話すのではなく、神について読むのでもなく、今は神を「感じる」ときです。人が神の内に平和を感じることを学ぶまで、世界は平和を知ることはないでしょう。

人は世界を変えられるようになる前に、自分を変えなければなりません。私たち個人が、森羅万象の陰にある唯一の創造の光を見ながら、神の子供としてともに生きることを学ぶまで、不和や戦争や悲しみはなくならないでしょう。私たちは内なる神を見つけ、謙虚に神の平和・愛・調和を他の人と分かち合うべきです。このように神の道具となり、神への奉仕に努めながら、「主よ、あなたがなさるのです。あなたのご意志がなされますように」と祈りなさい。謙虚に神のご意志を求めることは、怠慢ではなく、率先性や行動力の欠如でもありません。神は自ら助くる者を助く、と言います。この言葉の意味は、あなたが神にお任せすることによって、神はあなたを道具として用い、ご自身の聖なるご意志に従って地上で善を行うということです。

毎日、時間をとって瞑想を——神との深く楽しい交流を——してください。毎日二十四時間のうち一時間を愛する神に差し出してください。この助言を心にとどめる人は、賢い人です。「人生は甘く、死は夢。喜びは甘く、悲しみは夢。あなたの歌が私に流れこむときは。」(4) あなたは英知です。あなたは至福です。あなたは愛です。そして皆さん、その聖なる特性が、皆さんの本質なのです。

（1）　マントラや神の名を繰り返し唱えること。
（2）　儀式的礼拝。
（3）　倫理的戒律（ヤマ）と、宗教的規範（ニヤマ）は、古代の賢者パタンジャリが説明した「ヨガの八段階」のなかで、最初の二つの段階をしめている。
（4）　パラマハンサ・ヨガナンダ『Cosmic Chants』より。

第二十章　天国は内にある

一九六二年九月四日
カリフォルニア州ロサンゼルス、ＳＲＦ国際本部にて

心を常に平静に保つための最も確実な方法は、何をしていても、心の内にどんな試練を抱えていても、また外界でどんなことを経験していようと、一日中神のことを考え続けることです。師は私たちに、よくこんな質問をされました。「あなたの心はどこにある？　人生の中心をどこに置いている？」このように師は、私たちの意識を内面に、すなわち神に向け続けるように気づかせてくださいました。深い瞑想後に感じられる、とても心地良く、とても静かな、神と完全に一致した感覚、つまり神の存在による内なる平和に人生の中心を置き、注意をはらい続けるべきです。他に何の欲望も残っておらず、どんな小さな動揺のさざ波もこの意識を乱しません。人は常にこうあるべきなのです。なにものかに心を波立たせられるのを、許してはなりません。

人生で起こるどんな障害も、神が私たちを教え強めるために意図した試練として見るべきです。最も弱いつなぎ目が、その鎖の強さです。最大の弱点が、私たちの強さをあらわします。人生で何があっても、穏やかで、動揺したり狼狽したりせずにいられるよう学ばなければなりません。そのような

意識の落ち着きは、単に霊的真理を読んだり語ったりすることではなく、神との個人的な直接の交流である、瞑想によってのみ獲得できるのです。人は年を取るにつれて、より人生に失望を感じるようになります。人生が与える快楽は、期待を裏切るからです。でも神を深く探し求めれば求めるほど、神の存在の喜びに匹敵するものは何もないことが分かります。その喜びだけが、この変化と相対性の迷いの世界における真実なのです。人はこれ以外のものを求めてやみませんが、その喜びから得られる充足感のかけらすら得ることはできません。

神のみが埋められる空虚感

最近、成功していた若い女優が自殺した、という悲しいニュースを知りました。彼女は、世間で幸福のために必要であると考えられるような物はすべて持っていました。でも彼女は、自分の内にある大きな空虚感、大きな虚無感について語っていました。なぜ人はそのような虚しさを感じるのでしょうか？　それは、注意が外に向き過ぎているからなのです。内なる神の平和にとどまっていないのです。「この世はあなたの思っているような所ではない」と、パラマハンサジは私たちによくおっしゃいました。物質的な何かをつかもうとしても、その実体は手の中で消え去ってゆきます。人生の物質的な側面というものは、はかない考えや印象の固まりにすぎず、無に帰してしまうものなのです。もし私たちが、自分の外側の物の上のみに幸福を築いたとしたら、それはゆっくり消えてゆく泡を持っているのと同じだと分かるでしょう。内なる神とともに生きていない人は、ひどい空しさや孤独を感じるものなのです。

この世で真に永遠に幸福になりたいのなら、心の中に静かな霊的生活を築き、神との個人的な関係を確立しなければなりません。パラマハンサ・ヨガナンダが、セルフ・リアリゼーションの道を歩む私たちに教えてくださったような、毎日の深い瞑想によってこのことは可能です。そして瞑想に加えて、一日中深い信仰をもって、心の中で常に、何度も何度も繰り返し神の御名《みな》を唱えなさい。ときに私は、神を主イエスとして、ときには主クリシュナとして思い、そのお姿の神を愛します。またときには愛する聖母様として考え、そのお姿の神を愛します。ときには主を私の師《グル》と見て、そのお姿の神を愛します。人は、神のどんなお姿を視覚化してもよいのです。神を求める心を最もあおるような、心を神に合わせ続けられるようなお姿でよいのです。私たちの中には何というすばらしい世界があるのでしょう！[1]「わたしの国はこの世に属していない」[2]とイエスは言いました。「わたしの天国は内にある」と師は言いました。その内なる天国とは、漠然とした無の世界ではありません。内なる天国は実在し、喜びに満ちています。内なる天国を見つけるまでは、私たちにとっての人生は不愉快な混乱の連続でしょう。

また私たちが自己のために戦い、利己的に何かにしがみついているうちは、いずれ平和も財産も奪われるという事実を受け入れなければなりません。神の御手《みて》から来るものだけを受け、神のご意志の許す間だけ所有することを望むべきです。神が送ってくださった祝福であるかどうかは、神の贈り物を受けたときに心地よい平和や喜びで満たされるかどうか、そして贈り物を楽しんでいるときに何の執着も感じないかどうかによってわかります。

毎日、次のような思いで一日を始めなさい。「おお神よ、あなたのご意志を果たす以外に、私は何も望みません。あなた以外の何ものにも、すがりつきません。すべてのことに、あなたのお導きを求めます。そしてあなたに従うためにベストを尽くします。」私たちは必ずしも、神のご意志に完全に従えるわけではありません。それができれば、もうこの人間社会に住む必要はないのですが、私たちは転ぶたびに自分を立ち上がらせ、もう一度頑張るべきです。どんな挫折も嘆いてはいけないし、自分のみじめさに溺れてはいけません。むしろこう言いなさい。「私はベストを尽くします。そしてあなたを喜ばせるために頑張る、という尊い目的から決して離れません。」子供のように聖母様にしがみつきなさい。子供のように聖母様に委ねなさい。信仰をもっと強めなさい。神への愛をもっと養いなさい。これはとても重要なことです。

インドの聖典は、求道者には二つのタイプがあると述べており、それを面白く描写しています。一つ目は赤ちゃん猿タイプの求道者で、木から木へと飛び移ってゆく母猿に、いつもしがみついています。しっかりしがみついていて絶対に落ちません。二つ目は子猫タイプの求道者で、母猫にくわえられ、あちこちへ連れていかれます。子猫はまったくリラックスして緊張も恐れもなく、母猫がどこへ連れてゆき、どこに置こうと完全に安心しています。私たちはその両方のタイプでなくてはなりません。困難にあった時、あたかも枝から枝へ投げ飛ばされるかのようなときは、赤ちゃん猿のように、聖母様にしっかりとしがみつきましょう。それ以外のときは、子猫のようにすっかり満足して自己を忘れ、安心しきって神にお任せしましょう。そのような求道者は平和とは何かを本当に知っています。

内から得られた真理は人生を変える

真理は、時間と同じくらい、そして生命そのものと同じくらい古くから存在していますが、常に新しいものです。真理は自分のものにした瞬間に、私たちにとって新しいものになります。真理について何度繰り返し読んでみても、自分に何ももたらさないように感じるかもしれません。どうして、何も得られないのだろうと思います。その理由は、まだ私たちが、自分の内から真理を引き出していないからです。真理は外から接ぎ木されるようなものではありません。自分の内から引き出されるべきものです。そうしなければ、私たちにとって、いつまでも非現実的なものであり続けるでしょう。私たちは皆、瞑想中や霊的に同調したときなど、あるときに今まで読んでも分からなかった何らかの真理を、即座に理解するということを経験しています。それは何と気分の良いものでしょう！　突然、自分の内なる真理を引き出し、真理を初めてはっきり見たのです。

あらゆる真理が魂の中に隠されています。なぜなら魂は神の反映であり、神は真理だからです。それゆえ私たちも真理なのです。でも私たちが、自分をこの小さな自我と同一視して、利己的な目的のために戦ったり、自分の意見や好き嫌いに縛られたりしているうちは、真理は私たちから隠されたままです。なぜならマーヤ、つまり迷いによってつくられた架空の概念に、まだしがみついているからです。聖母様に、このマーヤのヴェールを引き裂いてくださいと祈らなければなりません。聖母様がそうなさると、実に不快な経験をすることがあります。というのは、私たちが自分の真の姿を見たくないからです。でも恐れてはいけません。聖母様は単に、子供たちを完全にしたいだけなのです。私たちの力では立ち向かい乗り越えることのできないような試練を、聖母様はお与えになりません。

さらに、夜も昼も泣いて神への信仰心を求めなさい。それによって神の唯一の愛を見つけられるでしょう。どの魂も、愛や理解や友情や安心を求めています。それを神から求めるのは、賢い人です。そのような求道者は、この苦しみの海から抜け出して、平和、喜び、英知、神の愛の岸辺にたどりつくでしょう。私たちが目指しているのはそこですが、多くの人は、無意味にぐるぐる泳ぎ回って、時間やエネルギーを浪費しているのです。

瞑想によって心に集めた平和・喜び・信仰心は、決して手放さないようにしましょう。用心深く、熱心に守って、自分の基盤にするよう努めましょう。こうするための方法が、ジャパ・ヨガの実践です。つまり、毎日の仕事や活動の最中にも、できるかぎり神の御名《みな》を唱え続けるのです。パラマハンサ・ヨガナンダの詩『神よ、神よ、神よ』のみに従って生きるなら、私たちは神が何であるかを知るでしょう。人生のどんな時にも――仕事中も、瞑想中も、困難と戦っているときも、簡素な喜びを楽しんでいるときも――心の中では「神よ、神よ、神よ」という思いに、常にとどまっていなければなりません。

神はいつも私たちとともに

神を自分のものにする方法は、神を思うことです。というのも、神は決して私たちから離れることがないからです。創造の当初から、神は私たちとともにおられ、これからもずっとともにおられます。神から離れているのは私たちの方です。なぜなら私たちの心は、神以外のことや、小さな自己のための戦いで忙しすぎるからです。たとえば「私は傷ついた。私は悲しい。私は誤解された。私は愛されていない」などと。私たちはこの肉体でも自我でもありません。ところが私たちは自分自身を、感情や習慣、そして自我という有限な意識と同一視してきました。私たちは神の子供であり、神の至福に満ちた似姿につくられているのです。このことを、人生の中で、もっともっと感じられるようになるまでは、決して満足してはいけません。

人生がつまらなかったり、不幸であったりするのは、神に十分、心を向けていないからです。つまり心配ごとや物質的な関心にとらわれすぎて、十分に瞑想していないからです。この世には神――愛する母であり、父であり、聖なる存在であり、友である神――ほど面白くて、魅力的で、至福にあふれ、満たしてくれるようなものはありません。神こそが唯一無二の真の愛なのです。

（1）「神の国はいつ来るのかと、パリサイ人が尋ねたので、イエスは答えて言われた。「神の国は、見られる形で来るものではない。また、『ここにある！』『あそこにある！』などとも言えない。神の国は、実にあなたがたのただ中にあるのだ。」（ルカによる福音書 17章20―21節）

（2）ヨハネによる福音書 18章36節

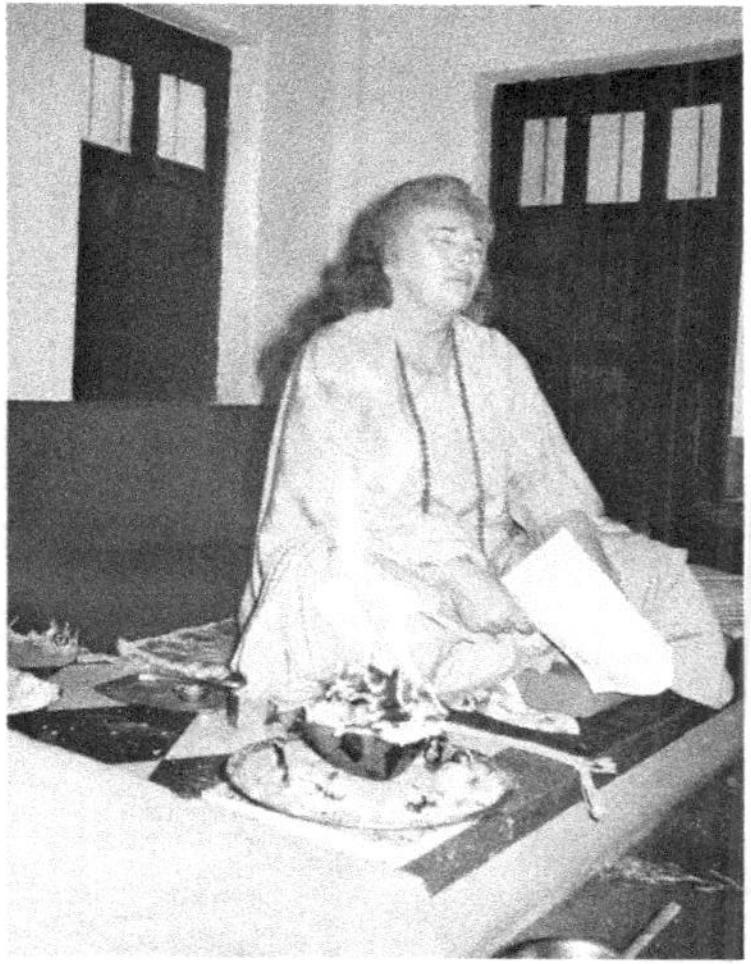

１９６８年 インド・ランチにて、SRF／YSS
の僧侶のために、サンニャース（僧侶の誓い）の
儀式をとり行う

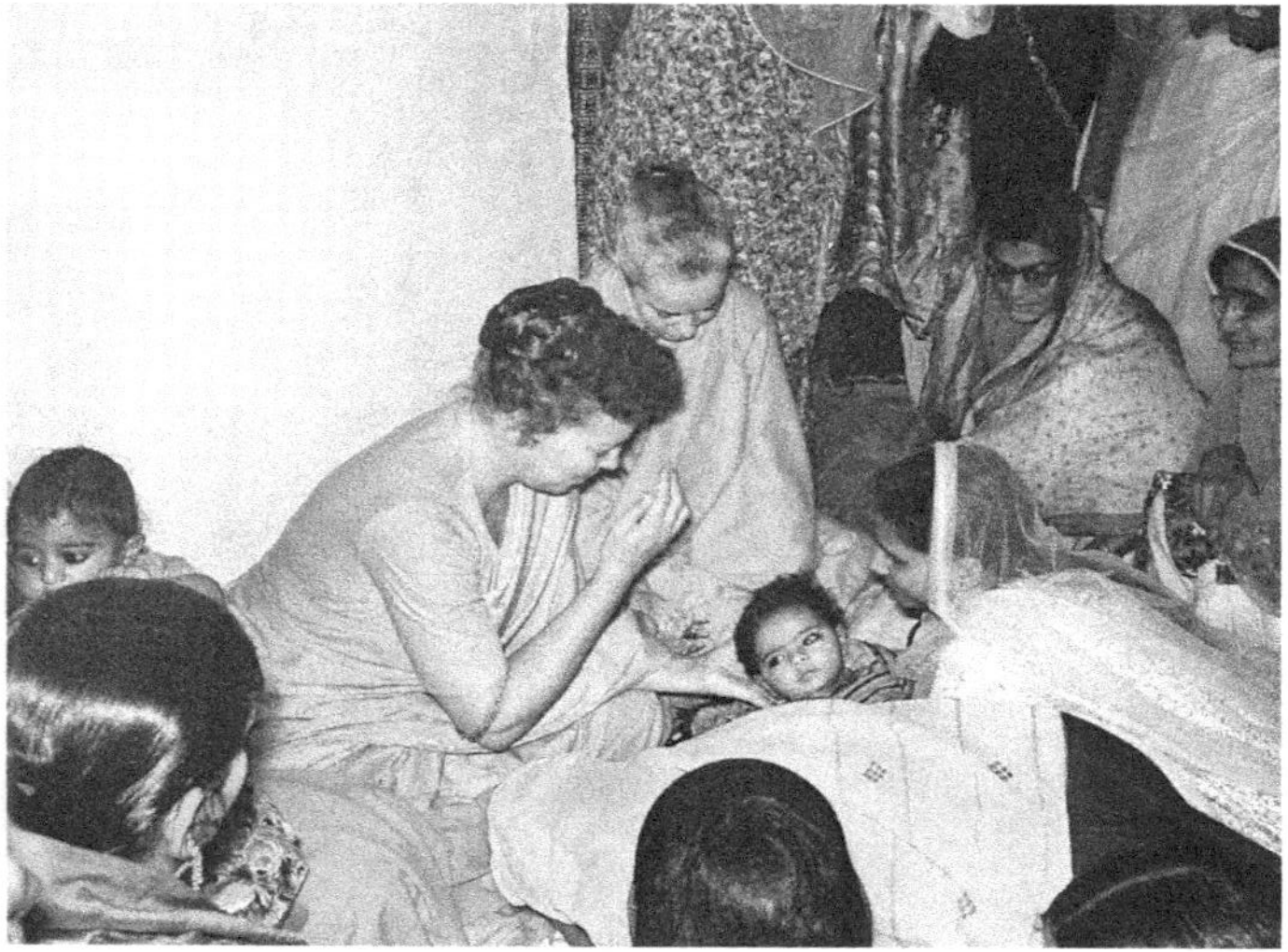

１９６１年 インドにて
マタジの祝福をいただくために、母親が子供を連れてくる

「友人や親や子供や夫婦の間の、理想的な愛の話を読むと、私はいつもこのように思います。『愛する神よ、人間関係がこんなに美しくなり得るのなら、このような様々な形の愛の源である、あなたとの関係は、どんなにもっと美しくなることでしょう！』」

1972年 インド・ランチ　ヨゴダ・サットサンガの学校の一つにて

「私たちは、限りない忍耐を学び、私利私欲から離れて、どのように手を差し伸べるかを学んで、子供の人生を正しく形成する手助けをしなければなりません。」

1961年 ベナレスにて

「私たちは人生を、常に新しい興味をおぼえるような、まったく魅了するようなものにして、神の創造のすべてに恍惚となることができます。どのようにしてでしょうか？　外面だけを見るのをやめるのです。万物の背後にある、神の御手を見てください。」

プリのゴワルダン僧院の故ジャガッドグル（世界の師）、スリ・シャンカラチャリヤ・バーラティ・クリシュナ・ティールタ猊下《げいか》とスリ・ダヤ・マタジ。１９５８年3月、ロサンゼルスのＳＲＦ国際本部にて。猊下は初代シャンカラチャリヤ（8世紀または9世紀初頭。インドの偉大な哲学者）の法統を継承する後継者であった。セルフ・リアリゼーション・フェローシップは光栄なことに、猊下のアメリカ訪問の後援をさせていただいた。

偉大なジャガッドグルは、パラマハンサ・ヨガナンダの事業を、好意的かつ霊的に支援することをたびたび表明された。「セルフ・リアリゼーション・フェローシップには、最高の霊性、奉仕、愛があることを私は見つけた。組織を代表する人たちは、こういった原則について説教するだけでなく、その原則にそって生活している。」ダヤ・マタジとの文通の中で、猊下はいつも、父親のような温かさと霊的な敬意をこめて、ダヤ・マタを「非常に親愛なる（または愛する）子、ダヤ・デヴィ（神的な人）」と呼んでいた。

第二十一章　汝はほかの神を持つべからず

一九七二年六月二十一日
カリフォルニア州エンシニタス、ＳＲＦ僧院にて

私たちはしばしば、神が与えてくださったものに対する感謝を怠《おこた》ります。ヒマラヤ山麓を訪れたとき、現地の人々は、世界で最も美しいあの壮大な山々の、そのまさに入り口に住んでいるにもかかわらず、それを当たり前のことのように思っているのに私は気づきました。旅行者は、圧倒されるような畏敬の念を体験するのですが、現地の人の心には、同じような高揚はありませんでした。

この世の大きな喜びの一つは、何にでも慣れあいにならないことにあります。そうすれば私たちは、常に何か新しく、霊感を与えるような、わくわくするものを人生で見つけます。私はエンシニタスやマウント・ワシントンの庭園に入るとき、まるで初めてその地を見たかのように、大きな興奮を感じないことはありません。どんなことも、どんな人も当たり前だと思わない、この理想を実行してください。

人生を最高に楽しんでいる人は、自分の環境に、周囲に住む人々に、神の与えるすべてに、感謝する能力をもっています。この能力は、毎日神の存在を感じる訓練をすることから生まれます。なぜなら神は、常に新しいからです。師が次の言葉を何度もおっしゃったことを思い出します。「神とのロマ

ンスは、この世で最も崇高な体験であり、魂が体験しうるどんな関係よりも偉大である、なぜなら神の愛、神との霊交はいつも常に新しいからだ。」神との関係は絶対に色あせません。そこには常に、何か新鮮な喜びや体験、思いもよらない気づき、つまり英知や理解の開花があり、そして求道者の心をときめかせる、これまで知らなかった信仰の感激があります。

霊的探求の道で、最も重要な点の一つは、毎日を新しい始まりと見なすことです。そして特に最も重要なのは、朝の目覚めの瞬間から、夜の眠りにつくまでの間、神の存在を感じる訓練をし続けることです。この訓練は、師が教えてくださいました。師は、生活の上での表面的なことや、組織を築き上げることを第一に置きませんでした。

何度もあったことですが、私たちの一人が何か特別な問題を抱えていると説明すると、師の指導は単純でした。「ベストを尽くし、それを神に捧げなさい」または「あなたの心をもっと神にとどめなさい」といったものでした。心を神に置けば置くほど、否定的なものでも肯定的なものでも、あらゆる人生体験にうまく対処できることに気づくでしょう。

一九三六年、師がインドからお帰りになったとき、私たちにおっしゃいました。「わたしは権力を求めない。わたしは何も求めない。なぜならすべてを聖母様に捧げたから。多くの望みは、たった一つの望みの炎の中に投げ入れてしまった。聖母様のお顔を目にしたいという望みの炎の中に。わたしの心の祭壇の上で、すべてのつまらない望みは焼き捨ててしまった。聖母様のお顔を一瞬でも見ること、その力強い光を一瞬でも見ることが、わたしの望むすべてだ。」

　パラマハンサジはそのように生きられました。そしてその理想を師は、今でも皆に、少しずつ教え込もうと励んでおられるのです。師はおっしゃいました。「わたしはこの肉体に縛られていない。いつの日か、わたしの肉体が消え失せてしまうとき、わたしは喜んで、無限の霊《スピリット》となってあなた方を見守るだろう。あなた方がどのように霊的に成長していくか、一連の大師によるこの使命がどのように花開くかを見つめるだろう。わたしは常に生き続ける無限の霊であり、不死である。だからわたしは百万の目で、あなた方を見守ろう。」

　もし今日から先、この一つの思い、「聖母様を求める唯一の望みの中に、すべての自分の望みを放り込んだ」という思いを手放さないようにして、意識を何度も何度もその思いに引き戻すなら、人生がまったく新しく様変わりして、毎日新鮮な霊感を与えてくれることに、あなたは気づくでしょう。

　師はよくおっしゃいました。「わたしが関心をもっているのは、自分と出会うすべての魂を、神との霊交という唯一の望みに目覚めさせるために努力することである。」これがセルフ・リアリゼーションの意味です。つまり神と直接に霊交する能力のことです。外部の世界を認識しようと常に意識を五感に関わらせるのではなく、感覚の電話線を遮断し、内なる静寂の宮で神と霊交することを学べば、それは可能になります。

　聖書は言っています。「あなたはわたしのほかに、なにものをも神としてはならない…主なるわたし、あなたの神はねたむ神である。」[1] 主は、この言葉を脱俗者のみではなく、全人類、すべての神の子供たちを対象に言っているのです。神は非常に現実的でした。神はこう言っているのです。「愛する汝らよ、わたしは善悪の違いを示すために、理性・知性・分別力・良心の声を与えた。汝が神性、すなわちわたしの似姿を反映した幸せな個人となるように、できることはすべて行なった。さあ、自分の人生を生きなさい。自分の欲しいものを求めなさい。しかしわたしを忘れてはならない。汝がわたしと分離するなら――汝に生命を与え、聖なる性質を注ぎ込んだ、唯一の存在と分離するなら、汝は迷いにおちいるであろう。」分離するときあなたは、もはや神を人生の第一に置いていません。神の位置に他のものを置いてしまったのです。

私たちが、怒りや貪欲など、人間として感心できない性質をもつとき、神を人生から締め出したことになります。しかし、力の限りを尽くして、自分の内にある隠された神性を表に出そうと努力するときは、神を第一に置いているのです。そのとき初めて、人は「真の自己」を見出します。夜明けとともに起き、生命力と生きる喜びに満ち、小さな自分を忘れ、より大きな「真の自己」すなわち「内なる神」を表に出したいという望みでいっぱいな人、そのような人は真に生きています。そうなる前は、ただ生きているだけだったのです。

師は言っておられます。「神への道が開かれるのは、絶え間なく、生きているあらゆる瞬間に、神の存在を感じる訓練をし続けることと、毎日の深い瞑想によってである。神がお隠れになっている静寂の城壁を、あなたの熱望の砲弾で破壊するとき、聖なる存在はあなたの心の中に捕らえられるだろう。」

沈黙の価値

私たちの僧院では、弟子たちは沈黙を守ることを奨励されています。これはサーダナ、つまり神の探求の大事な部分です。なぜなら、もしも沈黙を守ることを少しも学ばなければ、私たちは神の声に聞き入るとはどういうことなのかを、真に知ることは決してないでしょう。もし人が、良い習慣を身につけなければ、神を知ることは非常に難しいでしょう。とくに自分の話し方をコントロールできるようにすることは重要です。

師はうわさ話をすることにまったく反対し、絶対にお許しになりませんでした。うわさ話は、人類にはびこっている最も悪質な、残酷な習慣だと考えておられました。師のもとにうわさ話をしに来た人には、よく言っておられました。「他人への不親切な言葉を聞かせてもらいました。今度は、自分についての話してみてください。あなたの欠点について注意を向けてみましょう。あなたにも同じものがあるのですから。」

師はすばらしい表現をされました。「わたしたちの持っているこの小さな口は大砲のようで、言葉は弾薬である。言葉はたくさんのものを破壊する。無駄にしゃべらないように。そして、自分の言葉が何らかの善をもたらそうとしていると思うまで、しゃべらないこと。」

多くの宗教をみれば、沈黙を守る人がいるのに気づくと思います。インドでは沈黙を守ることをマウナ、沈黙を守る人をムニと呼びます。神を知りたいと望む求道者は、毎日のある時間を、このすばらしい性質を訓練するために空けておくべきです。そうしたい、と心に決めれば可能です。

「偉大な人は、ほとんどしゃべらない。しかし偉大な人がしゃべるとき、人々は耳を傾ける」と師はおっしゃいました。それは真実です。非常におしゃべりで偉大な人を見つけることはできません。偉大な人はむしろ沈黙し、しゃべることよりも聞くことに、より熱心な傾向にあります。しかしその人がしゃべると、皆が聞きます。

ヨガは自分を変えることを教える

師は言っておられます。「人の過ちに注意を向けてはならない…『人を裁いてはならない。自分が裁かれないためである。』[2] 自分の心という家には掃除しなければならないところがたくさんあるのに、他人の欠点に興味をもつのは、間違いである。まず自分の家を掃除しなさい。」

神を知りたいと望む求道者は、もっと沈黙して、内なる神の愛の声に耳を傾けることを学ぶべきです。そして人生で、愛に生きることを学ぶべきです。初めは心の中で訓練し、それから外に向けて愛を表現することを学ぶべきです。

これまでの人生で、私たちは言葉や行動によって人を傷つけたことが何回あったでしょう。これが精神的残酷さと呼ばれるもので、肉体的な暴力よりも、もっとたちが悪いものです。意地悪な感情があるときに言葉を発してはいけません。もし、意地悪な感情なしにしゃべることができないのなら、「口にチャックをする」方がましです。誰かを――子供、夫、両親などを傷つけたいと思うのは残酷です！

ヨガの科学は、人の弱さを克服する助けになります。それは人に、自分自身を変化させ、日々の習慣を変えさせて、より良い人間になることを教えます。良い人間といっても、人前では上品にしゃべるのに、家では別人になるというような、「外では天使、家では悪魔」と呼ばれるような人のことではありません。ヨガは人に内観することを教えます。ロバート・バーンズが言うように、「他人が自分を見るように、自分自身を見る」[3]ことを教えます。ヨガはそんな力を与えます。自分はこうだと思っている自分ではなく、他人が見るように自分を見ることができるよう求道者を訓練します。自分で思う自分と、他人から見た自分は大違いです。

「私は何者でしょう？　私は意地悪ですか？　私は人を傷つけたり、けんか腰にしゃべったりすることに楽しさを感じていますか？　もしそうであるなら、私はこれらの醜悪な習慣を克服した方がよいでしょう。」こういうことを内観というのです。

ギーターの最初の句《シュローカ》は（象徴的に）こう述べています。「わが意識の戦場に、善い性質と悪い性質が集まった。今日はどのように暮らしたのであろうか？　どちらが勝ったのであろうか？」[4]激動の最中にも、自分は穏やかだったでしょうか？　誰かを傷つけるため何か意地悪を言いたいと思ったときにも、自分の言葉は親切だったでしょうか？　私心なく人のために過ごしたでしょうか、それとも自分が一番よいものをとろうとしたでしょうか？

心の中で愛に生きなさい。不親切な言葉をしゃべりたいと思うときは、心の中で愛を思いなさい。それから、親切なふるまいや行動を、外に表現しなさい。

花のようになりなさい。美しいバラの花を摘んで、手の中で潰しても、バラは甘い香りを放ちます。神を求める人はそのようにあるべきです。神を求める人は、不親切な扱いを受けて潰されても、許しと優しさの甘い香りを放ちます。聖フランチェスコはそのような方でした。聖人には皆、慈悲と優しさが表れています。

聖なる人は自分を正当化しようとしません。そのような魂には大いなる平和が訪れます。聖なる人は、他人からどう思われているかよりも、神からどう思われているかの方に、気を取られています。そのような人の人生では、神が初恋の人です。唯一の神の前に、他の神々をおくことはありません。師は言われました。「全世界から称賛されても、神が称賛しなければ、あなたは実際には貧しい。なぜなら、いつかこの肉体の家を離れる知らせがきたとき、あなたはすべてを置いて行かなければならないからだ。しかしもし、あなたが神に認められていたら、すべてを所有していることになる。なぜなら、この世を超えた彼方に行っても、あなたは神に認められているからだ。」

聖なる人は、他人に対する自分の正しいふるまい方に関心をもっています。「わたしは親切を与え、親切なことを考え、親切な言葉を話しているだろうか？　わたしはこの世界で善を行っているだろうか？」善を行うために偉大な教師になるといったことには、関心がありません。ないのです。どこにいてもいい、何者であってもいい、ただ善を行いたいだけなのです。そのような人は、香り高い花のようです。信者という蜂が、その人のまわりに集まります。

これは師がよくお話になったもう一つのたとえです。「ハエは不潔なものに群がる。蜂はあまい甘露が集まるところだけに行きたがる。醜悪なもの、うわさ話、不親切、意地悪、嫌悪、嫉妬、ねたみ、頑迷、偏見があるところに必ず集まるハエのように行動する人々を、わたしは見たくない。それよりも、魂の特質という香り高き花の咲く花園を、わたしは見たい。そこには、愛・慈悲・親切という聖なる蜜を吸おうと、人間の蜂たちが引き寄せられるのである。」

このような言葉を話していると、皆さんが反応してくれます。なぜでしょう？　それは、この言葉があなたの魂の本質を表しているからです。私はあなた方に思い出させているだけなのです。あなたは何者であるのか、すなわち唯一の愛する神の似姿につくられた「魂」であることを。

「あなたはわたしのほかに、なにものをも神としてはならない…主なるわたし、あなたの神はねたむ神である。」今、皆さんは、主が言わんとすることがもっとよくわかったと思います。私たちが神らしく行動し、私たちに内在している神らしさを表現するとき、他の神々――嫉妬、貪欲、怒り、嫌悪など――は持ちません。私たちは神を、神の性質を、神の理想を人生の第一にしたからです。

聖母様の体験

師がここ、エンシニタスにおられた時の、とても美しい体験をお話しします。師は言われました。「ほかの人が時間を無駄にしているとき、瞑想しなさい。そうすれば瞑想中に、『静寂』が語りかけてくることがわかるだろう。『わたしの聖母様に魂の呼びかけをすれば、聖母様はもう隠れていることはできない。静寂の空から出てきてください。山の谷間から出てきてください。わたしの奥にある魂から出てきてください。わたしの沈黙の岩屋から出てきてください。(5)』神の無限の霊《スピリット》が、聖母様の姿となって、そこかしこに現れているのをわたしは見る。水が凝縮すると氷になるように、目には見えない無限の霊も、わたしの愛という霜《しも》でおおえば、凍結して形をとることができる。あなたにも、昨夜わたしが見た聖母様の美しい目が、見えたらよかったのに。わたしの心は永遠の喜びでいっぱいだ。わたしを見つめ、ときに微笑む、あの目から、わたしの心の小さなカップでは受け取りきれないくらいの喜びと愛をわたしはいただいた。わたしは聖母様に語りかけた。『おお、でも人々は、あなたは現実でないと言う！』すると聖母様は微笑んだ。わたしは言った。『あなただけが現実であって、ほかのすべては現実ではありません。』すると聖母様はまた微笑んだ。わたしは祈った。『おお、聖母様、あなたが皆にとっての現実になりますように。』そしてわたしは、同席した数人の者たちの額に聖母様の御名《みな》を書いた。サタンが、彼らの人生を乗っ取ることはできないだろう。」

師はなぜ神を聖母様と呼ぶのか、と思う人もいるでしょう。師は、あるときは神を父と呼び、あるときは母と呼びました。究極的な意味で、神に形はありません。しかし神を求める人は、自分にとって、もっとも魅力ある神のお姿を選んで礼拝してもよいのです。ときには私たちは、神を絶対的な無限の霊《スピリット》として考えたいと思います。しかしほとんどの場合、人類は、神を形あるものとして考える方を好みます。なぜなら私たちは、形あるものに閉じ込められて多くの生を経てきたので、神にも特徴ある性質があると思わないではいられないのです。歴史の始まり以来、人は「絶対の神」をある姿に押し込んできました。これは偶像崇拝ではありません。私たちはキリスト意識を、イエスの美しい姿に置き換えましたが、「無限の神」をそこに制限することはできません。ところでイエスの姿を見ると、多くの人が高揚感を覚えるのはなぜでしょう？　それは、イエスの慈悲と許し、人類に対する驚くべき愛の特質を思い出すからです。姿を見なければ、それだけのことを感じなかったかもしれません。

師は続けて言われました。「ものすごい喜びを、わたしは一日中感じている。昼が夜になろうと、時間をまったく忘れてしまった。もう瞑想する必要もない。なぜなら、瞑想の対象とわたしが一体になってしまったからだ。ときに呼吸し、ときに呼吸しない。ときに心臓が動き、ときに止まる。わたしはあの一つの意識以外のすべてを捨て去ったことがわかる。この肉体のエンジンが動いていようがいまいが、神の偉大な光が見える。わたしの喜びはそれほどすごい。」これが、神との霊交を果たした誰もが体験する、究極のゴールです。そのような人は、自分が肉体をまとってその中にいても、自分の意識は肉体を超えて拡大していることに気づきます。

最後に、師のお考えを、皆さんに読んであげましょう。「たとえあなたを救うために、神が一万人のイエス・キリストを送ったとしても、あなた自身が努力しなければ、あなたは救われない。自分で自分を助けなければ、どんな偉大な魂もあなたを助けることはできない。あなたはすでに神の子である。努力しなさい、神の法を知りなさい、そして毎日瞑想しなさい。あなたは聖なる目標に到達するだろう。朝と夕に瞑想しなさい。もっともっと深く瞑想しなさい。夜遅く、そして深夜に瞑想しなさい。たくさん眠る必要があるとは考えなくてよい。」これは本当です。非常に深く瞑想した人なら、深い瞑想中、睡眠時に潜在意識状態に入るよりもはるかに、体と心が完璧に休息していることをご存知でしょう。睡眠中私たちは夢を見ます。私たちは必ずしも体と心を休めていないのです。しかし、深い瞑想中は、体と心は完全な静寂、完全な平和の状態に入ります。

もし、真に神を求めるのなら、神への願望の中に深く潜り込まなければなりません。心を尽くして神を愛しなさい。あなたは神だけを求めていることを、神にはっきり示しなさい。神を探し求めなさい。なぜなら、神と一体であることを知るまでは、この世界の二重性に、この世の苦しみに、縛られるからです。神は人類のこの苦しみを引き起こしていません。私たちは神の不可欠な一部分であって、そのことを悟らなければ、私たちは絶対に幸福になりません。私たちが苦しむのは、自分を神から切り離してしまったからです。私たちは孤独を感じ、不安を感じます。この有限の肉体に何か起こると心配になります。なぜなら、自分という存在が途切れることなく循環していくのが見えないからです。自分という存在は、無限なのです。あらゆる苦しみは、自分自身をこの肉体だと考えた結果です。貧困への恐れであれ、病気や未知のものへの恐れであれ、苦しみとは、私たちが神を知らないことの結果なのです。

自分が不滅の魂であることを悟り始めると、自分が火にも燃やされず、水にも溺れず、銃弾にも打ち砕かれないことを知ります。(6) 不滅で、永遠で、破壊されない本質を人に悟らせること、これがヨガや宗教の意味なのです。真理はすばらしいものです。真理について無限に語ることもできるし、数語でまとめることもできます。人類すべての人を神に帰らせるよう助け励ますのが真理です。

神にえり好みはありません。神は偉大な聖人たちを愛するのと同じくらい、私たち皆を愛してくださいます。凡人と聖人の唯一の違いは、聖人は、決して努力するのをあきらめなかったのです。聖人は倒れるたびに起き上がって言いました。「気にしないで努力し続けよう。わたしは真理と愛と英知を見つける決意をしている。わたしは神を見つける決意をしている。」

そのようにするのが、あなたの目標であるべきです。汝はほかの神を持つべからず。心の内側で神を探しながら、人生の毎日を神に奉仕することで、外側にも神の探求を表現しなさい。あなたの前に開かれたどんな方法でもよいのです。

神はあなたが心の中で思っているのと同じだけ、あなたの近くにおられます。神はあまねく存在します。神があなたと一緒におられることを、この瞬間に受け入れるなら、閉じた目のすぐ背後に、神がおられるのを感じるでしょう。そのことを瞑想しなさい。そうすれば、いつか人生で、このことが実現するのを目の当たりにするでしょう。

（1） 出ジプト記 20章3、5節
（2） マタイによる福音書 7章1節
（3） 「おお、何らかの力が私たちに能力を与えてくれたとしたら／他人が私たちを見るように、私たちが自分自身を見る能力を！」
（4） ダヤ・マタはここで、『バガヴァッド・ギーター』に登場する戦士は、各人の内で葛藤する善悪の傾向を表すというパラマハンサ・ヨガナンダの解釈を用いている。「聖なる肉体の領域（善悪の行動が繰り広げられる地）

に集まった、わが対立する性質は何をしたのか？　絶え間ない闘争において、今日はどちらが勝ったのか？　わたしの子供たち（不正で魅惑的な悪の傾向と、それに対抗する自己訓練と分別の力）よ、さあ、われに語れ、対立する性質は何をしたのか？」（出版部注）

（5）『Cosmic Chants』から

（6）「どんな武器も魂を貫くことはできない。どんな炎も魂を焼くことはできない。どんな水も魂を濡らすことはできない。どんな風も魂を枯らすことはできない。」（バガヴァッド・ギーター　2章23節）（『God Talks With Arjuna』の中のパラマハンサ・ヨガナンダの訳より）

第二十二章　師、パラマハンサ・ヨガナンダとの日々

インドとアメリカでの講話から引用した回想録

あらゆる人の心は愛を求めています。そしてあらゆる人間愛の形——親と子、夫と妻、主人と召し使い、友人と友人、師と弟子など——は唯一の愛である神より生じました。

また、あらゆる人の心は幸福を求めています。幸福が人生の目標です。ある人は、「私の目標は事業の成功である」とか、「私の目標は美しい音楽をつくることだ」と言います。しかし、たとえそれが無意識のうちであっても、自分の特別な欲望を達成することで幸福を得たいと思っているのです。幸せになりたい、愛したい、愛されたいという願いは、私たちのあらゆる野心や活動の背後にある原動力となっています。

これまでインドの賢者は、神は常に存在し、常に意識し、常に新しい至福であると言ってきました。私たちの求める幸福、すなわち永遠に変わらず決して色あせない喜びは、神の内に見いだされると述べています。それなら、神はどこにおられるのでしょうか？　神の尊い似姿は、あらゆる人の中に魂として宿っています。私たちは注意や探究心をこの世の物ごとに向けてきたので、魂を悟るという聖なる平和を知りません。地上で得られる幸福は、一時的で過ぎ去るものであることを、私たちは覚え

ておかなければなりません。神の至福のみが永遠に続くのです。

　最も純粋なかたちの愛と喜びは、神の内にのみ見いだされます。でも私たちは、それをどこか他のところに求めているのです。ところが、厳しい試練や大きな悲しみに直面すると、私たちは神のことを考え始めます。そして、少しの時間を礼拝――祈りやプージャやマントラの吟唱――に捧げ始めるのです。しかしやがて、そういう外面的な儀式には、満足できなくなる時がきます。もしも心があちこちにさまよっていたら、祈っても効果はなく、マントラを繰り返しても、ジャパを行っても、魂が熱望してやまない神からのお応えをいただくことはできません。

神は自分で体験しないとわからない

　チェリモヤという、とても甘い果物があります。丸い形をしていて、皮は緑色です。中には白い柔らかな果肉があり、所々に大きな黒い種があります。この果物について皆さんに説明しましたが、実際チェリモヤとは何であり、どういう味なのかわかりますか？　見たことも食べたこともなければ、私の説明を聞いただけでは、わからないと思います。

　主なる神についても同じです。聖人やリシ[1]は、神の体験を説明しましたが、単にその説明を読んだだけでは、神を知ることはできません。私たちは、人の説明だけで神を悟ることはできません。長く深い瞑想での大いなる至福の境地のなかで、自分自身で神の存在を体験しなければなりません。

一般の人は常に、心配や責任、この世の楽しみへの欲望で忙しすぎて、神に心を向けることがありません。たとえ、主なる神に注意を向けて内なる平和を探そうと、毎日少しの時間を割いたとしても、十分深く瞑想できないので、うまくいきません。

師《グル》に捧げた愛はすべて神に渡る

霊性修行《サーダナ》では師《グル》が必要です。真の師《グル》の心は、常に宇宙の愛するお方にとどまり、没頭しています。ラージャ、ギャーナ、カルマ、バクティ・ヨガ(2)の、どのヨガに従おうと、師《グル》の意識は神と一つです。弟子が師に捧げる愛をすべて、師は主なる神に捧げます。師は弟子の心を自分にではなく、天の父へと導くのです。

私の尊い師、パラマハンサ・ヨガナンダは、そのような偉大な人物でした。弟子たちが、ご自分の人柄にとらわれたり頼ったりすることを、決して望まれませんでした。私たちが主なる神のみを愛し、探し求めることを望まれました。私たちの考えを常に神へ向け、私たちの心が一日中神に同調できるようにと、訓練されました。私たちの心が、何か外部のことにとらわれているのをご覧になると、師は私たちをお叱りになりました。頭は常に神への思いに酔いしれ、唇は常に神について語り、心は常に神のために歌うようにと、師はお教えになりました。私たちは師の中に、どうすれば自分の全存在を神に没頭させられるのか、という真の手本を見ていました。

ニルビカルパ・サマディでの体験

師は生涯の最後の日々を、一九四八年六月から始まった、途切れることのない神の至福、すなわちニルビカルパ・サマディ(3)の中で過ごされました。私は光栄なことに、数人の方と、師がこの状態に入られたときに居合わせていました。夕方近くに、師はご自分の部屋に私たちを呼ばれました。大きな椅子に座られて、ちょうどマンゴーを食べようとされていました。突然、師の心は至福のなかに飲み込まれていきました。そして一晩中、サマディの状態にありました。このことを目撃したのは驚きであり、霊的変容を起こす体験でした。もちろん私たちはそれまで、師がサマディに入っているのを見てきましたが、この特別な体験の間に、大きな奇跡が起こりました。師は、聖母様に質問を提起しました。すると聖母様は師の声を使ってお答えになりました。その晩、聖母様が師をとおしてなさった、世界の事件や、セルフ・リアリゼーションの教えの普及についての多くの予言は、その後実現しました。

私は神の存在のはっきりした証拠を求めて、「疑い深いトマス」になることがよくありました。その夜、あらゆる疑いは永遠に取り除かれました。私の意識は、最愛の神へのあこがれと熱愛で燃え上がりました。聖なる師《グル》を通じて、そのお方の声を聞き、その愛を感じたのです。

サマディの後で、師はおっしゃいました。「わたしは、聖母様がわたしの人生をどうなさるのかわからない。わたしをこの地球から連れ去ってしまわれるのか、それとも団体の仕事を辞めさせ隠遁させたいのか。」師は砂漠の黙想所へ行き、それ以来ずっと、ほとんど隠遁して過ごされ、瞑想と書き物にご自分を捧げられました。

師との最後の日々

一九五二年二月の最後の週、ロサンゼルスで開かれるスリ・ビナイ・ランジャン・セン（インド大使）の歓迎会で講演してほしいとの招待状を、師は砂漠で受け取られました。三月一日、師はロサンゼルスの本部へ戻られました。三月三日、私たちは師の指示で、大使のために何時間もかけて特別のお菓子やカレーを用意しました。大使は翌日、賓客としてセルフ・リアリゼーション・フェローシップ本部に招かれる予定でした。

その晩遅く、準備がほぼ終わりに近づいた頃、尊い師から、ともにホール内を歩こうと誘われました。師は立ち止まって、ご自身の師、スワミ・スリ・ユクテスワジの絵のそばに座られました。そしてご自身を神へと導かれたその偉大な魂について、なんとも愛しそうに語られました。

それから師は私におっしゃいました。「あとわずか数時間で、わたしがこの体を去るということを、理解していますか?」大きな悲しみの痛みが、私の心を貫きました。その少し前に、まもなく肉体を去られると師がお話しになったとき、私は師に申し上げました。「グルジ、あなたなくして、私たちはどうするのでしょう? あなたは、『私たちの心』そして『あなたの団体』という指輪に輝くダイヤモンドです。ダイヤモンドの美しさのない指輪に何の価値がありましょう?」すると、この偉大なバクタ[4]から答えが返ってきました。「このことを覚えておきなさい。わたしが去ったら、愛だけがわたしの代わりとなる。昼も夜も、神への愛に没頭していなさい。そしてその愛を皆に与えなさい。」

そのような愛が欠けているために、世界は悲しみであふれているのです。

最後の日(三月七日)、師のお部屋に入ると、安楽椅子の上に瞑想の姿勢(蓮華座)をとって静かに座っておられました。私がおそばにいくと、沈黙を望んでいることを示すために、口に指を当てられました。師の心は非常に深く引きこもっていて、神に潜心していました。その部屋は、平和と愛の力強い波動を放っていました。夕方になって、大使の歓迎会が催されるビルトモア・ホテルへ出かけられました。その夜、師は、神への愛について穏やかな熱情をこめて話されたので、全聴衆の意識は、別次元に引き上げられてしまいました。皆、間違いなく、主なる神の存在をこれほど親密に語る人の話を、聞いたことはなかったはずです。

その何年も前に、師は予言していました。「わたしがこの肉体から離れるときは、神と愛するインドについて語りながら去るだろう」と。そしてその通り、私たちの師のこの世での最後の言葉は、神とインドについてでした。師はご自分の詩『わがインド』から引用されました。「ガンジス川、森、ヒマラヤの洞窟、そして人々が、神を夢見る地よ――わたしは清められた。わたしの体がその土に、触れたから。」この言葉とともに、目をクタスタの中枢(5)へ挙げると、ゆっくりと床に倒れられました。

すぐに私たち数人がそばに駆け寄りました。私たちは、サマディから師を呼び戻すために、耳元でオームを唱えるよう教えられていました。アナンダ・マタ(6)と私は、聖なる師の上にかがんで、オームを唱え始めました。唱えていると、突然大きな平和と喜びが私の上に降りてきました。そして、とてつもない霊的な力が私の体に入るのを感じました。この晩受けた祝福は、以来私から離れたことはありません。

弟子は、精神的にも霊的にも、師《グル》と同調するよう努めなければなりません。神を悟った師の祝福の力に、比べられるものはありません。

師《グル》のサーダナに従う

私たちの聖なる師、パラマハンサ・ヨガナンダが教えた霊的修行《サーダナ》は、聖賢パタンジャリがまとめた

「ヨガの八段階」の適用方法を私たちに示してくれます。まず、ヤマとニヤマ、道徳的・霊的な決まりです。神聖な法則にかなった人生を送るために、すべての人が従わなければなりません。その次にアサナ、つまり瞑想の正しい姿勢で、脊柱をまっすぐにすることです。正しいアサナは、心を神の方へ向けたいときに、体が心の邪魔をしないようにするために重要です。

そしてプラーナヤーマ、つまり生命力のコントロールです。これは意識が、呼吸によって肉体につながれたままになるのを防ぐために必要です。次は心を内側に向けるプラティヤハーラです。これは、五感をとおして私たちに届く、この世の気を散らすものから私たちを解放します。そうすると、自由に集中と瞑想、つまりダーラナとディヤーナができるようになります。こうしてサマディ、神と一体となる超意識的体験へと導かれます。

主はえこひいきをしません。神は誰でも等しく愛しておられます。太陽は石炭もダイヤモンドも同じように照らしますが、ダイヤモンドは光を受けて反射します。ほとんどの人は「石炭」の心をもっています。ですから神に祝福されていないと思うのです。愛も祝福もすでにあります。人はただ受け取るだけでよいのです。人は信仰《バクティ》によって、自分の意識をダイヤモンドの心に変容させ、神の愛と栄光を受け取り、完全に反射できるようになります。そのとき、人生において平和と満足を得ます。ほんの少しでも瞑想し、私たちの創造主である神を心から愛することは、人々の心に平和をもたらします。そうすれば、世界情勢は本当に改善するでしょう。

心からの信愛を師《グル》に捧げ、師から無条件の神聖な愛と友情を受け取ることによって、私たちは、神を心から愛するとはどういうことかを学ぶのです。師《グル》は私たちの内に、神への真の愛を目覚めさせ、どのように神を愛するかを教えてくれるのです。

（1）神を悟った聖者。

（2）それぞれ、「王者の」・哲学による・戒行による・信仰による、神への接近法。

（3）サマディは至福の超意識状態で、そのときヨギは、個別化された魂と、宇宙の無限の霊《スピリット》が一体であることを悟る。ニルビカルパ・サマディはそのなかでも最高の恍惚境で、もっとも進歩した大師によってのみ体験される。より低次のサマディを特徴づける、肉体の硬直やトランス状態は、ニルビカルパ・サマディでは必要ない。この最高の恍惚境にある大師は、内なる神の悟りを失うことなく、通常のあるいは過酷な活動をすべて行い続けることができる。

（4）神を愛する人。

（5）眉間にある、神の気づきまたはキリスト意識の中枢。

（6）アナンダ・マタは、スリ・ダヤ・マタの妹であり、一九三一年以来、パラマハンサ・ヨガナンダの忠実な弟子であった。一九三三年に十七歳で僧院に入った。彼女は二〇〇五年に亡くなるまで、ＳＲＦ／ＹＳＳ理事会の役員であり理事であった。

第二十三章　信仰の道

一九六五年四月十三日
カリフォルニア州ロサンゼルス、SRF国際本部にて

神を見つける最も容易な道は、信仰によるものです。容易な道を行こうとする人は誰でも、この特質を養うことに全力を注ぐべきです。しかし信仰と同時に、分別力も養う必要があります。私たちの師《グル》、パラマハンサ・ヨガナンダは、なすべきときになすべきことをするのが、分別力であると定義されました。

霊的な分別力によって、自分の考えが一点に絞られます。そのような分別力によって、どんな活動をしているときも、私たちはこう自問自答します。「これは私に、より大きな神の気づきを与えるだろうか？」また分別力によって、神へと導かない行動には、「ネティ、ネティ（これにあらず、これにあらず）」と言えるようになり、そのような行動を避けようと誓うことができるようになります。分別力が告げる、神へと導かれる行動に対しては、「私はこれを忠実に行おう」と言えるようになります。信仰プラス分別力という、二つの基本的原則に従えば、これが神を見つける最も容易な道の構成要素だと分かるでしょう。当然、私が言う信仰には、師《グル》より与えられた瞑想の技法を実行することも含まれています。

人を勝ち取るための、最も容易な方法は何でしょうか？　理性ではなく愛です。ですから、聖なる友である神を得るための方法は当然、神を愛することになります。愛こそ、この世で私の探し求めていたものです。私は愛のために生きてきました。でも完全な愛が欲しかったのです。そして、人間に完全な愛を求めるのは間違いだと気づきました。なぜなら人間自身、完全ではないからです。今日の世界の問題の一つは、夫婦・子供・家族が、お互いに愛が得られないと不満を言うことです。愛が欲しければ、まず愛を**与えなければならない**ことを、じっくり考えようとはしないのです。ただ誰かから愛を得ようとするだけでは愛は得られません。あなたは与えなければなりません。そうすれば受け取るでしょう。

　そして、神を望むなら、最初にあなたが、神に愛を与えなければなりません。そうすれば、お返しにあり余るほどの愛を得られるので、この世の不完全な愛を求めて泣き叫ぶようなことはなくなるでしょう。

　友人や親や子供や夫婦の間の、理想的な愛の話を読むと、私はいつもこのように思います。「愛する神よ、人間関係がこんなに美しくなり得るのなら、このような様々な形の愛の源である、あなたとの関係は、どんなにもっと美しくなることでしょう！」そう考えると、どれほど励まされ、勇気を与えられることでしょう。でも、このように神の特質について考えるだけでは、神は見つかりません。神の特質を感じ、集中し、神の性質について瞑想するよう努力して、神の性質が、自分自身の体験の一部となるようにしなければなりません。愛としての神を知るためには、自分に信仰を呼び起こすような、ある特別な思いを取り上げるべきです。そして、感情をより深めるために、深い瞑想をして、長時間その思いに浸りなさい。

神への愛は人を感動させるためではなく、神だけのため

バクティ、つまり信仰の道を歩む求道者は、しばらくの間、感情的な状態を経験することがあります。しかし心から真剣であれば、外面的な熱情はしだいに消え、その代わりに、より深い内面的な信仰の意識状態になるでしょう。信仰の道を歩んだ多くの聖人の伝記の中で、このようなことを読んだことがあるでしょう。大きな感情的な時期があり、涙は流れ、求道者は時々意識を失うことさえあります。でも、我慢強く、心から真剣であるなら、また、人を感動させようと思っていないなら、しだいに心は内側に吸収され、自分の感情を表に出すことがほとんどなくなります。

ある求道者は、少しの信仰体験をしただけで、意識的または潜在意識的に、人に印象づけようとして、人のいる場所で見せびらかそうとします。そのように誇示することで、真の信仰の気持ちを失ってしまいます。そういう初期の感情的な段階に入ったら、こう自分に問うべきです。「私は誠実であるだろうか？」いつもこのことを思い出しなさい。求道者は正直に自分を分析すべきです。「私は誰

かを印象づけようとしているのか？　誰も見ていない一人のときも、人と一緒にいるときと同じくらい、私の神に対する気持ちは、心から感情のこもったものであるだろうか？」最初にすべきこと、それは自分に正直になることです。もし一人でいる時でも、涙が流れるくらい深い気持ちがあるとわかれば、その人の信仰は正しい道を歩んでいます。しかしその反対に、人といるときの方が感情が強いと分かったら、心の中でちょっと客観的にながめてみて、自分は実は「大きな霊的進歩」で周りの人を印象づけようと思っているのではないかと、自問自答してみるべきです。もしそうだと分かったら、一生懸命深く神に祈りなさい。「おお主よ、あなたに対して感じているこの信仰の輝きを、私が汚すことがありませんように！　私が外に見せびらかすのをやめるよう助けてください。あなたへの愛を誰にも見えないようにしてください。あなたへの愛が、あなたと私の間だけに隠されて、神聖なものになりますように。」このように、外向きの考えや感じ方を、内向きに振り向けるべきです。

求道者が心から神を愛するとき、その信仰が深く純粋になるとき、この世のことは忘れてしまいます。世間が自分を気違いと思おうと、聖人と思おうと、また世間が自分を受け入れようと拒絶しようと、もはや気にしません。ただ、神の愛を感じ、その愛に浸っていたいだけなのです。その意識の中で、たまたま涙が自分の頬をつたうとき、一瞬心が外に向かったとしても、その涙を神のほかの誰にも見られたくないと思います。そういう求道者は、自分が正しい道を歩んでいるとわかりますし、信仰がしだいに深まり、心はより引きこもって、より内側に向かいます。しかしそうなっても、心は時々外へ向くことがあります。

至福こそ人の究極のゴールである

人間は理性と愛の存在です。人の魂の中には理性と感情の両方があり、どちらも陶酔的です。いつか師がこう言っておられたのを思い出します。「わたしが英知の状態にあるときは、理性が最優位にあって、信仰は意識していない。わたしが信仰の状態にあるときは、信仰が最優位にあって理性は弱く感じる。」しかし、愛と英知の両方が、聖なる至福の陶酔感を与えます。

あらゆる人間は至福を求めています。至福が人生の唯一のゴールです。そして至福とは神——常に存在し、常に新しく、常に気づいている至福です。これは魂の性質でもあります。あなたは言うかもしれません、人はこれとは違うたくさんのものを求めていると。しかし人は、自分の求めているどんなものからも、また、自分が求めるものを達成することから、唯一の体験を得ようと望んでいるのです。それは、喜びつまり至福を望んでいるのです。もし人が愛を求めるなら、悲しみを求めているからではありません。愛される喜びを体験したいのです。もし人が英知を求めるなら、限界を求めるからではありません。全知になったことで生まれる陶酔感からもたらされる喜びが欲しいのです。なぜ人は黄金を求めるのでしょう？　黄金やお金はそれ自体、何の意味も持ちません。何でも欲しいものを手に入れることによって生まれる満足感の喜びを人は得たいのです。名誉を求めるのは、「私は全能だ」、「私は永遠だ」と感じる喜びが欲しいからです。何を求めるにしても、人の究極のゴールは至福なのです。

魂の本質は力であり、至福、愛、永遠の意識、全知、遍在です。だから人は、この世で求めるものすべての中に、自分の本質の一部であるこのような特質を、体験しようとしているのです。よく分析してみてください。名誉欲とは、ここにいるあいだ有名になりたい、この世から去っても記憶の中に生き続けたい、という不滅への欲望に過ぎません。人は自分の魂の本質を体験したいと思うがゆえに、これらのものを求めるのです。

そのため、人が物質世界の満足を、必死に求めることは許されるべきです。満足を求めることは間違いではありませんが、往々にしてその求め方が間違っています。永遠なるものは、一時的なものの中には見つからないのです。

絶対的な満足を得る方法は、ただ一つです。キリストは知っておられたので、こうおっしゃいました。「まず神の国と神の義を求めなさい。そうすれば、これらすべてのものは、加えて与えられるだろう。」もし神を探し求めれば、あなたの切望するものはすべて、神の内に見つかるでしょう。あなたは永遠なる神の内で満たされるでしょう。なぜなら、永遠なる真の自己を見つけるからです。

１９６３年 ラニケットに近いヒマラヤ
マハアヴァター・ババジの洞窟にて、深い霊交のうちに

「静寂の声が、神の存在を声高に語りました。悟りの波が、私の意識の中に注ぎこまれました。そしてその日に祈ったことは、のちに叶えられました。」

1967年 ランチにて。神への愛に満ちたバジャン(神を歌で崇拝すること)に没頭したマタジの意識は、サマディの深い内的状態へ没入した。

「『おお神よ、自分の心の中で、この広大な内なる寺院で、どれほどのことを体験できるかを、世界の人々が知ることができたなら!』それは、肉体と関係なく、魂を焼き尽くして、日夜その意識状態にとどまっていたい、としか考えられなくなるほどの、完全な満たされた感覚なのです。」

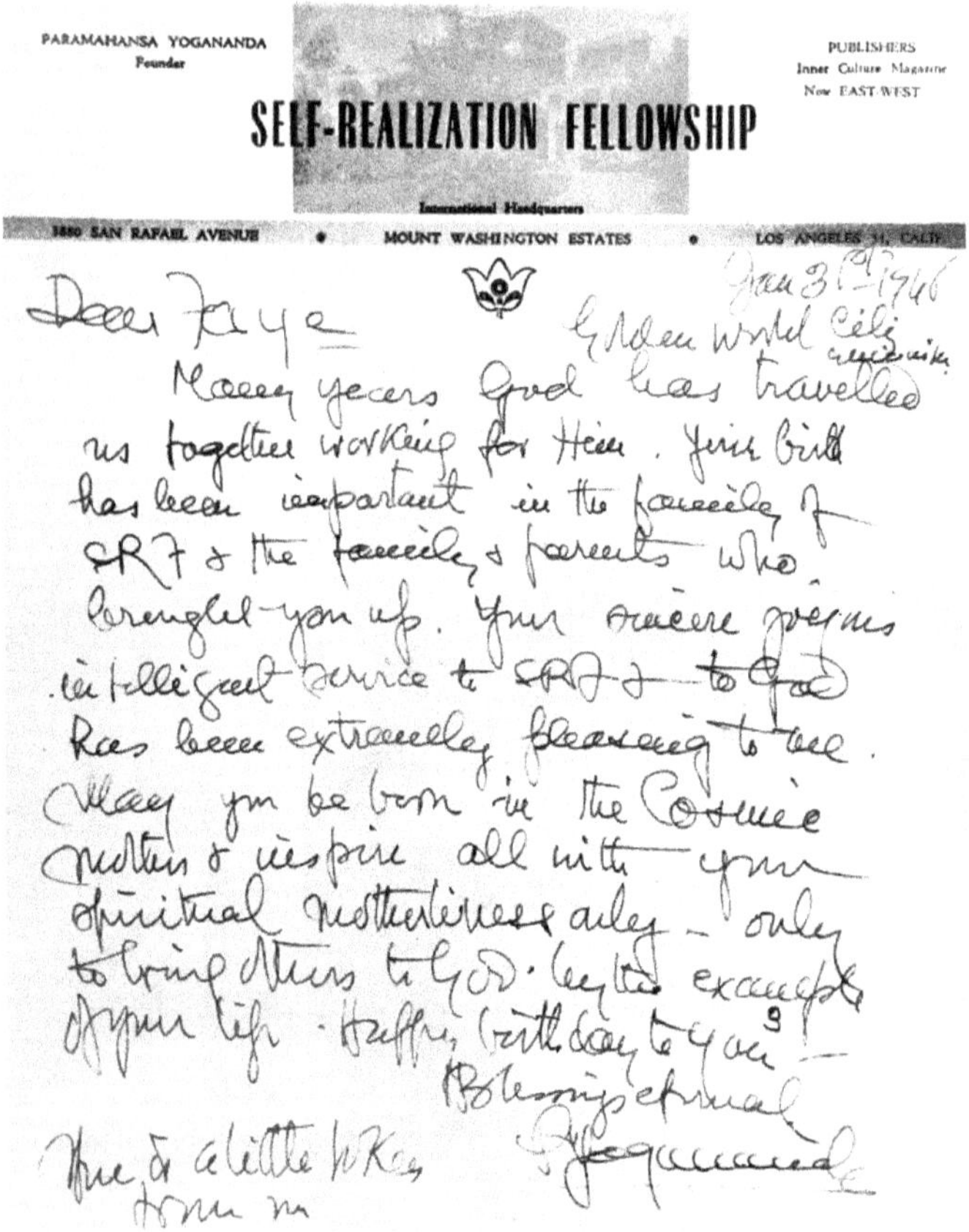

PARAMAHANSA YOGANANDA
Founder

PUBLISHERS
Inner Culture Magazine
Now EAST-WEST

SELF-REALIZATION FELLOWSHIP

International Headquarters

3880 SAN RAFAEL AVENUE • MOUNT WASHINGTON ESTATES • LOS ANGELES 31, CALIF.

Jan 31st 1946
Golden World Colony Encinitas

Dear Faye

Many years God has travelled us together working for Him. Your birth has been important in the family of SRF & the family & parents who brought you up. Your sincere joyous intelligent service to SRF & to God has been extremely pleasing to me. May you be born in the Cosmic Mother & inspire all with your spiritual motherliness only — only to bring others to God by the example of your life. Happy birthday to you!

Blessings eternal
P Yogananda

[illegible]

1946年1月31日
ダヤ・マタの誕生日にパラマハンサジが送った手紙

「何年もの間、神は、神のために働くわたしたちを、一緒に旅させてきました。あなたの誕生はSRFの家族と、あなたを育てた家族と両親にとって重要です。SRFと神に対する、あなたの真剣で、喜びあふれる、賢明な奉仕は、わたしにとって非常に喜ばしいことです。あなたが宇宙の母のうちに誕生し、霊的な母親となってすべての人に感化を与えますように——あなたの人生が模範となって人々を神に導く、ただそれだけのために。お誕生日おめでとう。永遠の祝福をこめて。」

第二十四章　マハアヴァター・ババジの祝福

一九六五年八月二十四日
カリフォルニア州エンシニタス、ＳＲＦ僧院にて

スリ・ダヤ・マタは、インドのパラマハンサ・ヨガナンダの僧院を訪問した際に（一九六三年十月—一九六四年五月）、マハアヴァター・ババジ(1)が肉体をまとって滞在していた、ヒマラヤの神聖な洞窟を巡礼した。その後しばらくの間ダヤ・マタは、公の集まりの場で自分の体験を話すことを控えていた。しかし、エンシニタスでのこのサットサンガで、一人の会員が、ババジの洞窟行きの話をマタジに求めたとき、「聖なる意志」が話すように促した。以下は皆の励ましとするために、ダヤ・マタが語った言葉である。

パラマハンサ・ヨガナンダとマハアヴァター・ババジの間には、特別な関係がありました。パラマハンサジはババジについてよくお話しになりました。また、インドを出発して渡米する直前に、マハアヴァターがカルカッタで出現なさったときのことを(2)、しばしば話しておられました。師がこの偉大なアヴァター(3)について語られるときはいつも、それはそれは深い信愛と尊敬の念を込めて語られたので、私たちの心は、神への聖なる愛と憧れで一杯になったほどです。ときには私の心臓が張り裂けそ

うに感じたほどでした。

師がお亡くなりになった後、私の意識の内で、ババジへの思いがだんだん強くなっていきました。もちろん、ババジ以外の敬愛するパラムグル(4)の方々には当然、愛と尊敬を感じていたのですが、心のなかでババジへ特別な気持ちを感じるのはなぜだろう、と考えることがありました。この特別な親密感をかき立てるような、何か特別な働きかけを、ババジから受けた覚えはありませんでした。自分はまったく分不相応と思っていましたから、神聖なババジに個人的にお目にかかるなど、まったく期待していませんでした。たぶんいつか将来に、こういうお恵みが私に来るのかもしれないと思っていました。私はこれまで霊的体験を望んだり、求めたりしたことはありません。ただ、神を愛し、神の愛を感じたいだけです。神と愛し合うことに私の喜びがあります。私は人生で、それ以外のごほうびを求めません。

前回、私たちがインドに行ったとき、同行者のうちの二人(5)が、ババジの洞窟を訪問したいと私に言いました。初め私は、そこに行きたいという深い個人的な希望はありませんでしたが、問い合わせてみることにしました。洞窟は、ラニケットの向こう、ヒマラヤのふもと、ネパールとの国境近くにあります。デリーの役人は、北国境付近は、外国人は立ち入り禁止だと言いました。そのような旅行は不可能のようでした。でも私はがっかりしませんでした。それまで、あまりに多くの奇跡を見てきたので、聖母様は、お望みなら何でも実現する力を持っていらっしゃることを、はっきり知っていました。それにもし聖母様がお望みでないのなら、自分としては、この旅行を望む気持ちはありませんでした。

一、二日後に、ヨガチャリヤ・ビナイ・ナラヤン氏[6]が、ババジの洞窟のあるウッタル・プラデーシュ州の首相と知り合いであると私に話しました。州首相は、私たち一行がその地域に入れるよう特別の許可をくれました。二日以内に、旅の準備は整いました。私たちは、山の冷たい気候に合うような防寒具を持っておらず、普段の木綿のサリーと、肩にかける毛織りのチャドル（ショール）だけでした。私たちは熱心さのあまり、ちょっと無鉄砲でした！

ウッタル・プラデーシュ州の首都ラクナウまで列車に乗り、夜の八時頃、州知事邸に着きました。そこで州首相や他の来賓と一緒に、夕食をご馳走になりました。十時には、州首相に付き添われて、カトゴダム行きの列車に乗っていました。小さな駅に着いたのは、ほとんど夜明け近くでした。そこからさらに車で、私たちのような巡礼のための宿泊施設のある、高原避暑地のドワラハットへ行かなければなりませんでした。

ババジからの聖なる約束

しばらくの間、私はカトゴダムの駅で一人きりで座っていました。他の同行者は、外で車を待っていました。私は、深い気持ちと愛を込めて、インドでジャパ・ヨガと呼ばれる、何度も何度も神の御名《みな》を唱える行をしていました。この行をすると、他の一切の思いが排除されて、全意識がしだいに一つの思いに集中してきます。私はババジの名を唱えていました。ババジのことしか考えられませんでした。言葉では言い表せないぞくぞくする感じがしてきて、心が張り裂けそうになりました。

突然、私はこの世の一切の感覚を失いました。心は完全に別の意識状態に引き込まれました。甘い喜びの恍惚状態の中で、ババジのお姿を見ました。そのとき私は、アビラの聖テレジアが、形のないキリストを「見ている」というのはこのことかと思いました。形のないキリスト、つまり無限の霊が個別化して魂として現れる際には、その存在の「思考の本質」をまとっているだけなのです。ここで「見ている」というのは、物質の大ざっぱな外見を見ることや、ビジョンを見ること以上に、より細かなところまで、はっきりと正確に認識することを意味します。心の中で私はひざまずき、ババジの御足《みあし》に触れました。(7)

ヨガナンダジは以前、私たちに言われたことがあります。「あなた方は、自分の団体の指導者について、まったく心配する必要はない。ババジはすでに、この仕事を主導すべき人を選んでいるから。」理事会が私を会長に選んだとき、「どうしてわたしなの？」(8)と思いました。今、自分がそのことをババジに訴えているのに気づきました。「皆はわたしを選びました。でもわたしはあまりにふさわしくありません。いったいどうしたらよいのでしょう？」心の中で私は、ババジの御足《みあし》のもとですすり泣いていました。

それは優しく、ババジはお答えになりました。「わが子よ、自分のグルを疑ってはいけない。ヨガナンダは真実を語った。彼が告げたことは真実である。」ババジがこの言葉を言われたとき、至福に満ちた平和がおとずれました。私の全存在がその平和に浸っていました。どのくらい時間がたったのか分かりません。

徐々に私は、同行の人たちが待合室に戻っていたことに気づきました。目を開けたとき、自分の周囲がまったく新しい感覚で見えました。思わず叫んだのを覚えています。「そうよ！　わたしは以前ここにいたことがあるわ。」すべてが突然に、見覚えのあるものになりました。過去世の記憶がよみがえったのです！

山に上る車の準備ができました。私たちは車に乗って、曲がりくねった山道を上って行きました。どの光景も、どの景色も私にとって見覚えのあるものでした。カトゴダムでの体験の後、ババジの存在がとても強く感じられていたので、どこを見てもババジがおられるような気がしました。私たちはしばらくラニケットに滞在し、その町の役人に迎えられました。ウッタル・プラデーシュ州の首相から、私たちの到着が前もって連絡してありました。

ついに私たちは、ヒマラヤの丘陵地帯の高所にある、人里離れた小さな村ドワラハットに着きました。私たちは、国営の休憩施設である、巡礼のための小さく簡素なバンガローに泊まりました。その晩、周囲の村から大勢の人々が私たちに会いに来ました。人々は、西洋からの巡礼者が聖なる洞窟を見に来たと聞いていたのです。この地方の多くの人々は、「敬愛する父」という意味の名で呼ばれるババジについて語ります。彼らはしきりに質問を浴びせましたので、私たちは一緒に、ちょうど今ここでやっているようなサットサンガを行いました。ほとんどの人が英語を理解し、わからない人には隣の人が通訳していました。

予知の夢

サットサンガが終わって村人たちも帰り、私たちは瞑想してから暖かな寝袋に潜り込んで休みました。その深夜、私は超意識的体験をしました。突然、巨大な黒雲が押し寄せて、私を巻き込もうとしたのです。そのとき、私は神に助けを求めて叫んだので、同室だったアナンダ・マタとウマ・マタを起こしてしまいました。彼女たちは驚いて、何が起こったのか尋ねました。私はこう言いました。「今そのことは話したくないわ。わたしは大丈夫だから、休んでちょうだい。」瞑想の行を積むと、私たちは皆、直覚という全知の力が発達します。私もこの象徴的体験をとおして、神が言わんとしておられることを直覚的に理解したのです。それはまもなく私がかかる重い病気のこと、そしてまたこれから先、悪の勢力が世界を飲み込まんとする闇の時代に、全人類が直面することを予言していました。雲は完全に私を包むことはできませんでしたが――それは私の神への思いで追い返されました――私が個人的な危機を乗り越えることを、そのビジョンは意味しており、事実その通りになりました。同様に、結局は世界も、恐ろしいカルマの黒雲から抜け出すことを意味しているのですが、その前にまず人類が、神の方に向かうことによって自らの役目を果たさなければなりません。

翌朝の九時に、私たちは洞窟へ向かいました。ここからは、ほとんど歩かなければなりませんでしたが、ときには馬に乗ったり、ダンディに乗ったりすることができました。ダンディと言うのは、木を粗く削った小さな「かご」のようなものを、二本の長い棒にロープでくくりつけたものです。この長い棒を、四人の男の人が肩にかついで運びます。

私たちは上に向かって、歩いて、歩いて、歩きました。ときどき文字通り、はって登りました。多くの場所は非常な急斜面でした。それでも、途中の二軒の休憩所でちょっと休みをとっただけでした。二番目の休憩所は国営のバンガローで、洞窟からの帰りにそこで泊まる予定でした。洞窟に着いたのは、午後五時頃、ちょうど山に日が沈もうとし始めたころでした。太陽の光、いやそれは別の力から来る光だったのでしょうか？　その光があたり一面をおおい、すべてが金色にキラキラ輝いていました。

実はこの地域には、洞窟が数個所あります。一つの洞窟は開けていて、巨大な岩が自然に削られたものです。恐らくラヒリ・マハサヤが初めてババジを見たとき、ババジが立っていたのと同じ岩棚だと思います。そして別の洞窟は、手と膝をついて、はわないと入れません。ここは、ババジが滞在していたと言われる所です。その外観構造、特に入口は、ババジが住んでおられた頃から一世紀以上たっていますので、自然の力で変わってしまっています。この洞窟の奥の部屋で、私たちは長いあいだ座って深い瞑想をしました。そこで大師の方々のすべての帰依者のために、そして全人類のために祈りました。このときほど、静寂が多くを語ったことはありませんでした。静寂の声が、神の存在を声高に語りました。悟りの波が、私の意識の中に注ぎこまれました。そしてその日に祈ったことは、のちに叶えられました。

ここを訪れた記念として、パラマハンサ・ヨガナンダの弟子全員から、聖なるマハアヴァターへの敬意と信愛を示す象徴として、小さなスカーフを私たちは洞窟に残してきました。スカーフには、ＳＲＦのシンボルマーク[9]が刺繍してありました。

暗くなってから、私たちは帰途につきました。たくさんの村人たちがこの巡礼に加わりました。用意周到に、石油ランプを持って来た人もいました。私たちが山を下るとき、神への歌声がわき起こりました。九時頃、この地方の役人の質素な家につきました。その役人は私たちに同行していましたが、ここで休憩するようにと招いてくれました。家の外の焚火の周りに座り、私たちは焼いたポテトや、黒パンや、紅茶をご馳走になりました。黒パンは、灰の中で焼いたもので、これ以上ないほど真っ黒でした。聖なるヒマラヤの、すがすがしい夜風の中でいただいたその食事のおいしかったことを、私は絶対に忘れないでしょう。

洞窟に行く途中に立ち寄った、国営の休憩所に着いたのは深夜でした。ここに一晩泊まる予定でした——さてこの旅の後日談です！　後になって、その地域を夜中に無事通過できたことは、まったく信仰心のおかげであったことを知りました。そこは危険なヘビや、トラや、ヒョウが出没する所なのです。誰もが、暗くなってからそこへ出かけるなど、夢にも思わないのだそうです。しかし「知らぬが仏」と言いますが、私たちには少しも怖いことは起こりませんでした。たとえ危険がわかっていても、安心していたと思います。だからといって、夜にこの旅路を行くようにお勧めしているのではありません。

カトゴダムでババジにお会いしたあの体験は、一日中意識に残っていました。そして、過去に見た景色をふたたび体験している感覚も、常にありました。

「私の本質は愛」

その夜、私は眠れませんでした。座って瞑想していると突然、部屋全体が金色の光に輝いたのです。光は明るい青になり、そこに再び敬愛するババジのお姿があったのです！　このときババジは、こう言いました。「わが子よ、このことを知りなさい。帰依者がわたしを見つけるためにここに来る必要はない。誰でも深く瞑想して、わたしを呼び、わたしを信じる者は、わたしからの応えを得るであろう。」これが、ババジからあなた方へのメッセージでした。まったくその通りです。ババジを信じるだけで、ババジに献身の気持ちをもって静かにババジを呼ぶだけで、あなたはババジからの応えを感じるでしょう。

それから私はこう言いました。「ババジ、わたしの主よ、わたしたちの師はお教えになりました。英知を感じたいときはスリ・ユクテスワジに祈るべきだ、なぜなら彼はギャーナ、英知そのものだから。そしてアーナンダ、至福を感じたいときは、ラヒリ・マハサヤと霊交すべきだ、と教えられました。あなたの本質は何でしょうか？」私がこう言ったとき、おお、私の心臓はものすごい愛――何億もの愛が一つになったような愛――で、爆発しそうになりました。ババジは愛そのものです。ババジの本質はプレム（聖なる愛）なのです。

声はなくても、これほど雄弁な答えはなかったでしょう。さらにババジは、このように語られて、その答えを、いっそう優しく、意味深くされました。「わたしの本質は愛である。なぜならこの世を変えられるのは、愛だけであるから。」

偉大なアヴァターのお姿は、次第に青い光の中に消えてゆきました。私を、喜びのうちに、聖なる愛に包んだままで。

私は、ヨガナンダジが身体を離れる少し前に、私におっしゃったことを思い出しました。私は師に質問しました。「グルジ、指導者亡きあと、たいていの組織はさらに成長することはなく、消滅し始めるものです。あなたなくしてわたしたちはどうやって続けていくことができるでしょうか？　あなたが肉体におられなくなったら、何がわたしたちを支え、霊的な導きを与えてくれるというのでしょう？」師の答えを、私は絶対に忘れません。「わたしがこの世を去ったあと、愛だけがわたしの代わりとなるだろう。神のほかに何もわからなくなるほど、昼も夜も、神の愛に酔いしれなさい。そしてその愛をすべての人に与えなさい。」これはババジのメッセージ――この時代へのメッセージでもあります。

神への愛、そしてすべての人の内におられる神への愛こそ、この地上に恵みを与え続けてきたすべての霊的巨人たちが説く、永遠の教えです。この真実を、私たちは自分の人生の中で実践しなければなりません。人類が明日を不安に思い、嫌悪や利己主義や貪欲が世界を滅ぼそうとしている今の時代に、このことは非常に重要です。私たちは愛、慈悲、理解で武装した、神の戦士になるべきです。これは絶対に必要なことです。

ですから皆さん、私がこの体験をお話ししたのは、あなた方にババジが生きておられることを知ってもらうためなのです。ババジは存在しておられます。ババジのメッセージは、聖なる愛の永遠のメッセージです。私が言っているのは、普通の人間同士の利己的で、狭量で、個人的で、所有しようとする愛のことではありません。キリストが弟子に与えた愛、パラマハンサジが私たちに与えた愛、すなわち無条件の聖なる愛のことを言っているのです。この愛こそ、私たちが皆に与えなければならないものです。私たちは皆この愛を、切に求めています。この部屋の中に、愛を求めない人、小さな親切や理解を求めない人は一人もいないはずです。

私たちは魂です。そして魂の本質は完全です。そのため、完全でないものに、完全に満足することはできないのです。でも完全とは何かを知ることができるのは、私たちの神――あのお方、完全な愛、父、母、友、恋人である神――を知った後なのです。

（1）　神を悟った一連の大師の方々のなかの最高のグル。大師の方々は、クリヤ・ヨガを誠実に実践するセルフ・リアリゼーション・フェローシップ（およびヨゴダ・サットサンガ・ソサイエティ・オブ・インディア）全会員の霊的幸福の責任を引き受けている。

ダヤ・マタが巡礼した洞窟は、一八六一年マハアヴァターが聖なるクリヤ・ヨガを、その偉大な弟子ラヒリ・マハサヤに伝授した当時、滞在していた場所である。その出会いのすばらしい物語は、パラマハンサ・ヨガナンダの『あるヨギの自叙伝』の第34章に記録されている。「ある日の午後、例によって山の中を歩いていると、遠くからわたしの名を呼ぶ声が聞こえてきた。わたしは不思議に思いながらドロンギリ山の頂きを目ざして登っていった…やがてわたしは、両側に転々と洞窟の並んでいる小さな空き地にたどり着いた。見ると、岩棚の上に一人の若い男が立っていて、ほほえみながらわたしを迎えるように手を差し伸べている…『ラヒリ、とうとう来たか！　この岩屋で休みなさい。お前を呼んだのは、このわたしだ。』」　この物語はその後、クリヤ・ヨガの聖なるディクシャ（引導）をマハアヴァターから受けたときの、不思議な状況についてラヒリ・マハサヤが語る話へと続く。

（2）『あるヨギの自叙伝』第37章を参照。

（3）聖なる化身。自分自身は解脱を達成し、無限の霊《スピリット》との完全な合一を果たした後で、人類を救うために自発的に地上に戻った人。

（4）パラムグル、ある人のグルのグルをさす。ここではセルフ・リアリゼーション・フェローシップの一連の聖なるグルの方々、マハアヴァター・ババジ、ラヒリ・マハサヤ、スワミ・スリ・ユクテスワ、パラマハンサ・ヨガナンダを指す。

（5）アナンダ・マタとウマ・マタ。二人ともセルフ・リアリゼーション・フェローシップ／ヨゴダ・サットサンガ・ソサイエティ・オブ・インディアの理事。

（6）のちのスワミ・シャマナンダ。一九七一年に亡くなるまで、ヨゴダ・サットサンガ・ソサイエティ・オブ・インディアのジェネラル・セクレタリーを務めた。

（7）インドの風習。師の足に触れ、それから額をつける。師の霊的偉大さに対する謙遜を意味する。（マルコによる福音書　5章27―34節参照）

（8）ある機会に、パラマハンサ・ヨガナンダはセルフ・リアリゼーション・フェローシップ／ヨゴダ・サットサンガ・ソサイエティ・オブ・インディアの将来の会長の指名について質問を受けた。会長は職務により、ヨガナンダ師を継いで、SRF／YSSの霊的指導者も務めることになっていた。師は答えた。「悟りを得た男性または女性が、常にこの団体の長に就くだろう。すでに神とグルの方々は、将来の会長を知っておられる。」

パラマハンサジは、ダヤ・マタジを将来の霊的な役割のために選んで訓練したが、ダヤ・マタは心の中で、その指名を文字どおりに受け取っていなかった。実際にそのときが来たら、主なる神は必ず自分の代わりに他の人を選ぶだろうと思っていた。しかし、この空しい希望によって、神の意志や師《グル》の明確な望みが、変わることはなかった。ダヤ・マタはまったくその任に適していたが、謙虚さから辞退したがっていたのである。（出版

部注）

（9）　タイトルページ参照。シンボルマークのそれぞれの要素が描写しているのは、（眉間にある）直覚の霊眼である。霊眼をとおして、人は神を見ることが可能となる。外側の輪郭線は、開花した蓮の花を示している。これは古代より、神の覚醒を象徴している。

第二十五章　真理の真髄

一九六三年五月二日
カリフォルニア州ロサンゼルス、SRF国際本部にて

これまで、パラマハンサ・ヨガナンダの僧院で過ごしてきて、師が内弟子たちとの会話の中で、形而上学的な質問について深く探求されたという記憶はあまりありません。それは私たちの方に興味がなかったからでもなく、師にその知識がなかったからでもありません。師は、私たちが頭でっかちにならないように、わざとそういう議論を避けられたのです。師は、私たちが哲学的理論にとらわれることを望まれませんでした。それは、私たちが何よりも神を知ること、神を体験することに、燃えるような熱意をもつのを損なわせないためでした。

同じように私たちは今夜、魂は次々とつくられているのか、それなら今日、神は新しい魂をいくつつくられたのか、というような質問を議論することもできたでしょう。師はご自分の著書の中で、時折このような問題に触れておられます。でも、そういう問題が何にもまして重要だとは考えておられませんでした。なぜなら、真の自己が花開くにつれて、誰でもそのようなことは理解できるようになるからです。神を探求している人は、直接の悟りが得られるまでは、わき道へ逸れて哲学のなかで自

分を見失わないよう用心すべきです。どんなにパラマハンサジの教えに通じるようになっても、まだ師の精神を自分のものにはできないかもしれません。私が力を尽くしているのは、神と師《グル》の精神が、この道の探求者の人生にあらわれるという理想の実現です。そういう弟子たちが、この仕事の未来を支えます。なぜなら、瞑想で師と同調することによって、その精神を自分のものとした人は、真の自己の悟り（セルフ・リアリゼーション）を達成し、知るべき真理のすべてを獲得するからです。もちろん、師の教えは深く学んでください。でも、いちばん大事なことを忘れないでください。師の教える神を、あなたの魂の中で体験することに最大の関心をもち、最高の努力をはらってください。

私は、神の愛に酔う人の足もとに座り、個人的な神との交流について聞くほうが、哲学理論の立派な解説を聞くよりも、はるかに良いと思います。この僧院で四六時中、神が何者で何をしておられるか、といったつまらない議論で時間をつぶしていたら、あなたの心は満たされず落ち着かなくなるでしょう。でも誰かが、体験から少しでも神のことを話すとき、また一緒に瞑想して神の存在を感じるとき、あなたの心は満足し、霊的に成長するでしょう。

覚えておいてください。神以下のものを求めているかぎり、人はまだ迷いと戦っているのです。僧院の中でパラマハンサジが、神でなく他のものを求め始めた人を見つけたときには、迷いから目覚めさせるために、その弟子の道に、可能な限りあらゆる障害物を置かれたものでした。そしてたとえ、弟子が目立つ質問をして、パラマハンサジをあっと言わせようとしても、師は取り合わずにおかれました。しかし、求道者の内に心から神を知りたいと願う磁力を感じたときには、何時間もその人とともにおられました。パラマハンサジは、単に霊的な真理を語るだけでなく、瞑想によって導き、励ましておられました。そして必要があれば厳しい言葉をもって訓練なさいました。そのように訓練をお与えになったのは、弟子の迷いに気づかせ、それを乗り越えるよう助けることが、師《グル》としての義務だったからです。師の使命は、単に神についての知識を増やせるようにすることではなく、魂を神のもとへ導くことでした。

真理は体験してはじめて完全に理解される

ある真理を深く理解しているときや、とても強く愛しているときは、自分の感情をうまく話せないものです。そのように、神のすばらしい体験を言葉で表すのはとても難しいことです。あまりにも神聖で、それ自体で完全なので、そのことを話したくないのです。神聖な体験を言葉にした瞬間、その体験はある程度、不完全さの中に閉じ込められる、と聖者は言います。言葉は不完全な媒体なので、完全さを十分に伝えられません。真理についても同じです。真理、または神について、ただ語るだけで体験がないときには何かが欠けています。たとえば、イエス・キリストの教えです。イエスの教えは、アッシジの聖フランチェスコや、他にも、キリストを愛する偉大な信者が生まれたときに初めて、正しく解釈されたのです。そしてそういう信者たちは、言葉よりも、言葉の背後にある本質を気にかけます。そのような信者の望みは、キリストの精神に生きることです。パラマハンサ・ヨガナンダは、訓練を求めて自分のもとに来た人々に、そのような真理の本質を伝えようとされたのです。

多くの人が積極的に神を探さないのは、神以外のところに本当の幸福は見つけられないことを知らないからです。人は名誉や権力、物質的な富を求めたり、他人から認められたいと思ったりしますが、どれも、魂の無限の可能性を表に出したいという自然な衝動から、そうしているのです。魂は自分の完全な本質――聖なる栄光に満ち、全能であるという本質を知っています。しかし、迷える自我の状態では、この魂の完全さはわかりません。私たちは、魂が生来持っている力と栄光をあらわし出したいという衝動に気づいているのですが、それを誤って解釈しているのです。

欲望を満足させる正しい方法

価値ある目標や望みを抱くことは、間違いではありません。それを限界あるやり方で表現し、満たそうとすることに誤りがあるのです。なぜなら、最後は迷いの中に溺れてしまうことになるからです。このような欲望が湧いてきたら心の中で祈りなさい。「主よ、これらの望みの根底には、あなたの似姿につくられた魂の、無限性を表現したいという望みがあることを私は知っています。愛や、力や、認められたいと望む気持ちを、自分を魂と知ることによって満足させてください。」これは、迷いを克服するために、識別力を用いたすばらしい考え方です。

「まず神の国と神の義を求めなさい。そうすれば、これらすべてのものは、加えて与えられるだろう。」私はそうなることを知っています。何年も前、私がこの道でまだ若い求道者だった頃、キリストがこの言葉の中で、神の偉大なる約束を言い表しておられることに気づきました。つまり、まず主を探し、他の何よりも主を求めれば、欲しいと思っているものは何でも与えられるのです。私は自分の人生で、この言葉が本当かどうか証明してみようと決意しました。疑いが湧いてくるたびに、心の誓い――今生の機会をこの聖書の言葉が嘘か本当か証明するために使おう、という誓いを新たにしました。

霊性の道を歩むのに最も簡単な方法は、哲学の原則、または真理の言葉を取り上げて、その言葉の周りにあなたの人生を組み立てるよう努力することです。聖典や聖者の言葉の中には、あなた方それぞれを鼓舞してくれる、特に大切な真理があります。ただ言葉に刺激されるだけで満足しないように。その真理を生きて、あなたの受けた刺激が深められ、体得できるようになるまで毎日最善を尽くしましょう。

師が最も関心を持たれたのは、弟子の本心――神を体験したいという愛のこもった望みと決意でした。これによって真の霊的教えは生かされ、純粋なままに保たれるのです。世界のどんな知的研究にもそれはできません。なぜなら、神について読み聞きしたことから得られる理解と、神を直接体験することとのあいだに、知性が立ちふさがることがよくあるからです。神の愛と英知を個人的に体験した求道者は、信念を誰からも揺るがされません。「知る人は知る。それ以外の人は知らず。」[1]そのような弟子は、ただ真理を生き、神の存在を感じ、神と一体になりたいと思います。それ以外の野心や欲望はありません。

だから神を見つけること、または心から神を求めようとすることだけでも、すべての欲望の終わりを意味します。なぜなら、神との関係はすべてを満足させるものだからです。神を見つけた人は完全に満たされているので、神から離れた、エゴ的存在としての自分をあらわしたくありません。そのような人は、他の人と神を分かち合い、自分ではなく神への関心を人々の内に呼び起こすという、神のご意志を行うことだけに関心があります。他の人々を、自分の崇める愛する神へと導くことが、その人の最大の喜びです。

深く瞑想し、クリヤ・ヨガを忠実に行い、神を直接体験した人々は、セルフ・リアリゼーション・フェローシップを支える力となるでしょう。神は空間《エーテル》の中に、この活動の青写真を定めておられます。つまり、この組織は神の命[2]により創立され、神の愛と意志が支え導いてゆくのです。私は、そのことを確信しています。クリヤを実習することによって、パラマハンサ・ヨガナンダのあらゆる世代の弟子たちは、それが真理であると知るでしょう。

（1） パラマハンサ・ヨガナンダ『Cosmic Chants』より。

（2） パラマハンサ・ヨガナンダは、『あるヨギの自叙伝』の中で、世界中にクリヤ・ヨガを伝道するために、セルフ・リアリゼーション・フェローシップ（ヨゴダ・サットサンガ・ソサイエティ・オブ・インディア）を設立するに至った不思議ないきさつについて述べている。

第二十六章　アヴァターにカルマはあるか？

一九六五年八月十七日
カリフォルニア州ロサンゼルス、SRF国際本部にて

ある講演の合間に、スリ・ダヤ・マタは次の質問に答えた。「解脱した方々が苦しむのは、過去の悪いカルマによるのか？　また解脱した方々のこの世での行動は、カルマを生むのか？」

人の正しい行為と間違った行為の蓄積された結果が、その人のカルマと言われています。カルマ（行為）の法則は、因果の法則です。蒔《ま》いたものは刈り取らなければなりません。良い行為は、人生で良い結果をもたらします。悪い行為は、否定的な結果や苦しみをもたらします。神とひとつであることを悟り、より高いところに到達した、ごくわずかな魂を除いては、全人類がこの法則に支配されています。イエスやクリシュナのような魂は、地上で苦しむことはありますが、その苦しみが彼ら自身の間違った行為の結果である、とすると論理的におかしな結論へと導かれます。この理論に従うと、苦しむ人類をおつくりになった神は、大変悪いカルマを持っていると仮定しなければならなくなります。そして聖典が説くように、私たちが神の個別化した火花であるなら、私たちの苦しみは、神の誤った行為の結果であり、それゆえに、私たちをとおして苦しんでいるのは神だ、ということになりま

す。しかし、神や、神とひとつになって神の法則を超越したような人に、カルマの法則をあてはめて考えることは論理的ではありません。蛇は牙に毒を持っていますが、自分の毒で死ぬことはありません。無限なる神は、二元性の法則、すなわちマーヤの毒をご自身の中に持っておられますが、その影響を受けることはありません。同じように、神とひとつになっている人にとって、マーヤは関係ありません。二元性の法則に支配されている者のみが、その毒に苦しむのです。偉大な聖者ですら、果たさなければならないカルマの痕跡が残っていることがあります。しかし、魂が解脱して、その後に地上に戻ってきた場合には、カルマの必要性から自由になります。何をしようと、自分も、自分の行為の結果も、完全に制御することができるのです。

大師は怒ることなく厳しくなることができる

例えば、師パラマハンサ・ヨガナンダは怒ることができたというのは、正しくないでしょう。私は師が怒ったところを見たことはありません。でも必要ならば、師は厳しくなることができました。道具の使い方に習熟すると、意図した目的のために、効果的に道具を使うことができます。思いどおりに扱えないと、誤って使うことになります。神は人間に、激しく話したり行動したりできる力をお与えになりました。キリストですらそれをお示しになりました。神殿から両替人たちを追い出したとき、キリストは厳しくされました。[1] キリストは静かに彼らのところへ行って、「さぁ、あなたのしていることは悪いことだよ。子供たちよ、仕事の取引は外でやりなさい」とはおっしゃいませんでした。キリストは机を投げ、売り物の鳩を解き放たれました。同じように、大師《マスター》つまり自分で自分を支配《マスター》した人は、時々いかにも怒ったような態度をとることがあります。しかし、大師は完全に統御してそうしているのです。怒りっぽくて怒りを制御できない普通の人は、自分の感情を支配することを学ばなければ、カルマの結果に苦しむでしょう。

　パラマハンサジは小さい頃一度だけ、自分より年下の少年たちをいじめていた、いじめっ子を怒ったことがあるとおっしゃいました。師はいじめっ子とけんかしてひどくやり合い、それからはもう二度と怒るまいと誓いました。このような怒りでさえ、静めなければならないのです。偉大な魂はこの世に生まれるとまず、子供の肉体と精神をとおして自己を表現します。そこにはある程度、子供としての限界があります。しかし、種の内に花が隠されているように、偉大な魂の内には本質的な神性が隠されています。偉大さの原型がそこにあるのです。ですから師は子供としての怒りを抱きましたが、正当な理由に駆り立てられていたので、その怒りですら潜在意識のなかの英知に支配されていました。

　パラマハンサジに、母親の胎内にいたときの意識があったという事実は、師が尋常な子供ではなかったことを示しています。幾転生も以前に、師は神との合一に到達していました。パラマハンサジは、この世に大師として来られました。でも師はあまりに謙虚でしたので、人々を前に自分のことはあまり語られませんでした。ご自分の偉大さを決して公表なさいませんでした。それが本当の偉大さです。完全に謙虚であれば、自分の偉さのことなどまったく考えないものです。神もまたそうです。神はご自分の聖者たちにさえも、比類なき偉大さを語られません。しかし自然を見れば、神の偉大さを見ることができます。自然界にある神の美しい姿や知性、海の力強さ、山々の雄大さ、宇宙を支配する全能の法則――その中に私たちは、神の語らぬ崇高さを見いだします。

同じように、その人の真の高貴さが、本人の口から語られることはありません。偉大な人々は皆そうであり、師もそうでした。

俳優が役を演ずるように、アヴァターも名前と姿をまとう

しかしながら、地球に人間の姿で現れるためには、大師でさえもある程度の迷いを身にまといます。そうしないと、肉体の原子が結合しないのです。といっても、それはカルマではありません。肉体を顕現させるために不可欠な迷いとは、イエスが十字架に架けられた後、墓から出てこられたときに、マグダラのマリアに言われたことです。「わたしにさわってはいけない。わたしはまだ父のみもとに上がっていないのだから。」[2] 二元の世界に降りてきて、人間の肉体をまとうとき、どの魂でも、キリストでさえも、ある程度の限界を受け入れなければなりません。でも、カルマの法則に強制されること

は、その限界に含まれてはいません。大師は、依然としてすべてのカルマを超えたところにとどまっているのです。

インドの宗教的な伝承には、たくさんの物語があって、あるものは真実であり、あるものは神話です。物語の目的は、深遠で形而上学的な真理を、簡略にして分かりやすく説明することです。例えば主クリシュナの話があります。クリシュナはインドの小さな村の原っぱを、帰依者といっしょに歩いていました。そこで雌豚が子豚たちに乳を飲ませているのに気づきました。母豚は時々、ブーブー言って子豚に語りかけ、子豚たちは満足そうにキーキー鳴いていました。主クリシュナは、このすばらしい母性愛の表現を見て、「わたしはこの雌豚の体に入って、ちょっとその体験をしてみよう」と、この帰依者に言いました。クリシュナの姿は消えて、母豚と一体になりました。

今は、ほとんどの人が、豚にそれほど魅力を感じないでしょう。しかし私は小さい頃、祖母の農場を毎年夏に訪れたとき、小さなピンクの子豚ほどかわいく愛らしいものはないと思いました。子豚はかわいくて、それはきれいで愛らしいものです。私たちは、家の前の芝生の上に子豚を連れていき、何時間も遊びました。ですからこの話を最初に聞いたときに、主クリシュナの感じたことを理解し、共感することができました。

何ヵ月か経ってその帰依者は、クリシュナのことが心配になり始めました。まだ戻ってきていなかったのです。クリシュナと別れた野原へ戻ってみました。すると、子豚に囲まれて幸せそうな母豚が見えました。「私の主クリシュナよ、何をしておられるのですか？　その体からすぐに出てくるとおっしゃったのに。」

クリシュナは答えました。「ああ！　あまりに楽しい体験なので、去りたくないよ。」

「私の主よ、あなたはクリシュナです！　あなたはこのような束縛にとどまることはできません。出てきてください！」

クリシュナは承諾しました。「そのとおりだ。槍を持ってきて、この体に刺しなさい。」言われたとおりにすると、クリシュナの姿が豚の体から現れましたが、クリシュナはその体験から、何の変化も束縛も受けていませんでした。

これと同じように、キリストや大師の方々はカルマを持たないし、身にまとった限界によって一時的で表面的な影響を受けるだけです。転生したときだけ、彼らは一時的に、自分を肉体のおりの中に閉じ込めるのです。神には形がありません。神は天のどこかの玉座に座っている白ひげの老人ではありません。神は霊《スピリット》であり、無限であり、制約を受けません。一時的に神が肉体をまとうとき、限界があるのはその肉体だけです。

偉大な方々は、役を演じるためだけに地球へ来られるのですから、その方々にカルマはありません。イエス・キリストはしばらくのあいだ肉体による束縛を受けました。そして十字架に架けられるときが近づくと、神のご意志に従って演じることになっている、自分の役を知りました。それは、魂が不滅である証しを示すことでした。イエスは言いました。「この神殿を壊してみよ。そうしたらわたしは三日のうちにそれを建て直すであろう。」(3)イエスはその力を持っていました。しかし、キリストが苦しまなかった、と言うと嘘になります。もちろんイエスは苦しみました！　その肉体の中にいて、人々がイエスをむち打ち、釘や茨《いばら》の冠や槍で肉を尽き刺したとき、本当の痛みを経験したのです。イエスは痛みがどんなものか知っていました。でなければ、こうは叫ばなかったでしょう。「わが神、わが神、どうしてわたしをお見捨てになったのですか？」(4)しかし次の瞬間、イエス・キリストはその限界という迷妄を克服したのです。このことは、私たちもまた、がんばり続ければ克服できる、という希望を与えてくれます。

私たちの真の強さは自己の明け渡しからくる

「どうにもならないことは我慢するしかない」という諺《ことわざ》があります。この世界で私たちは、もう少し忍耐力を養わなければなりません。弱いあまりに、愚痴をこぼしたり、泣いたり、人生に望みはないと感じたりしないようにしましょう。人生ある限り、望みはあります。絶対に、絶対に心の中であきらめてはなりません。むしろ心の中で、神の御足のもとに、自分自身を投げ出しなさい。神こそが私たちの強さ、力、愛であり、喜びです。真の強さは、そういう自己の明け渡しから生まれるのです。

それは難しいことです。簡単だったら誰もがやっているでしょう。でもこの小さな自己をあきらめることは、大変難しいのです。それを学ぶために、私たちはこの地上にいるのです。

キリストに言えることは、すべての偉大な魂にも言えます。地上での役割を完全に果たした後、偉大な魂たちは、再び自分自身から肉体意識をすべて消さなければなりません。死が近づくと、どんなに立派な人でも、突然の衝撃を受けます。ババジからラヒリ・マハサヤに、「ラヒリに言いなさい。今生のためにたくわえられた力は、もう残り少なくなった。そろそろ終わりに近い」(5)というメッセージが届いたとき、ラヒリ・マハサヤは身震いなさいました。スワミ・スリ・ユクテスワの場合も、肉体を去るときが来たとき、同じようなことが起こりました。迷いの力はそれほどのものなのです。この一瞬の恐怖が、聖なる魂たちの偉大さをおとしめることはありません。

いずれ神はすべての望みを叶えてくださる

このように、解脱した魂はカルマに束縛されていませんが、欲望にも縛られていません。ラヒリ・マハサヤがクリヤ・ヨガの伝授を受けたとき、ババジはラヒリ・マハサヤのために、黄金の宮殿をつくられました。それは自分の弟子《チェラ》の昔からの、長いあいだ忘れていた望みを、満足させるためでした。(6)しかし、ラヒリ・マハサヤはアヴァターでしたので、そのような望みには、もはや束縛されていませんでした。インドの聖賢は、この人間の姿に進化するまで、八百万回の転生を要すると言っており、また私たちは、この人間の姿で、すでにたくさんの転生を経てきています。それらのすべての人生をとおして、私たちは何百万の、いや何兆もの欲望を抱いてきました。その中には、小さな欲望、たとえばアイスクリームのようなものも含まれます。人間がついに神を見いだすとき、欲しがっていたものは、どんなに小さな望みでもすべて明るみに出て、神によっていつか満足させられます。でも人は、神を見つけるために、神以外の欲望はすべて捨てるはずだとされています。これは放棄でしょうか？あなたは何も捨ててはいないのです！　目的が成就するときまで、ただ「時間」を放棄するだけなのです。なぜなら、どんな小さな望みでもあなたの中にあるかぎり、成就されなければならないのです。洗い落とされるか、中和されるか、満たされるかによって成就します。放棄とは、簡単に言えば次のようになります。「おお主よ、私が欲しいのはあなただけです！　今は、あなたが私のことを心配してくださいます。この魂、この『私』はあなたのものです――だから今、この『私』は、あなたの問題になりました。私はあなた以外のどんなものも望みません。」

ラヒリ・マハサヤの過去世をずっと遡《さかのぼ》ると、宮殿への願望があったに違いありません。それによってラヒリ・マハサヤの霊的完成が妨げられることはありませんでした。というのは、すでに彼は完成されていましたし、過去の欲望は中和されていたのですから。たとえば、あなたが私のところに来て、子供のころアイスクリームが好きだったと話したとします。そこで私は、あなたを喜ばせるためにアイスクリームをご馳走します。ちょうどこのようなものです。あなたはもうアイスを必要としていません。なぜならアイスを欲しがっていたころより、ずっと成長してしまったからです。今も昔も、あなたの人生にとってアイスクリームは、必須のものではなかったということを、私は知っているのです。

たとえば、ソルトレーク・シティでの師《グルデーヴァ》の講演の後はいつも（私がここマウント・ワシントンの国際本部に来る前）、私は師の助手たちとともに、控え室について行くという光栄に恵まれました。師はくつろいで、クラスや他の霊的な話題について、気楽に話されました。そしていつも私が家に帰る前に、チョコレートソースをかけたアイスクリームを注文されました。私はいつか師に、チョコレートソースをかけたアイスクリームがとても好きだと言ったことがあったのです！　だから師がソルトレーク・シティにおられた三ヶ月間、私たちは毎晩、チョコレートソースをかけたアイスクリームを食べました。

およそ十年してから、師《グルデーヴァ》が再びソルトレーク・シティに行かれたとき、私は師の随行者の一員となりました。私たちはみな、師がかつて講演されたときと同じホテルに泊まりました。最初の晩、私たちは師の控え室に集まりました。そして私は、師がチョコレートソースをかけたアイスクリームを注文されたことを知りました。師は目を輝かせて私の方をご覧になりました。まるで「これは君のためだよ」と言うかのように。師はその望みをかなえることが、もはや大事ではないと知っておられました。それは私がかつてとても大事にしていたものを与える、という単なる愛情表現だったのです。同じように、ババジが宮殿を創造なさったのは、ラヒリ・マハサヤに、「あなたはかつて遠い昔に宮殿を欲しがっていた。わたしはそれをあなたにあげたい」という意味でなさったのです。それは、ラヒリ・マハサヤが解脱を達成するための必要条件ではまったくなかったのです。ラヒリ・マハサヤはすでに解脱を達成していました。そのような意識状態にある人に、宮殿は何の意味があるのでしょう？　私にとっても、何の意味もありません。ならば、ラヒリ・マハサヤのように偉大な方に、どれだけの意味がありえたでしょうか？

真理とは面白くて、夢中になってしまいますね！　いつまでも話していたいほどです。しかし究極的に分析すると、最高の真理とは、神と愛し合う方法を学ぶことです。その愛の中で私たちは、無限の神とひとつであることを知ります。そうなればもう、欲望も限界も疑問もありません。だから、他の何よりも神と愛し合わなければならない、と師《グルデーヴァ》は教えられたのです。

（1）マタイによる福音書　21章12節
（2）ヨハネによる福音書　20章17節
（3）ヨハネによる福音書　2章19節

（4）マタイによる福音書　27章46節
（5）『あるヨギの自叙伝』第36章
（6）『あるヨギの自叙伝』第34章参照

第二十七章　神において私たちはひとつ

一九七五年七月二十五日　カリフォルニア州ロサンゼルス
一九七五年のＳＲＦコンボケーション（大会）開催初日の夜の講話（要約）

この特別な日に[1]、世界各地から集まったたくさんの会員の皆さんにお会いできるのは、何とすばらしいことでしょう。この大会（コンボケーション）は五年ごとに行われますが、一九七〇年の五十周年記念に出席された方もたくさんおられることでしょう。今、私たちは、聖なる師《グルデーヴァ》パラマハンサ・ヨガナンダがこの西洋で仕事を始められてから、五十五周年をお祝いしています。

これから十日間、たくさんの催しがあります。この十日間、皆さんが大きな霊的感化を受けることを心から望み、祈っています。ご承知のように、神の探求は個人的探求です。誰も神を与えてはくれません。それは、喉が乾いているときに、誰かが代わりに水を飲むことができないのと同じです。師はよくおっしゃいました。「喉が渇いているなら、水についての本を読んだり、雄弁な説教を聞いたりするだけでは満足できない。井戸に行って、冷たく新鮮な水を飲んだときにはじめて、渇きは完全にいやされる。」このように、神のことを限りなく話しても、神についての説教をたくさん聞いても、魂の内なる渇きをいやすことはできません。その願いをかなえ、要求を満たせるのは、ただ神の愛を体験することによってのみです。ですから、その思いを私たちの最高の目標にかかげて、開会しましょう。

セルフ・リアリゼーション・フェローシップでは、毎年この日はマハアヴァター・ババジをたたえる日とされています。そのため、ババジの世界的使命を語るにはちょうどよい機会でしょう。何年も前、インドでヨガナンダ師を選ばれたのがババジです。ババジは、古《いにしえ》の教えとともに師を西洋にお送りになりましたが、その教えは今でも力強く新鮮で、人類のため今日《こんにち》もその重要性を増していきます。真理は永遠です。真理は、特定の時代や、集団や、国や、宗教団体の所有物ではありません。真理は全人類のものです。ババジは、インドで育まれた永遠の真理を世界中に広めようとしたときに、非常に純粋に神性を映し出した、愛するヨガナンダを賢明にもお選びになったのです。こうしてパラマハンサ・ヨガナンダは、真の自己を悟る（セルフ・リアリゼーション）ための偉大な教えと、世界に向けたババジの特別な贈り物、クリヤ・ヨガを、私たちにもたらしてくださいました。パラマハンサジは人類に呼びかけられました。「わが子供たちよ、神は存在する。あなた方は、世界の様々な宗教の聖典を読んだ。そのなかには、神を悟るという聖なる体験が記されている。しかしそれだけでは十分ではない。真理を自分のものにしなければならない。クリヤがその方法である。」

神を知るための集中と瞑想の技法が初めて発見されたのは、インドにおいてでした。そして、一九三四年に師《グルジ》が予言されたように、今、インドの瞑想の科学は西洋世界に広がりつつあります。

インドの言い伝えに、誰も真理を独占できないことを言い表した話があります。生まれつき盲目の六人の子供が、父親の象を洗っていました。一人は尾を洗っていましたが、象は綱のようなものだと思いました。別の一人は足を洗っていて、象は四本の柱のようだと言いました。三人目の息子は、「二人とも違うよ。象は前後に揺れ動く二枚の扇《おうぎ》みたいだ」と言いました。その子は耳を洗っていたのです。別の一人は、「違うよ、象は大きな壁みたいだ」と言いました。その子は脇腹を洗っていました。五人目の息子は象の牙を洗っていましたが、象は二本の骨のようだと思いました。最後の一人が言いました。「僕はみんな違っていると言いたい。象は太い蛇のようだ。」その子は鼻を洗っていたのです。

言い合いが続きました。象はどんな生き物か、真実を知っているのは自分だと皆が確信していました。父親は、子供たちがどうして喧嘩しているのか尋ねました。子供たちは説明して、「僕たちの誰が正しいのでしょう?」と聞きました。父は答えました。「そうだな、息子たち。お前たちはみな正しくもあり、間違ってもいる！　いいかい、象はひとつのものに似ているのではなく、お前たちが様々に言ったすべてに似ているのだ。お前たちはそれぞれが象全体の一部分にすぎないことを考えなかったのだ。」

これは真理についても言えることです。どの宗教も真理を独占できません。どれも、永遠の真理をいくらか含んでいます。派閥、信条の境界を越えて、静かに座って瞑想し、「私の神よ、私の神よ、私の神よ、御姿《みすがた》を現してくださいい、御姿を現してください」という思いで空間《エーテル》を満たし、魂の中に隠されている、霊感と真理の井戸に深く深く静かに潜ってゆけば、神がどのようなものかを感じ始めるでしょう。そうすると私たちは自ずと、あらゆる宗教の神をたたえるようになり、真摯《しんし》な教師一人ひとりに尊敬を感じるようになるでしょう。自分の神が全人類の神であり、真理の多様な表現は全体の一部であることがわかるでしょう。このことを悟れば、私たちの同胞についても、より深く理解できるようになるでしょう。

人間の兄弟性、神の父性

一九三七年、まさにこのホールで(2)師《グルデーヴァ》が語られた、予言的な言葉を読みます。「われわれは新しい世界に直面しています…われわれは、自分自身をつくり変えなければなりません。新しい世代に絶対に必要となるのは、全人類の神性を認め、争いのもととなる境界線はすべて取り除いてしまうことです。わたしはイエス・キリスト、主クリシュナ、いにしえの聖賢《リシ》たちが、人間をキリスト教徒、ヒンドゥー教徒、ユダヤ教徒などと呼ぶところを想像できません。わたしが想像できるのは、すべての人間をみな『わが兄弟』と呼んでいる姿です。新しい秩序は、ほかの人種を軽蔑したり、『選ばれた民』と考えたりしていては、成り立たないでしょう。むしろ地上を歩くすべての人の神性を認め、神を共通の父として認めることによって、新しい秩序ができるでしょう。」

師《グルジ》はよくおっしゃいました。「もし、イエス・キリストや、バガヴァン・クリシュナや、仏陀や、神と交流した人々が一緒に集まるなら、口論は起こらないでしょう。なぜなら同じ真理の泉から飲んでいるからです。」偉大な人々は神においてひとつです。神は彼らすべての中に現れています。差別感が生じるのは、小心な弟子たちの狂信的な誤った考えからです。偉大な人の本当の弟子になりたければ、狭い考えは捨てなければなりません。私たちはすべての宗教をたたえ、すべての人々を愛すべきです。黒であれ、黄であれ、白であれ、茶であれ、肌の色からその人を判断するのは馬鹿げています。電気は赤い電球にも、緑にも、黄や青にも流れるではありませんか。それなら、それぞれの電気は違うとでも言うのでしょうか？　いいえ。同じように、神は不滅の魂として、人間というどの電球の中でも輝いておられます。肌の色の違いは関係ありません。心の狭い偏見を捨てなければなりません。神が望んでおられるのは、私たちみなが、すべての人の美点や長所を取り入れて、自分のものとすることです。

二、三人が集まるところには

最後に、師《グルデーヴァ》の考えていたことをいくつかお話ししましょう。「われわれは瞑想グループやセンターを世界中につくらなければいけません。しかし、神の悟りという蜜の入っていない、寺院やセンターの巣箱には興味がありません。団体という巣箱は、神の存在という蜜であふれていなければなりません。」

一緒に瞑想するというのは、団体の巣箱を神の蜜で満たすための方法です。私が初めて僧院に来たとき、師《グルデーヴァ》は私におっしゃいました。「周りの二、三人を集めて瞑想しなさい。」師《グルデーヴァ》の師も、同じことをよく師《グルデーヴァ》におっしゃいました。いま、世界各地で会員の皆さんが、師の望まれたように、小さなグループをつくって集まっていることを私は知っています。それは哲学を論じるためや、教師になろうとする個人的野心のためではなく、瞑想で神を探すために集まっています。例え二、三人でも一緒に瞑想すれば、互いの神への望みを強めることになります。

師はおっしゃいました。「宗教の目的は、人々に盲目的服従を求める戒律的な教義をつくり出すことではなく、永遠の幸福を自分自身で見つける不変の方法を教えることである、とインドの大師たちは言っています。事業家が、人々に必需品を供給して物質的な不自由を取除く役割を果たしているように、また、人がみなになにがしかの善行を行って神から与えられた地上での役割を果たしているように、キリストやクリシュナや仏陀など、偉大な大師たちは、人類に永遠の至福への道を教え、それを達成するための崇高な生き方の手本を示して人々を感化する、という最高に価値ある仕事をするために来たのです。人はみな、いつかはこの肉体を脱ぎ捨てなければなりません。どんなに丈夫なからだでも、いずれは土の下に埋められる日が来ます。貴重な時間をむだに費やしてはなりません。私の愛するクリシュナとイエス・キリストが教えたヨガの方法は、あなたがたを自己の本質に目覚めさせ、神との霊交を可能にし、無知とあらゆる苦しみの束縛から解放してくれます。[3]」

〔ダヤ・マタジは、二十八カ国から会場に集まった人々へ、いくつかの言語で神の祝福を祈った後、次の言葉で締めくくった。〕

残念ながら聖母様は、私に言語学者になる才能をお恵みにはなりませんでした。しかし私は、魂の普遍の言葉で皆さんに話しかけます。皆さんに、私の魂の聖なる愛と友情をさし上げます。愛する神に対して感じるのと同じ愛を、愛しい皆さんに——たった一つの最高の目的、神のみへと歩んでおられる皆さんにも感じています。神が皆さんを祝福されますように。

(1)　七月二十五日は、パラマハンサ・ヨガナンダがマハアヴァター・ババジに出会った記念日であり、セルフ・リアリゼーション・フェローシップおよびヨゴダ・サットサンガ・ソサイエティ・オブ・インディアでは、マハアヴァター・ババジの記念日として祝われている。

(2)　ロサンゼルスのダウンタウンにある合同メソジスト教会の講堂。一九三七年二月二十五日、パラマハンサ・

ヨガナンダはここで開かれた宗教指導者会議で講演した。一九七五年のコンボケーションでは、主会場となったビルトモア・ホテルに十分な場所がなかったため、セルフ・リアリゼーション・フェローシップは、参加人数に足る座席数を提供でき、主会場に近い、この広々した講堂を多くの特別な活動のために確保した。

(3) パラマハンサ・ヨガナンダ著『人間の永遠なる探求』から、「キリストとクリシュナ――同じ真理を説いた二人のアヴァター」より。

第二十八章　人生の唯一の答え

一九七五年三月二十三日　カリフォルニア州サンフランシスコ
インド政府文化センター主催「インドとアメリカ――霊性の共演」にて

「宗教思想の統合」という崇高な目標のためにひらかれたこの会合に今夜出席できたことを、うれしく思います。

今世紀の変わり目に、偉大な霊的巨人がアメリカを訪れました。スワミ・ヴィヴェーカーナンダです。彼はここで初めて、インドの永遠なる宗教の不滅のメッセージを紹介し、サナータン・ダルマの種をまきました。数十年たってもう一人、悟りを開いた教師パラマハンサ・ヨガナンダが、自分の師の命により、ボストンの宗教自由主義者会議で講演するためにやってきました。パラマハンサ・ヨガナンダも、インドの不滅の宗教の種をまきました。(1)

十七歳の時、私はパラマハンサ・ヨガナンダの御足《みあし》のもとで学び始め、師の訓練を受け、師の言葉を記録しました。一九三四年、師は公に次のように述べられました。「わたしがこの肉体を去った後、霊的なものへの熱意と神への関心が、急激に高まる日が来ます。世界の霊的指導者であるインドのメッセージは、地球に広まるでしょう。」この言葉は、私の耳に何度も響いてきます。なぜなら、今日それが起こっているのを目にしているからです。連帯感を持とうとする欲求が、また、人を苦しめているすべての疑問に答えを出したいという欲求が、肌の色や地球のどこに生まれたかに関係なく、これまで以上に強くなっていることがわかります。

私たちは、人類の一致団結が必要とされる新しい時代に入りました。戦争で人類は救えません。二千年前にキリストが言われた「剣をとる者はみな、剣で滅びる」(2)という言葉に耳を傾けましょう。現代において、どれほどその報いを受けていることでしょう。今、「一寸先は闇」のように見える時代に直面しているのです。

全世界の若者は大変混乱しています。二年前、ヨーロッパの国々を回ってアフガニスタンまで行ったとき、私は若者がどのように動いているかを知りました。若者は、何かを求めて混乱し、人生で得たものや、自分の前に示された手本に満足していません。社会への不満、国への不満、世界全体への不満をいだいています。

人生の答え、人間の生きる目的はただひとつしかありません。もしも、あらゆる宗教の預言者が説いているように、人間が神の似姿につくられているのなら、この神の似姿は、私たち各人の内にあることになります。私たちは全力を尽くして、人の心の中にある善と、純粋さと、偉大さを表に出すように努力すべきです。

バガヴァッド・ギーターは、キリスト教の聖典と同じように、人間の目的とは神を知り、神を愛し、人をとおして神に仕えることだと教えています。これは不滅の真理であり、何千年も前に偉大な霊的巨人たちが語ったときと同様に、今日においても重要なメッセージです。

自分の内を細かく調べてみれば、自分の人生で、次のようなものを熱望し、あこがれ、必要としていたことに気づくでしょう。それは、ある種の愛であり、完全な満足感で自分を満たしてくれるはずのものでした。または、完全な安心感です。それはこの世のどんなものからも得ることができず、お金からも、健康からも、どんなにたくさんのことを知的に理解しても得られません。こうして私たちは、ギーターの教えへと導かれます。ギーターは、瞑想と正しい行動が真理への道であり、私たちが求めているものの源である、神へと戻る道だと教えています。

どの宗教でも、呼び方は違いますが、信徒に霊的静寂、つまり瞑想を実践するよう説いています。キリスト教では「絶えず祈りなさい」(3)と教えています。今日ではどの時代にもまして、静かに座り、心の言葉で神に語りかけられるような小さな静かな場所が、大学や国連など数多くの重要施設で見かけられるようになりました。このような霊的交流が、何百万もの熱心な魂たちによって実行されつつあります。

私たちは唯一の神からやって来て、神を知るために、この地上に置かれています。私たちは神の子です。神が与えてくださったものをすべて利用させてもらっているのに、多くの過去生をともに旅し、未来の人生もともにおられる、まさにそのお方を忘れるとは、おかしなことではないでしょうか？

知性、愛、自由意志、そして日常生活ですることのすべては、唯一の力である神、神だけから来るのです。神から与えられたすべての贈り物を利用しながら、私たちは神を思い出そうとしないのです。

ギーターの述べている「正しい行為」とは何でしょう？　それは、最初に思考、それから言葉と行動において、善をもたらす原則に従うことを意味します。誠実であるよう努めなさい――どの宗教もこのことを教えています。兄弟愛に励みなさい――どの宗教もそう教えています。正直さ、純粋さ、高い道徳的原則――違うことを教えている宗教はありません。しかし人類は、これらのことをほとんど忘れています。だから今日、私たち自身にひどい混乱があるのです。

私は仕事のために、定期的に世界を旅行します。旅行するなかで、ここに集まった皆さんのような方々、特に若者たちが、人生とは何か、真理とは何か、とりわけ永遠の宗教である、インドのサナータン・ダルマを学ぶことに深い関心を持っていることが分かりました。その「宗教」に、何年も前の、若い頃の私も興味をもちました。なぜなら、神についてのすばらしい説教を聞いたり、神について読んだりするだけでは十分ではないと気づいていたからです。私はかつて、さまざまな教師のもとに行っては、その人を見て考えたものです。「なるほど、でもあなたは神を愛していますか？　私が探しているのは、魂を燃え上がらせるような愛を注ぐことのできる方です。神以外に何もわからなくなり、神にお仕えすることと、全世界の兄弟のために神を通じて奉仕することに、自分のすべてを捧げてしまうほど、私の魂に火をつけることのできるお方です。」私はインドの生んだ偉大な子、私の聖なる師《グルデーヴァ》パラマハンサ・ヨガナンダの中に、その人を見つけました。
このようなインドの不滅の宗教を語るにあたって、皆さんのような魂とご一緒できたことを光栄に思います。人生とは何か、神の子として私たちはいかにして神を知り、神との関係をより甘美で親密なものとするかを、パラマハンサジの書かれた次の詩でまとめたいと思います。

〔ダヤ・マタは、パラマハンサ・ヨガナンダの詩で講話を締めくくった。〕

まどろみの深みから
目覚めの螺旋階段を登るとき
わたしはささやく
神よ、神よ、神よ、と

あなたと分かれる夜ごとの眠りから覚めたとき
あなたはわたしの朝餉《あさげ》
わたしはあなたを味わいながら　心に口ずさむ
神よ、神よ、神よ、と

どこへ行っても
わたしの心のあかりは　いつもあなたに向いている
騒がしい活動のいくさ場の中で
わたしはたえず無言の雄叫《おたけ》びを放つ
神よ、神よ、神よ、と

荒れ狂う試練の嵐がうなり声をあげ
苦悩がわたしに吠えかかるとき
わたしは大声でみ名をたたえてそれをかき消す
神よ、神よ、神よ、と

わたしの心が
記憶の糸で夢を織るとき
その魔法の織布の上に　わたしは織り出す
神よ、神よ、神よ、と

夜ごとの深い眠りの中で
安らぎが喜びを求めて夢みるとき
喜びはいつも歌いながらやって来る
神よ、神よ、神よ、と

朝目ざめたときも　食べるときも
働くときも　夢みるときも
眠るときも　礼拝するときも
瞑想するときも　聖歌を歌うときも
神の愛を行ずるときも
わたしの魂は口ずさむ
だれにも聞こえない声で
神よ、神よ、神よ、と

神が皆さんを祝福されますように。

（1）　パラマハンサ・ヨガナンダは、三十年以上の長きにわたりアメリカに滞在して教えたが、これはインド宗教の指導者としては最初のことであった。

（2）「そこで、イエスは彼に言われた。あなたの剣をもとの所におさめなさい。剣をとる者はみな、剣で滅びるのだ。」（マタイによる福音書 26章52節）

（3）　テサロニケ人への第一の手紙 5章17節「絶えず祈りなさい。」

１９６５年 ロサンゼルスのＳＲＦ国際本部、サンニャースの儀式後の打ち解けた集いで、僧侶たちとマタジ

「人生のどんな時にも――仕事中も、瞑想中も、困難と戦っているときも、簡素な喜びを楽しんでいるときも――心の中では『神よ、神よ、神よ』という思いに、常にとどまっていなければなりません。」

１９６９年 ３ヶ月にわたるヨーロッパのＳＲＦセンター訪問中のパリでのサットサンガ

「この世における、神の子としての私たちの義務は、理解しようと努めることです。自分と他人を理解し、人生を理解し、そしてとりわけ神を理解することです。人の心や考えのなかに理解が行き渡ったら、この世はもっと良いところになるでしょう。」

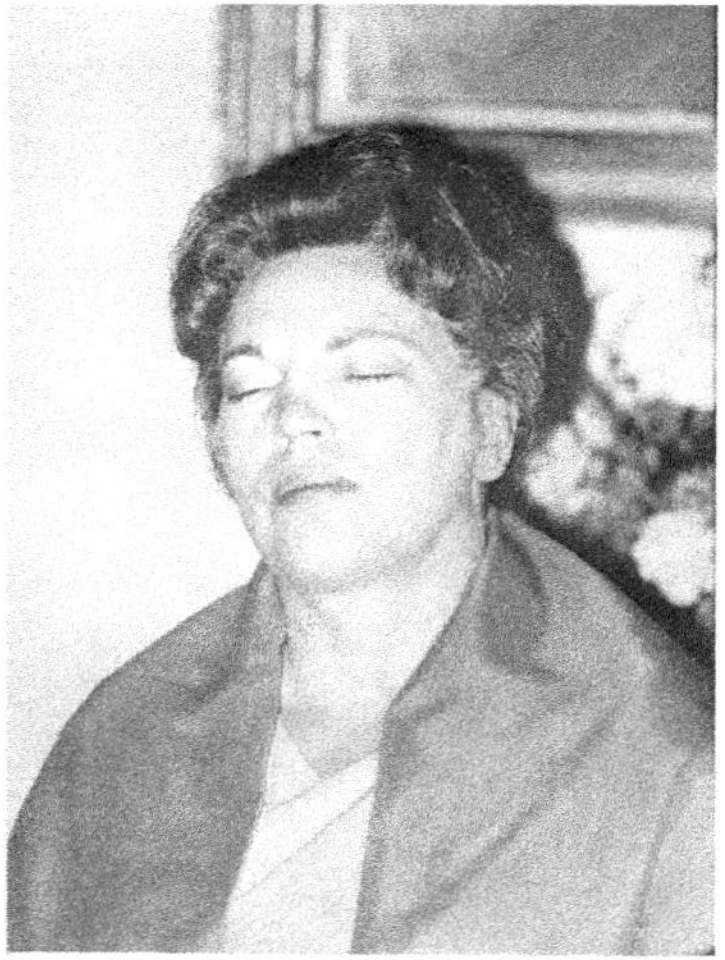

１９６５年 ロサンゼルスのＳＲＦ国際本部にて、クリヤ・ヨガ伝授式での瞑想

「もっと沈黙して、内なる神の愛の声に耳を傾けることを学ぶべきです。」

パラマハンサ・ヨガナンダの、ダヤ・マタジのお気に入りの写真

「・・・弟子の迷いに気づかせ、それを乗り越えるよう助けることが、師の義務でした。師の使命は、単に神についての知識を増やせるようにすることではなく、魂を神のもとへ導くことでした。」

第二十九章　神とともに心の内へと歩みなさい

一九五六年二月九日
カリフォルニア州ロサンゼルス　ＳＲＦ国際本部にて

聖母様に完全に注意を集中することによって、私たちは、外部環境が変化しても、心の内側は影響されないように努めるべきです。つまり、悲しみや失望にそれほど動揺しないように、また物質的な快楽に引きずられすぎないようにすべきです。ある人がパラマハンサジに尋ねたことがあります。「でも、そんな状態はきっと退屈で面白くないでしょうね。」師は答えました。「それどころか、聖なる至福の意識、聖母様の存在を認識した意識に没入するとき、人はより大きな感謝をもって、この地上の良いものを楽しむようになるのです。一方で、この世の行動にありがちな、執着や悲しみはなくなります。」

楽しみにも、苦しみへの恐れにも、執着しないことをおぼえるべきです。人生から与えられるものを、得意になりすぎたり、がっかりしすぎたりせずに受け入れるべきです。これが、真に霊的な人の境地です。この境地は、何か大問題に直面してどうしてもというときに、とっさに発揮できるすごい力、というようなものではありません。この意識は、自分の内に徐々につくり上げていかなければなりません。日常の問題や出来事に適切に対応できるように、自分自身を訓練することが必要です。

師は、そのような聖母様の意識の中で生きられました。その意識の中では、外界のものは一切、師の内側に触れることはできませんでした。ラジャシ(1)は、その境地を体現していました。そして聖なるギャナマタ(2)もそうでした。その境地は、私たちの日常生活の一部となるべきです。

肉体的要求や、世間の楽しみや、周囲の状態に執着することなく、私たちは神とともに、心の内側へと歩むよう努めるべきです。怒りや貪欲、嫉妬、嫌悪、虚栄心、恨みを追い払うべきです。感情や欲望や人間的な性質の支配者となることが、霊的な人の目標です。あらゆる人間が意識的に、または無意識のうちに、何を求めて奮闘しているのかというと、自己を支配しようとしているのです。なぜなら、人は自分を支配してはじめて、本当に幸福になれるからです。どんな状況下でも冷静さを保つことができる境地に達するために努力すべきです。そのような完全な静寂や平静さを与えてくれるものは、深い瞑想以外の何ものでもありません。瞑想によって、魂という私たちの本性が生まれ出た、聖なる源へと近づいていきます。瞑想して、神の大海に、小さな水滴のような私たちの意識を溶けこませることによってのみ、聖者の示すお手本、つまり理想の至福状態に達することができます。

私たちにあらわれている個人的な特徴は、無限の霊《スピリット》（神）と一体になって生じる性質とは別で、私たちが身につける上着のようなものです。外見上のものであって、真の感情や、真の内なる性質をあらわしてはいません。私たちは、意識を深く内へともっていき、神と一つであることを感じるべきです。そうすれば、意識が俗世に戻って外面的な生活をおくるときも、内なる神聖な性質——感じとることのできる本当の自分——に忠実に行動できます。

最初に神、最後に神、いつも神——神だけです！　その理想、思いを持ち続けなければなりません。何回転んでも、一生懸命がんばり続けるなら、その理想はきっと私たちの一部になるでしょう。というよりも、私たちがその理想の一部になるのです。私たちはその目標と一体になります。それが支配的な原動力となって、私たちの人生を祝福して導きます。

絶対に失望しないでください。たとえどんなに道が険しく思えることがあっても、霊的に成功できないと思ってはいけません。師が私たちにくださった助言の中で、最も慰められ、励まされるのが次の言葉です。「聖者とは、絶対にあきらめなかった罪人《つみびと》である。」失望したり、霊的目標に達していないと感じたりするとき、いつもこの言葉を思い出してください。絶対にあきらめず、何度倒れても、何度間違っても、挑戦し続けるのが、未来の聖者の特長です。絶対にあきらめないことで私たちは、神への信愛・忠誠・願望が不変であると証明しているのです。私たちが求めているのは神のみ、心を向けているのは神のみである、と神が確信なさったなら、私たちの弱さや欠点に関わらず、神は満足なさいます。そのとき神は私たちの手を取って、「そうして神は私たちとともに歩み、ともに語り、私たちを神のものだと言ってくださる」[3]でしょう。

（1）ラジャシ・ジャナカナンダ。18ページ参照。
（2）121ページ脚注参照。
（3）C・オースティン・マイルズの有名な賛美歌『In the Garden』のパラフレーズ。

第三十章　正しくふるまうこと

（編さん物）

聖なる師《グルデーヴァ》パラマハンサ・ヨガナンダは、自分の師であったスワミ・スリ・ユクテスワから「正しくふるまいなさい」と助言されたと、しばしば私たちにお話しになりました。師《グルデーヴァ》が初めてこの言葉を私におっしゃったとき、「ああ、それは簡単だわ。毎日礼儀正しく、親切であればよいのだから、何のことはないわ！」と思いました。ところが、私には学ぶべきことがたくさんあったのです！　すべきことはたくさんあります。正しくふるまうことは、すべてを意味します。心の姿勢がすべてだからです。

自分を内観し、自分を自我や肉体だと思い込ませ続けていた、あらゆる悪い癖や否定的傾向を少しずつ追い出すまでは、神への道において、どの求道者もそれほど進歩したとはいえません。「これは私のものだ！」「私の気持ちは傷ついた！」「私はこれ」「私はあれ」――そんな風に考えることは大きな過ちです。しかし、瞑想すればするほど、この「私」が行為者なのではないとわかります。神が唯一の行為者です。神を愛する者はこう祈るべきです。「主よ、私をより使いやすい道具にしてください。あなたに与えられた仕事を実行し、あなたが望んでおられるとおりにご奉仕できるよう、あなたの英知でこの道具をお導きください。」

悪い行為を慎むだけでは十分ではありません。精神的重圧を受けたときにも不親切な言葉を使わないよう、感情を制御するだけでも十分ではありません。心の中に悪や怒りをかかえていながら、舌だけ黙らせるのも十分ではありません。私たちは、内側から克服しなければならないのです。もし、間違ったふるまいをしないようにすることに価値があるのなら、間違った考えを抱かないようにすることも価値があります。考えと行動の両方とも慎みなさい。

善と悪を同時に心に抱くことはできない

いろいろな場合に、神を求める決意をした人は誰でも、良い習慣と悪い習慣の両方にしがみついている状態を経験します。そういう人が自分の考えを分析してみると、とても熱心に神を求めているのに、瞑想や霊的行動といった良い習慣を真剣に作ろうとしているのに、それでもなお、怒りや不機嫌や好き嫌いなどの悪い習慣を捨てるのを、とてもとても嫌がっていることが分かるでしょう。でも一生を神に捧げたら、良い行動と悪い行動を両立させるのは不可能です。それはうまくゆきません。私たちは心のなかでその事実を認めるべきです。そうでないと私たちは、不機嫌や悪習を克服するために、本当の努力をしようとしないでしょう。より深く瞑想することや、神に奉仕するという思いのうちにすべての義務を果たすことで、次第に良い習慣や良い傾向が強まります。良い習慣が優勢になれば、悪い習慣の影響力はゆるんでくるでしょう。

そのため、神を探し、良くなろうと励むためには、悪をあきらめるという当然の結論を受け入れなければなりません。自分の中に、善と悪の両方を抱くことはできません。善と悪の戦いは、いずれ心の平和を乱します。師《グルデーヴァ》が求道者に、よくこう言われたのを思い出します。「怒りや、嫉妬や、利己的な欲望にしがみつきながら神を見つけられると思ったら大間違いだ。そんなことはできない！」

いつも、霊的でない性質を克服するよう、最大限の努力をしましょう。たとえ長い時間かかっても、がっかりしないでください。主は、私たちが間違いを改めるのに、どのくらい時間がかかるかを気にしておられません。主が最も関心をもっておられるのは、悪い傾向に対して、私たちが思考と行動で**抵抗し続けているか**どうかです。良くなろう、より長く深く瞑想しよう、と努力すれば、思いがけないときに意識から苦しみが取り去られ、悪い習慣や悪い傾向から完全に自由になっていることに気づくでしょう。

神を一目見ることによる変容の力

師は私たちに、よくこうおっしゃいました。「たった一度でも、聖母様を一目見れば、あなた方は間違った欲望や野望をすべて捨てるだろう。その他の一切の望みを感じなくなるだろう。」これは本当です。しかし、あなたの道から、誘惑が取り除かれたわけではありません。神を愛する人は多くの誘惑、多くの試み、多くの試練に出会います。しかし神を愛する人は、神の愛を感じているので、それを見分けることができます。神を愛する人は、神から離れた感じを起こすものは一切望みません。物質的追求に気を取られすぎると、神が自分の心からいなくなってしまうような感じがします。だから、「もっと瞑想しなければ」と決意します。もし他人を批判したり、神経質になったりする習慣があるならば、突然にこんな考えがわき起こります。「いったい何に対して大騒ぎしているのだろう？なぜ自分を変えないのか？　自分の信じることや、自分の意見や信念を他人に正当化するために、どうして時間を無駄にするのだろう？　自分の時間は、神を考えるために使った方が、よっぽど良いというのに。」

自分を制すれば何にも邪魔されない

肉体を超越するようになること、欲望を超越するようになること、習慣を超越するようになること、気分を超越するようになること、そこに、自己制御があります。どんなに心を動揺させられることが起きても、神があなたを試しておられる、訓練しておられるのだと知ってください。もしその試練が、あなたを動転させるなら、あなたの心を神から遠ざけるなら、あなたを狼狽させるなら、癇癪を起こさせるなら、惨めにさせるのなら、そのときあなたの意識の鎖に、弱いつなぎ目があることがわかります。

本当に神を愛する人は、聖母様に――聖母様の平安、聖母様の穏やかさに、常に心を奪われている人です。こういう聖なる境地に達するためには、何ものにも動揺させられたり邪魔されたりしないように、自分自身を支配する努力をしなければなりません。日々直面する試練を、冷静沈着に受け取ってください。そして自分を正すために、最善を尽くしましょう。海に浮かぶコルクのようになるのです。コルクは、どんなに波に揺られようと、常に波の上にあります。人生が、どんなに私たちを動揺させようと、悲しみや混乱の海に自分自身を沈ませてはなりません。

障害物は私たちを強めるためにある

この先、あなたが神のもとに帰るまで、どれほどの道のりを辿《たど》らなければならないのか、そして日常生活のささやかな問題を乗り越えていくことが、どれほど重要であるかに気づいてください。小うるさく困難が嫌がらせをしてきても、無視しましょう。それはあなたの目的、つまり正しく行動し、人生において神の聖なる本質を表現することによって神を見つけ、神と一つになる、という目的から注意をそらせます。

人生の道は、試練や苦難の石でいっぱいです。それを神に取り除いてもらうことは期待できませんが、つまずかない強さと英知を、神に願うことができます。障害物がなかったら、私たちは弱いままですから、神は障害物のない人生をお望みではありません。神は、障害物に打ち勝つことによって、私たちが強くなることをお望みです。

この強さを得るためには、たった一つの簡単な方法「聖母様への愛を強めること」に従う必要があります。神への思いを広げることによって、あらゆる困難の山は、小さな低い丘になります。以前できそうにもなかったことが、何でも実現できるようになるのです。

世界で最も強い力

愛は、この世界で最も強い原動力です。そして、この世界で最高の愛の表現は、神への愛です。あなたが聖母様への愛――たとえいつも心の中でその愛を感じられなくても――に心を注げば注ぐほど、また、聖なる愛を体験しその愛を他人に与えられますようにと祈れば祈るほど、少しずつ自分の内に、その愛が目覚めるのを感じるでしょう。これほどすばらしいことはありません！　その聖なる至福の愛の喜びは、人類のあらゆる不幸への慰めです。

心の中に神の愛を感じるまで、夜も昼も、一瞬たりとも休んではなりません。いったん神の愛が感じられたなら、とてつもなく大きな思いやりが生まれます。あなたは、神がこの世に、完全な愛や思いやりや友情をおかなかったのは、それを神から直接受け取らせるためだと悟るでしょう。神は私たちをとても愛しておられるので、この人間世界で私たちが完全な満足を得ることをお望みではありません。さもなければ、私たちは、ほんのかけらのような一時的な喜びで満足し、神から永遠に迷子になってしまうでしょう。

夜も昼も、何をしていても、心の背後で常に神のことを考えているようになるまで、あなたの心のすべて、思いのすべて、魂のすべてで、神を深く愛してください。師《グルデーヴァ》はよく言われたものです。「自分の考えを見張っていなさい。どんなに多くの時間を、無駄な考えや、愚かな考え、否定的な考えに費やしているかを理解しなさい。そしてどのくらいの時間、自分が神のことを思っているのか見守りなさい。」

どんな仕事をしていても、どんなに楽しく遊んでいても、いつも心の背後で神のことを考え、神の愛が心のほとんどを占めるまで、満足すべきではありません。たとえ、神の愛が最も大切なものになったときでも、神を愛するすべての者の究極の目的——偉大な人々が体験した、神との完全なる合一を達成するまでは、満足してはいけません。

第三十一章　神を知るには

（編さん物）

私たちは神の似姿につくられているので、自らを再び神に結びつけるまでは、決して満足することはありません。人間に完全な愛を求めても、見つけることはできません。師《グルデーヴァ》パラマハンサ・ヨガナンダはよくこうおっしゃっていました。「神以外のものはすべて、あなたを失望させるだろう。」だから、あなたの意識を神への思いで満たすことが、非常に重要なのです。

世俗的な人の意識は主に、脊椎《せきつい》の尾骨中枢《びこつちゅうすう》、仙骨《せんこつ》中枢、腰椎《ようつい》中枢[1]に存在していて、それより上に意識を持ち上げることはほとんどありません。不機嫌や癇癪《かんしゃく》、そのほか人間のあらゆる否定的な感情にふけっていると、意識は脊椎《せきつい》下位の三つの中枢に引き下げられてしまいます。

聖者の意識は、主に心臓つまり胸椎《きょうつい》中枢にとどまっており、そこで人は、神や全人類への純粋な愛を感じます。延髄《えんずい》中枢では、全創造物を神の神聖な波動、宇宙音オーム[2]として理解します。そして、眉間《みけん》のキリスト意識の中枢またはクタスタ中枢[3]では、人の意識は拡大し、直覚をとおして、創造物のすべての原子に宿る神との一体感を体験することができます。私たちが親切心や許し、理解、忍耐、勇気、信仰、愛を表現するときはいつでも、意識はより高位の脳脊髄《のうせきずい》中枢に引き寄せられるのです。

自己分析――霊的進歩を判断するための良い方法

自分が霊的に進歩しているかどうかを正しく知るための方法の一つが、自分を正直に分析することです。私たちは、偽《いつわ》りの霊的位《くらい》付けとか霊的進歩について、何か信じているところがあるかもしれません。私たちが自分の最も良いところを信じるのは、単にそれが信じたいことだからです。自分の思いを念入りに調べなければなりません。パラマハンサジは、日々の仕事の合間に定期的に立ち止まって、「私の意識はどこにあるのか」と自分に問いかけなさいとよくおっしゃっていました。時々その答えによって、突然目が覚めることもあります。神との静かな霊交、同胞への愛と思いやり、または内なるオーム音に耳を傾けながら意識の拡大を感じること、これらに意識が集中していないのなら、私たちの霊的な道はまだまだ先が長いと認めなければなりません。

瞑想が人生を変える

最初のステップは瞑想です。瞑想は最も重要です。なぜなら深く定期的に瞑想したときにのみ、聖なる状態に到達しつつあるのかどうかが明確にわかるからです。瞑想しないと、自分はもうすでにその状態に到達したと自分を欺《あざむ》いてしまうことがよくあります。瞑想すれば、自分を欺くという落とし穴から逃れることができます。

瞑想することによって、自己を忘れ去ることができるようになります。自分と神の関係について、また、人々に内在する神に奉仕することについて、より多く考えるようになります。不滅で常に気づいている神の、聖なる似姿につくられていることを思い出すためには、自分のちっぽけな自己を忘れなければなりません。聖書には「静まれ、そしてわたしが神であると知れ」ということばがあります。これがヨガです。「静まれ」とは、自分は肉体であると強く感じさせる、低次の脊髄中枢に心を引きずりおろす、ちっぽけな自我や肉体、欲望や習慣から意識を引き上げることを意味しています。人は、より高い知覚中枢に意識を引き上げたとき初めて、自分が神の似姿につくられていることを知ります。長く座って瞑想するのを、いやがらないでください。瞑想すればするほど、もっと瞑想したくなるでしょう。逆に瞑想しなければしないほど、瞑想したいと思わなくなるでしょう。

深い瞑想の習慣をつくる努力をすれば、人生がすっかり変わるのがわかるでしょう。あなたの人生に、欠くことのできない霊的な安定がもたらされます。あなたの背後にいて、あなたを生かしている神が、あなたを導いているのを感じるでしょう。神は本当に存在します。唯一の問題は、私たちがそれに気づかないことです。神が私たちを生かし、神のエネルギーが肉体全体に注がれ、神の知性が私たちの意識をとおして働いていることを認めるためには、自分を肉体と同一視するのを止めなければばなりません。

自分を肉体だとする意識を忘れ去り、自分は不滅の魂であると思い出すこと、それが瞑想です。魂の意識の内には、自分が人生で望むすべてを達成する強さと能力とがあります。

何事にも失望してはいけません。問題が起こるのは、心の中には神が必要だと思い出させるためだけなのです。どんな問題も歓迎しなさい。もし人生が順調に行っているなら、神の探求に駆り立てられはしないでしょう。私たちは神を忘れるでしょう。逆境にぺちゃんこにされて初めて、慰められたいと心から思うのです。普通の人は自分の家族や友だちの方を向くでしょう。しかし神を愛する人は、聖母様の御足のもとに走り寄り、聖母様のうちに慰めと自由を見つけるのです。

神に熱中すれば、物質的執着が減る

神との霊交で、一日を正しく始めましょう。一日の終わりは、世間の人が眠っているときに、再び深い瞑想をして正しく終えましょう。聖母様に姿を現してくださるよう熱心に祈り、必要なら、聖母様の関心を勝ち取るために奮闘しなさい。たとえ五分や一〇分でも、ありったけの熱心さをもって聖母様に祈るか、聖母様の御名《みな》を唱えます。瞑想の後は、聖母様のことを考えながら眠りましょう。このように実践すれば、意識を引き上げる助けになります。自分の内に、神聖な静寂、平安と静けさの絶え間ない流れを感じるようになるでしょう。

あなたが神を人生の北極星に据《す》えたとき、また、朝と夜の神との約束が、日常生活の最も重要な部分であると感じたとき、あなたはどんどん神に熱中するようになり、世俗への執着は減っていくでしょう。人生に興味を失うことなく、しかも人生のゴタゴタに巻き込まれることなく、生きていけるでしょう。主クリシュナは私たちに、「ヨギになれ」(4)と諭《さと》されました。そのことばの意味は、神へのあなたの忠誠と信仰が、世俗の移り変わる逆境に影響されないくらい、しっかりと神の意識にとどまっていなさいということなのです。

神を知りたいと思うなら、子供のように信じる心をもって、熱心に長いあいだ努力しなければなりません。日中の仕事の合間に一瞬立ち止まって、内から湧き上がる聖なる平安を直ちに感じられるのなら、また、神とすべての人への愛を心の中に感じられるのなら、あなたは霊的な道で進歩しているとわかるでしょう。

神は永遠の友

神を求める人は、神を個人的な友として感じなければなりません。つまり、何をするにしても神とともに行う、というように。私たちは一人ぼっちではないこと、これまでもこれからも、絶対に一人ぼっちではないと知るべきです。最初の最初から、神は私たちとともにおられます。そして永遠に、神は私たちと一緒です。自分を神の子供、または神の友、神の信者と見ることによって、神との個人的関係をもっと深めなさい。私たちは、すばらしく親切で、思いやりがあって、深い愛に満ちたお方と自分の経験を分かち合っている、という意識で人生を楽しむべきです。神のみが私たちの考えを知っておられます。それも私たちが考えるより先に。たとえ私たちが間違いを犯しても、ただただ神を求めるなら、神が私たちを遠ざけることは絶対にありません。そのような愛、そのような思いやりを、すべての人が求めています。しかし私たちも、自分の役目を果たさねばなりません。愛する師《グルデーヴァ》パラマハンサ・ヨガナンダはこう言われました。

「絶えることのない信愛によってのみ、神は見つけられる。神があらゆる物質的な贈り物をお与えになったとしてもなお、あなたが神以外のものに満足しないなら、あなたが贈り物ではなく贈り主である神のみを求めるなら、神はあなたのもとに来られる……わたしたちは、混み合った人生の小道を歩いていて、時々知った顔に出会う。しかし、それも一人ずつ去っていく。人生とはそんなものだ。あなたとわたしは今互いを見ているが、ある日互いの視野から消えていく。ここは悲劇の世界であり、時には迷妄の火で焼かれるように、すべての魂が試されている。しかし、そんな試練に打ち勝って、『わが主よ、わたしはあなただけを知りたいのです』と言う者は、神と自由を見出すだろう。」

（1）ヨガでは、人間の脳脊髄神経叢には、生命と意識の七つの精妙な中枢があると教えている。ヨガの専門書では、これらの中枢をムラダーラ（尾骨中枢）、スワディシュターナ（仙骨中枢）、マニプラ（腰椎中枢）、アナハタ（胸椎中枢）、ヴィシュッダ（頚椎中枢）、アジナ（延髄および眉間のキリスト意識の中枢）、サハスララ（大脳に位置する千枚の花びらを持つ蓮の花）と呼んでいる。それらのもつ特別な力がなければ、肉体は生気のない土の塊になってしまう。人間の粗野な物質的本能や動機は、下位の三つの精妙な脊髄中枢と相関している。より高次の中枢は、聖なる感情、霊感、霊的知覚の源である。人の意識は、思考や欲望の性質に従って、力と行動に対応する中枢に引き寄せられ集められる。

（2）聖書でいう「ことば」、または「多くの水の音」。（ヨハネによる福音書　1章1節、黙示録　19章6節、エゼキエル書　43章2節）

（3）眉間に位置する。

（4）バガヴァッド・ギーター　6章46節（『God talks With Arjuna』のパラマハンサ・ヨガナンダの訳より）

第三十二章　悩みは神にあずけなさい

一九六一年三月三十一日
カリフォルニア州ロサンゼルス、ＳＲＦ国際本部にて

「瞑想しなさい！　瞑想しなさい！」と私は皆さんに言います。仕事はその次です。神のために偉大な活動をなさった師《グルデーヴァ》の手本に習って、僧院での皆さんの生活はとても忙しいでしょうが、瞑想を第一に置くべきです。そう覚えていてください。私は、それ以外のことを強調したことはありませんし、師も同じでした。

自分の人生を振り返り、つまらないお喋りや、否定的な考えにふけって無駄にしてきた時間のことを考えてみてください。これからは、その時間を神に差し上げてください。あなたには心理的・感情的な心の重荷があるかもしれませんが――神とひとつになるまでは人間なら誰にでもありますが――そのことに泣き言を言ったり、否定的な空気をまき散らしたりしているうちは、絶対に神へと上昇できません。

何かに悩んでいるときはいつでも、自分の間違いを正すために最善を尽しなさい。その一方で、否定的な心配は、心の中から放り出してしまいなさい。どうやって？　心の中で神の御足《みあし》のもとにひ

れ伏し、神の御前《みまえ》にあなたの悩みを捧げるのです。あなたが神に悩みを持ちかける前に、神はすでにあなたの悩みを知っておられます。あなたが神に悩みを引き渡す前に、神はすでにあなたの小さな苦難を知っておられます。神の御足のもとから遠ざかるほど、その苦難は大きくなっていくでしょう。次の一つの考え方を、しっかり分かってもらえるとよいと思います。ここでは、神と師《グル》だけに、関わっていなければならないのです。悩みは神と師《グル》に持っていきなさい。もっと神を瞑想しなさい。そうすれば、何という恍惚、喜び、愛が感じられることでしょう！

人生に喜び、陽気さ、理解、思いやり、愛をもっとあらわし出すよう努めなさい。それらはより深い、より規則的な瞑想によってのみ生まれます。瞑想で神に心を合わせることによって、あなたのなすことすべてを、神と師《グル》がいかによく導いてくださっているかが分かるでしょう。神と師《グル》との関係がうまくいっていれば、人生のすべてがうまくいきます。いつも心に喜びを感じるでしょう。外部からどんな試練がおしよせても、その喜びを取り去ることはできません。

外部環境が不幸の原因であるとか、自分の悩みは人のせいだと考える癖がついたら、あなたは僧院生活で、大事なことを忘れています。ここでの生活で各人が、陽気、喜び、愛を表現できなければ、責めるべきは自分だけ、自分だけです。「神は自ら助くる者を助く」のです。でも神は、疑いに満ちた心の中には入れません。神は、敵意に満ちた心をとおしては現れることができません。否定的な考えに満たされた弟子の人生には、神の居場所はありません。そのことを覚えておいてください！　ここでは、神を見つける時間と機会があります。神を見つける努力をするのに、この聖なる環境は完璧です。でも、自分の内に天国をつくるのは、あなただけです。どんな状態、どんな環境にあろうと、その聖なる権利が否定されることはありません。

心のすべてで神を求めなさい

私がいつも努めてきたのは、何年も前に師の御足のもとで学んだ原則にそって生きることでした。その原則は、聖フランチェスコの次の言葉に表わされています。「非難、批判、言いがかりを、心静かに報復することなく受け入れなさい。たとえそれが間違っていようとも、不当であろうとも。」この助言には、何と豊かな英知があるのでしょう！　人を批判するとき、他人の批判や賞賛を気にしているとき、あなたは自分の魂に対して不正をはたらいているのです。人が思っていることは重要でしょうか？　あなたが求めているのは、神の承認です。神への望みに満ちあふれていなさい。神、神、神です。愛する皆さん、心がいちずでないと、神を見つけるのはとても難しいのです。心を、つまらないことや、不親切な批判や、仲間の利己的意見といった泥沼に、引きずり込まれるままにしておくと、絶対に、この一生で神を見つけることはできません。どうして時間を無駄にするのですか？　時間はありません。年をとるともっともっと、そのことがわかるでしょう。

神を求めるなら、心のすべてで求めなさい。弟子の側に、一〇〇パーセントの心の明け渡しがなければ、神は受け入れることができません。キリストはそのことを証明しました。人間の最も貴重な宝である、自分の肉体さえも委《ゆだ》ねてしまったのです。そして怒りも敵意もなく言われました。「父よ、彼らをおゆるしください。自分が何をしているのか、わからずにいるのです。」

私たちは、ゆるして深く思いやる、キリストの聖なる模範にならいましょう。しかしそうしながらも、「ああ、私はこんなに善良だ、こんなに気高い。寛大にも自分の敵をゆるすのだ」などと思ってはいけません。霊的な優越感は危険です。心に真の思いやり、純粋な愛がなければなりません。しかしまず、神を愛さなければ、それを得ることはできません。まず神を求めなさい。心のすべてで、思いのすべてで、魂のすべてで神を愛しなさい。そしてその聖なる愛を手に入れるまで、満足してはいけません。夜も昼も神に泣きつきなさい。常に神に語りかけなさい。いつも神への思いに酔いしれていなさい。そうすれば、人生がどんなにすばらしく変化するかがわかるでしょう。

第三十三章　セルフ・リアリゼーション・フェローシップの霊的な目標

一九七〇年七月十二日
カリフォルニア州ロサンゼルス、ビルトモア・ホテル、ビルトモア・ボールにて
セルフ・リアリゼーション・フェローシップ五十周年記念コンボケーション
閉会挨拶から要約

約四十年前に、私の師であるパラマハンサ・ヨガナンダに初めてお会いして以来、私の心・思い・魂・体を神の御足《みあし》のもとに置き、神に捧げたこの一生を、神に使っていただくことが私の喜びでした。何年にもわたり、私の魂には、そのような満足がありました。まるで私は、いつも神の愛の泉から飲み続けているかのようでした。これは自分の功績ではありません。これは師《グル》のお恵みです。この祝福は、受ける側に準備さえあれば、私たち皆に、同じように注がれるのです。

私は皆さんに、私のために祈ってくださるようお願いします。そしてセルフ・リアリゼーション・フェローシップとヨゴダ・サットサンガ・ソサイエティ・オブ・インディアの、この偉大な活動に、皆さんとともにお仕えし続けられるよう、皆さんのご好意と祝福をいただければと思います。

これから、世界を包み込んでゆく偉大なる霊的再生、あるいは霊的復活が始まりますが、私たち

はその一端を占めているのです。師《グルデーヴァ》が私たち弟子に話をされたときに取ったノートを、私はよく読み返しています。一九三四年、師は、このインドからの偉大なメッセージが世界に広まるときが来るだろう、とおっしゃいました。なぜならこのメッセージには、まさしく人生と、すべての宗教の基盤である不滅の真理が含まれているからです。この霊的解放の教えを広めることが、セルフ・リアリゼーション・フェローシップの目的であり、マハアヴァター・ババジがパラマハンサ・ヨガナンダにお与えになった使命です。「SRFの目的と理想」の主なものを、いくつかさらってみましょう。

「各人が神を直接経験するための明確な科学的技法を世界じゅうの人々に広める。」最初に、セルフ・リアリゼーション・フェローシップの重要な原則です。あらゆる宗教の信徒が神と霊交できるような、そして単に本の言葉や偉大な師の言葉をとおしてではなく、自ら直接に霊的な体験をして神の存在を知ることができるような、明確な科学的技法を広めることです。

師《グルデーヴァ》は私たちによくおっしゃいました。「わたしはジャックフルーツ(1)がどんな味であるのかを話すこともできるし、科学者のするように分離して検査し、その成分を説明することもできる。しかし、何年かかって話し続けても、まだあなた方にはジャックフルーツの独特の味はわからないだろう。しかし、ジャックフルーツを一切れ食べさせれば、あなた方はすぐに、『ああ、そうか！　わかった。』と言うだろう。」

同じことが神との関係にも言えます。神についての限りない言葉、限りない説教、限りない文章だけでは不十分です。神についての言葉に耳を傾け、読み、注意を向ける人々は幸いです。が、その上さらにパラマハンサ・ヨガナンダが言っておられることは、私たちは神の真理を体験しなければならないということです。私たちは個人的体験をとおして、直接神を知らなければなりません。

「イエス・キリスト自身が説いた教えと、バガヴァン・クリシュナが教えたヨガとの根本的な一致を明らかにし、かつ、その根本原理が、あらゆる真の宗教に共通する科学的真理であることを示す。」宗教の名のもとに、一体いくつの戦争が何世紀にも渡って繰り広げられてきたことでしょう！　真理はひとつです。なぜなら、人間が神をどんな名で呼ぼうが、神はひとつだからです。パラマハンサ・ヨガナンダの使命は、神に通ずるひとつの共通な本道があることを示すことです。それはどの宗教の信徒も、真の自己の悟り、神の悟りに到達するためにたどらなければならない道です。これは次の目的にまとめられています。

「毎日科学的方法によって神を瞑想することこそ、あらゆる真の信仰が最後にたどるべき神への本道であることを示す。」三十年前、師《グルジ》はおっしゃいました。「教会や、寺院や、モスクが空っぽになる日が来るだろう。」それは宗教に誤りがあるのではありません。むしろ、信者の側の誤りです。立派な建物に入って少しばかりの真理を聞き、少しばかり心の高揚を感じ、家に帰っていつものように神を忘れた生活を続ける——今までどおり、不機嫌、利己主義、神経質、緊張、恐怖、肉欲のとりこになっているというのなら、その人にとっての宗教の価値とは何でしょうか？　ＳＲＦの使命は、心の中に神だけのための聖所をつくるようすべての人に勧めることです。その聖所での深い瞑想の中で、毎日、主ご自身と交流するのです。

「心は肉体にまさり、魂は心にまさることを自ら実証して人々に知らせる。」人間はこの小さな肉体のおりの中に縛られてはいないことを、私たちは示したいと望みます。イエスはおっしゃいました。「何を食べようか、何を飲もうかと、自分の命のことで思いわずらい、何を着ようかと自分のからだのことで思いわずらうな。」[2] 肉体にばかり注意を向けるのではなく、もっと心の力と、魂の中にある神の力に頼りましょう。私たちは心や体をとおして働きますが、私たちは体でもないし、精神ですらありません。私たちは魂であり、無限の霊《スピリット》が個別化してあらわれたものです。それが私たちの真の本質です。この理想を掲げる目的は、魂を肉体や気分に縛りつけ平和を奪うような、あらゆる肉体的束縛、また、隠れた精神的束縛から自分を解放するためです。

「人間を、肉体の病気と、心の不調和と、魂の無知の三重苦から救い出して、完全な自由の中に解

放する。」神を悟ることによってのみ、人はすべての苦しみから永遠に解放されます。正しい瞑想によって、バランスの取れた正しい行為を――体・心・魂において――することが、三重の自由を得るための治療法です。

「東洋と西洋がそれぞれ育んできた文化的および霊的知識の相互理解と交流をはかる。」この世界は東と西に分けられていますが、もはや自国の狭い境界に制限されては生きられないことを、神は今日の人類に示されています。私たちの師《グル》はおっしゃいました。「神は地球をつくられ、人は国を分け、自分たちの空想で作った国境線を引いた。」[3]そのような利己的な境界はもはや存在してはならないことを、神は示しておられます。しかしそれは、爆弾や暴力では破壊できません。国境を消すには、正しい方法が一つだけあります。ここにいる皆さんは今日、それを実践しています。すべての人の父なる神を、ともに愛することによって国境は消えるのです。神が、全人類共通の理想、共通の目的でなければなりません。私たちが神を唯一の根源、生命の維持者として認めはじめるなら、偏見による束縛は消えます。自分たちとは違うと思っていた人々も、自分たちと同じだとわかるようになります。私はこれまで四回世界をまわり、主要な国は大体訪問しました。どの国の人々にも、同じ優しい真心と、同じ目的や要求や興味を見ることができます。SRFは、聖なる兄弟愛のメッセージの旗を掲《かか》げなければなりません。皆さんも家に帰ったら、これを自分の理想にしてください。偏見は消し去りましょう。すべての人を兄弟愛の精神で受け入れましょう。兄弟愛は、あなたの内なる神が真に映し出されたものです。

「科学も宗教も、同じ原理の上に立つ一つの真理体系の中の異なる分野にすぎず、何ら矛盾するものではないことを実証する。」科学と宗教の間に相違はありません。両方とも結局、源は一つという同じ結論に達します。物質的科学者は、常にこの創造の理由を見つけようと励んでいます。ある人は神の存在を否定します。でも、無神論者ですら、人生で何か大きな試練に突き当たると、いつの間にか「おお、私の神よ、私の神よ！」と叫ぶでしょう。そのような人も、知らないうちに、人生に連続感を与えている永遠の原理にしがみついています。永遠の原理が人生を導いているのです。つまり、「偶然」はないのです。私たちが今ここにいるのは、今ここにいるよう定められていたからです。そして、太陽と月と星が、定められた速度と時間で宇宙を運行しているのと同様に、私たち各人の人生も、偉大な原理（神）によって導かれ、守られているのです。「二羽のすずめは一アサリオンで売られているではないか。しかもあなた方の父の許しがなければ、その一羽も地に落ちることはない。」(4)

「簡素な生活と高邁な思想を奨励し、人はみな神の家族であり、神性を宿した兄弟どうしであることを教えて、同胞愛の精神を広める。」神を求め、パラマハンサジがよく「必要ない必需品」と呼んでおられたものを捨てることとは、貧困に甘んじることではありません。師はよく言っておられました。「わたしは、『貧困』という言葉は好きではない。そこには消極的意味合いがある。その代わり、わたしは質素な生活を信条とする。**簡素**であることがわたしの理想である。」心の簡素さ、言葉の簡素さ、財産の簡素さ。複雑化されていない生活、複雑化されていない心から生まれる純粋さ。神との直接の個人的な関係から生まれる純粋さ。その神との関係の中であなたは悟るのです。「主よ、わたしは自分をあなたの御足《みあし》のもとに置きました。あなたがわたしに何をくださろうとも、わたしに何をなさろうとも満足です。」

高邁な思想とは、心を常に高いレベルに保つことを意味します。そこでは、どんなときでもすぐに意識を神に向けることができます。悪口や反発など、神経質や動揺へと意識を引きずり込むものから、心を常に遠ざけていなければなりません。神の考えに満たされた心は静かで、人間の本質や経験していることをはっきりと見抜くことができます。

生活する上で必要なものを、幸福かつ霊的に高く生きるために不可欠なものだけに抑えると、人生に唯一の共通分母、すなわち神に到達したとわかります。自分もどんな存在も神から来ていること、神の力のみが私たちを支えていること、そして私たちはいつか神のもとへ帰ることを悟ります。自分を、神という聖なる両親をもつ、唯一の大家族の一員と見なします。全人類が自分のものとなり、人種、肌の色、主義、国籍、社会的地位のような差別なく、世界がこの真理を受け入れることによって、どんなに美しく平和な世界が花開くか想像してごらんなさい！

「善をもって悪を、喜びをもって悲しみを、親切をもって残酷を、英知をもって無知を征服する。」闇は棒で叩いても追い出せません。光を入れて初めて消えるのです。同じように、肯定的な性質や行動、真の自己の悟りの光のみが、この世の暗く否定的な力を打ち消すことができます。

今夜私は、皆さんがとても喜んでいるのをみて感動しました。初めて僧院に来たときの私は、神を探すことは笑う暇もないほど深刻なことだと考えていました。しかし師《グルジ》はおっしゃいました。「いつも明るく陽気でいなさい。それがあなたの魂の本質だから。あなたはこの世で悲しみを知らないくらい幸福にならなければならない。なぜなら悲しみは実在しないから。神のみが実在する。そして神とは喜びである。神を探すことは、すべての悲しみの終わりを意味する。」私はこの言葉を忘れたことはありません。そしてこの道を行く人の顔が笑みで輝いているのを見ると、そして互いに楽しく陽気に笑っているのを見ると、私の心も喜びで満たされます。私たちが師の理想に従っているとわかるからです。

「人類全体を大いなる自己と観て、それに奉仕する。」ＳＲＦの会員の理想は、他人に良いことをしようという考えを持ち、「私が、私を、私のもの」という考えを持たないで生きることです。この大会（コンボケーション）のために奉仕した皆さんは、世界中の多くの会員や友のために、霊的意義のある楽しい機会を作ってくれました。それによって皆さんは、どんな大きな喜びを見出したことでしょう。自分の心配ごとも忘れ、このような大きな集会の運営にはつきものの小さな問題やストレスも忘れて無私の奉仕をし、この聖なる集いを助けてくれました。まさに皆さんは、より大きな自己として人類に奉仕するというこの理想を表現したのです。私はここにいる皆さんが、この私心なき理想を抱くよう祈ります。なぜなら人に奉仕することは、すべての人の中に神を感じ、神を見ることだからです。

この五十周年記念は、私たち皆にとってずっと心に残る思い出となるでしょう。皆さんは家に帰って、この楽しかった聖なる集いを時々思い出すでしょう。皆さんは、私たちの心の何かを持ってゆき、皆さんの心の何かをここに残してゆくと、私は信じます。つまりお互いの交換です。私たちは霊的関係の絆をつくり出しました。それは長く続く聖なる関係です。育てるにつれてもっと強くなり、このSRFの聖なる道に多くの人々を引き寄せる、大きな磁力となるでしょう。

おしまいに、私たちの師《グル》の言葉を読みます。「わたしの体は消え去るが、わたしの仕事は続く。そしてわたしの精神も生き続ける。わたしがいなくなっても、わたしは神のメッセージをとおして世界を救済するために、あなた方みなと一緒に働くだろう。自分自身を神の栄光のために備えなさい。自分を無限の霊《スピリット》の炎で充電しなさい。もしも今日、神がわたしに『帰って来なさい！』とおっしゃれば、わたしは振り返りもせずに、ここにあるすべての義務――団体、建物、計画、人々――を捨てて急いで神に従うだろう。世界を動かすのは神の役目だ。神がなさるのであって、あなたでも、わたしでもない。」

（1）インドでは一般的な果物
（2）マタイによる福音書 6章25節
（3）一九五二年三月七日の晩、ビルトモア・ホテルでのスピーチで、パラマハンサジは、マハサマディに入る直前、自作の詩『わがインド』からこの一節と他の部分を引用した。
（4）マタイによる福音書 10章29節

1973年 インド・西ベンガル州、パルパラの村にて

「すべての人の父なる神を、ともに愛することによって国境は消えるのです。神が、全人類共通の理想、共通の目的でなければなりません。」

1973年3月 ランチにて、ホーリーのお祭り（宗教的な祭日）

上の写真：ＹＳＳの学校の教師や生徒たちが、マタジの手からまかれた、色のついた粉を浴びている。下の写真：一人の子供がお祭りに夢中になって、マタジの足もとに色のついた粉を置いている。

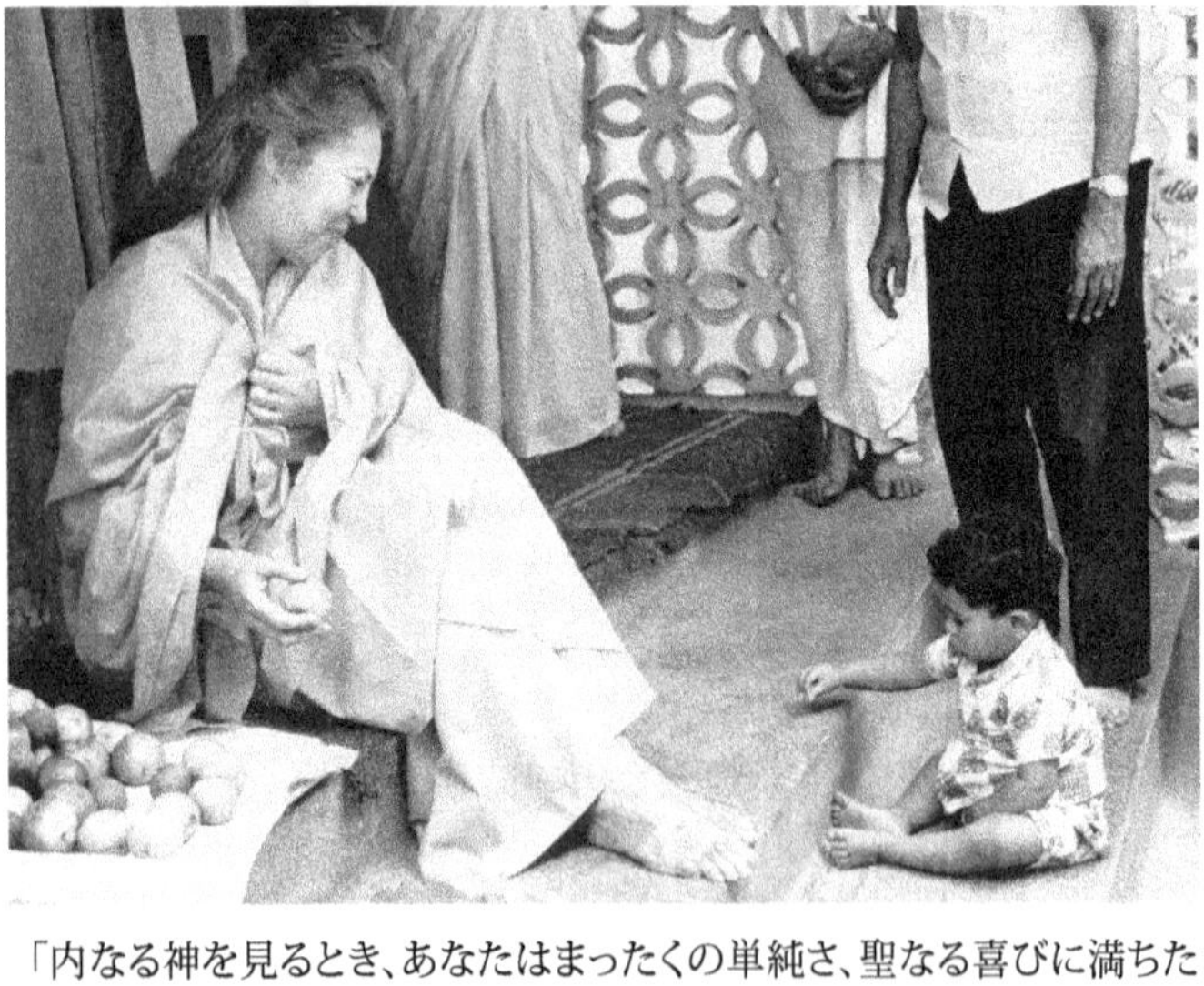

「内なる神を見るとき、あなたはまったくの単純さ、聖なる喜びに満ちた単純さを見るでしょう。神とはそういう存在です。」

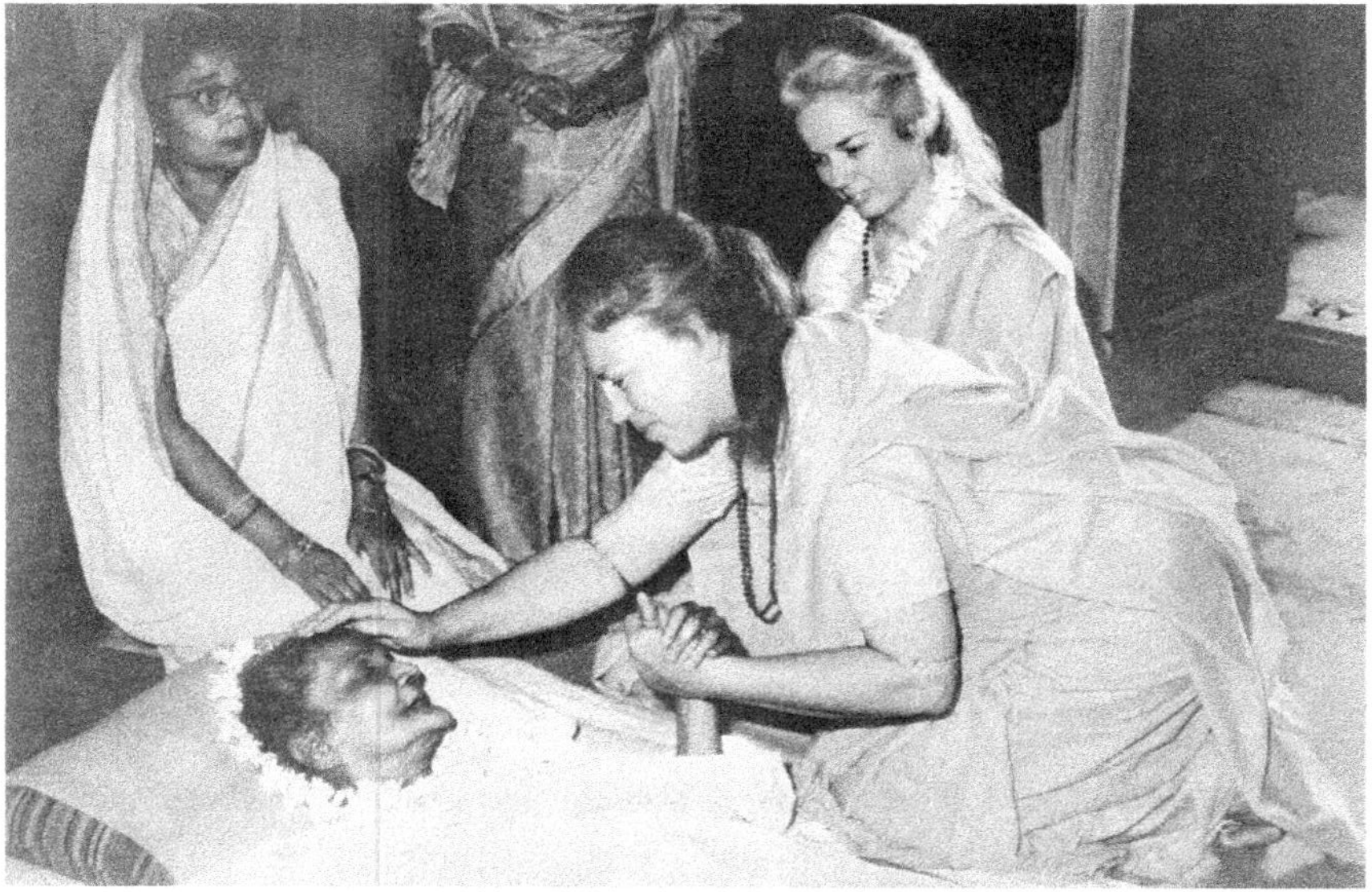

1968年 カルカッタにて

「私たちは一人ぼっちではない、これまでもこれからも、絶対に一人ぼっちではないと知るべきです。最初の最初から、神は私たちとともにおられます。そして永遠に、神は私たちと一緒です。」

第三十四章　神聖な助言

霊的指針や感化を与える言葉。
別途記載がないものはカリフォルニア州ロサンゼルスのSRF国際本部での講話から抜粋

神は最高の宝物である

一九六一年五月二十五日

孤独で寂しいときは、天の父に向かって泣き叫びなさい。理解して欲しいときは、神のもとへ走りなさい。人は知りません。どんなにすばらしい友、どんなにすばらしい恋人、どんなにすばらしい父であり母である愛すべきお方（神）が、人の愛を求めているかを。

しかし皆さんは、まず神を求めなければなりません。神はご自身を子供たちに押しつけるようなことはしません。子供たちがご自身を求めてくるのを待っています。神は皆さんの道を、神以外の**あらゆるもの**でいっぱいに満たすでしょう。神は絶えずあらゆる種類の代用品を差し出しながら、皆さんがそれで満足するかどうか見守っているのです。もし満足するなら、皆さんは霊的な道で行きづまってしまいます。しかし賢明な求道者は、きかん気な子供のように、どんなおもちゃも払いのけ、この世の子供だましの呼び物には見向きもせず、主を求めて泣き叫び続けます。そういう求道者が神を見つけます。その他の人は見つけられません。

皆さんが天の父の、きかん坊のような子になって、いつも心の中で神を求めて泣き叫んでいますように。不平不満やくだらない娯楽という泥沼に、心を迷い込ませないようにしてください。愛する皆さん、人生をそのように無駄にしてはいけません！　あらゆる瞬間、心の中で貪欲に神を求めなさい。神を求めて火のように燃えなさい。あらゆる渇望を、神への願望という一つの強力な炎に転換してください。その解放の炎の中で、皆さんの限界はすべて焼き尽くされるでしょう。

世俗的な誘惑に揺れ動いたら、祈りなさい。「主よ、もしも物質的な楽しみが、これほど魅惑的に思えるのなら、あなたはもっともっと魅惑的なお方のはずです！」神は最高の宝物です。どの聖典もそう明言しています。低級なものを求めることを避けて、この唯一の、はかり知れない永遠の宝物を探し求めるために、あなたの分別力を使いなさい。

すべての問題に対する答えは神

一九五六年五月三日

人生で直面するすべての問題に対する、唯一の答えは神です。私たちはもっともっとしっかりと神にしがみつくべきです。導きと、人生の難問の解決を神に願わなければなりません。いつかは私たちもこの体を去らなければなりません。それならどうして、物質的な心配事にそれほど注意を向けるのですか？

神を求め、神に奉仕することを最重要としてください。心の底から全託の気持ちで神に仕えること、すべての仕事を神のために行う意識をもつことは、ある種の瞑想であり、神を求める道です。自分の意識の内に神を見つけ、神をいつも一緒にいる連れ合いにすることを学ばなければなりません。

大師《グルデーヴァ》は、無意味なお喋りのために集まって時間を無駄にするよりも、小さなグループで瞑想するよう勧められました。私たちが気づいたように、あなたもお喋りするよりは誰かと、または一人で瞑想した方がよっぽど得るところが大きいと気づくでしょう。

人生のつまらない問題をくよくよ考えるのはやめましょう。あなたが心配すべき最も重要なことは、神との関係です。あなたの感情、あなたの癖、あなたの権利だと思っていることは、それほど重要ではありません。そういった心配は神にしてもらいましょう。あなたが神と同調するように努めれば、神はあなたの面倒を見てくださいます。それが、母なる神と子供のあいだの聖なる約束です。その約束を信じてください。そして、すべての面倒を見てくださる聖なる法があることを、絶対に疑ってはいけません。

神と師《グル》との関係だけが、唯一で真の関係です。神と師の手を握って離さないようにしましょう。リジューの聖テレーズは、「わたしの天国を、地上で善を行うことに使いましょう」と言いました。これは師の約束でもありました。師の唯一の望みは、私たちが神を見つけるのを助けることです。師に導きを求める者、師に助けを求めて手を差し出す者は誰でも、師が導いておられるのを必ず感じます。皆さんは信仰を抱き、自分の役目を果たし、瞑想しなければなりません。そうすれば、常にどこにでもある師の助けと祝福に、完全に同調した状態に到達することができるでしょう。

善と悪の心理的な戦いの場

一九五六年七月十二日

あなたの人生にどんな大きな試練が来ようと、またその試練が何であろうと、聖母様があなたを守っておられることを覚えておいてください。霊的な道で困難や苦しみに出会うことに驚いてはなりません。どの求道者もいずれそれらに突き当たるのです。聖母様の愛と加護があることに自信を持って、勇敢に試練に立ち向かうべきです。

善と悪の戦争は、私たちの内側で四六時中繰り広げられています。師《グルデーヴァ》はよくこのように言っておられました。求道者は真ん中に立っていて、一方を悪や否定的な力であるサタンから引っ張られ、もう一方を善や肯定的な力である神から引っ張られている、と。善も悪も、私たち自身が支配権を与えない限り、私たちの意識の王国を獲得することはできません。悪を受け入れるか拒絶するか、善を受け入れるか拒絶するか、つまり神と手を結ぶか、サタンと手を結ぶかを決める自由意志を、神は私たちに与えてくださいました。

聖母様は私たち各人の後ろに立っていて、善と悪の心理的な戦いの場で正しい判断ができるよう、私たちの良心をとおして、あらゆる方法で導き助けてくださいます。求道者が神を見つけるため、神を感じるため、神とともにいるために、どんなにわずかで小さな努力をしても聖母様が応えてくださるのは、すばらしい恵みです。聖母様の応えに気づかないこともあるかもしれません。しかし内なる戦いの最中に聖母様に向き直って助けを求めれば、聖母様の恵みがそこにあります。私たちの行動を指示し、努力を助け、全知の愛で守ってくださいます。

真の自己の悟りは内なる静寂の中で見つかる

一九五九年一月十八日　カルカッタのアナンダ・モイ・アシュラムにて

真の自己の悟りとは、魂が神と合一することを意味しています。どの時代にも、悟りを得た人々の体験によって、あらゆる宗教の本質的目的・究極の目標は、真の自己を悟ることだと明らかにされてきました。至福に浸るアナンダ・モイ・マーや、私の師《グルデーヴァ》パラマハンサ・ヨガナンダ、そしてすべての偉大な聖者たちが、その唯一の目的を示しています。

儀式や形式などの、宗教の外面に迷わされてはいけません。プージャやミサや、様々な儀式の目的は、求道者が内なる神を探すように励ますため、そのためだけにあるべきです。そうでないなら、そのような形式だけの礼拝は無意味です。

神は常に存在し、常に意識し、全能であり、常に新しい至福――サット・チット・アーナンダです。魂とは、常に存在し、常に意識し、全能であり、常に新しい至福が、個々にあらわされた存在です。人は瞑想によって、これを悟ることができます。内なる平和へ深く沈むことによってのみ、真の自己を悟ることができます。家にいても僧院にいても、一人になれる場所を見つけて瞑想し、自己の内へと向かいなさい。そうして自分が誰なのかを理解しなさい。すると、自分は神の似姿につくられているとわかるはずです。私たちは喜びから生まれ、喜びに生き、喜びの中に生まれ変わるのです。これを知ったとき、私たちは真の自己を悟っています。この状態に達するためには、内なる至福の静けさを感じることが必要です。盲目的な信仰や、外面的な礼拝の儀式だけで、神を知ることはできません。神に到達するためには、深い瞑想を始めるべきです。神に到達することが人間の目標です。今、神とともにありなさい。そうすればこれからずっと、神とともにいられるでしょう。

無駄にする時間はない

一九五九年十二月十六日　カリフォルニア州ハリウッドのＳＲＦ寺院にて
インドのパラマハンサ・ヨガナンダの僧院からの帰国に際して

私たちの道には二つの要素があります。奉仕と瞑想です。「わたしはバランスを信条としている」と師《グルジ》は言われました。瞑想の静寂の中にあっても、行動の最中《さなか》にあっても、神を見つけるためには、落ち着いて活動的であり、そして活動的な落ち着きを保つようにと、師はお教えになりました。そのようなバランスを見出す人は、幸福を知る人です。その人は神を知る人です。なぜなら神は活動的であり非活動的だからです。創造者としての神は、想像できないくらい忙しく、至福に満ちた絶対の霊《スピリット》としての神は、言葉では表現できないほど静止しています。

理想的なのは、深い瞑想で神を探し、神に奉仕することで喜びと幸せを見出すことです。奉仕の仕方は問題ではありません。台所で働いていようと、教えていようと、書き物をしていようと、それは重要ではありません。重要なのは、神を喜ばせるために行っているのか、あるいは自分のためだけに行っているのかです。

私たち全員が、愛しい神への深い憧れを内に感じる努力をしますようにと、私は心からお祈りしています。深く瞑想してください。このことを覚えておきましょう。あなたの瞑想が、たった五分間でもかまいません。それなら、その五分間を愛するお方と過ごしてください。しかしできれば、もっと長く瞑想してください。毎日定期的に瞑想しないことへの言い訳を探さないように。夜も昼も、神への渇望に燃えていてください。そのような関係から生まれる喜びは、どんな言葉でも言い表せません。

十七ヶ月前、私は、師のアメリカの僧院を離れて、インドの僧院を訪問しました。私の心には、「あなたが私の命です。あなたが私の愛です……」という思いだけがありました。私の魂は聖なる愛に燃えていました。その同じ気持ちで、私は帰ってきました。私たちには無駄な時間はありません。「人生は、時間という蓮の葉からすべり落ちる雫《しずく》のようなものだ」と、師はよくおっしゃいました。私はよく思うのですが、その雫はいったんすべり始めると、どんどん速く落ちていくのです。私たちの多くにとって、もはや人生は前半というよりも後半にさしかかりました。この時間を、内なる愛するお方を知るために使わなければという切迫感しか、私には感じられません。

私たちは、愛と献身をとおして神を見つけるために燃え、神に仕えるために燃えるくらいに、神に熱中していなければなりません。愛する神への奉仕のために、必要とあらば体を犠牲にすることも恐れてはいけません。神があなたを生かしてくださるでしょう。神は私たちの強さです。神は私たちの命です。神は私たちの愛です。

そして瞑想するときには、心のすべてを神に集中してください。座って神のことを考えるときは、その他のものを心から一切放り出し、遍在の愛する無限者の中へ深く深く潜ります。神からすべての愛が流れ出てゆき、人間の心をとおして少しずつ現れ出ると、子の母への愛、母の子への愛、友と友の愛、夫の妻への愛となります。あらゆる愛の形は、この一つの源から湧いてくるのです。源を探しなさい。神を見つけるために必要なすべてを、あなたはまさに、ここに持っています。これ以上探す必要はありません。師《グルデーヴァ》は私たちに教えをもたらしてくださいました。今それを使うかどうかは、私たちにかかっています。

私はよく、師のすばらしい言葉を思い出します。この言葉にそって生きるべきです。

おお愛する神よ、わたしにはあなたに捧げられるものは何もない
なぜならすべてはあなたのものだから。
わたしは捧げるものがなくても悲しまない
なぜならわたしのものなど何もない、わたしのものなど何もないから。
あなたの御足《みあし》のもとにわたしは置く
わたしの命、わたしの体、わたしの思い、そして言葉を
なぜならそれはあなたのもの、それはあなたのものだから。

大師《グルデーヴァ》はこの言葉にそって生きられました。どうか弟子である私たちが、師のお手本を見習うよう努力しますように。

神のために燃えなさい

一九六〇年一月十八日

怠慢であること、重要なことを忘れること、霊的な道ではこの二つの大きな障害を避ける必要があります。年数を経ると、私たちはしばしば、霊的生活を始めた第一の目的を忘れてしまいます。儀式的な習慣は身につくようになりますが、外面的な形式に従いつつも、神への内なる炎を生き生きと燃え上がらせ続けることができなくなります。他の多くの仕事は喜んで行なっても、自由時間を正しく使い、深く神を探すのを怠るようになります。

「でも条件が変われば、もっと理解をもって扱ってもらっていれば、もしあれやこれやが起こらなかったら、私は今もっと神に近づいていたのに」と反論するなら、あなたはただ理屈をこねているにすぎません。そんな言い訳をすることによって、重要なことを忘れています。もしあなたに神が見つけられないのなら、原因は外部の状況や他人ではなく、あなた自身にあるのです。怠慢にならないように、無関心にならないように、重要なことを忘れないように常に努めているなら、つまるところ、他人も周囲の状況も、神を知る妨げになることはありえません。愛しい神のために、心の中で燃えていなさい。そしてそれを感じられないなら、自分だけを責めなさい。

初めてマウント・ワシントンに来たとき、私は、自分自身や周囲の人とのたくさんの問題に直面しました。僧院の中でさえこのような困難を避けられないことを知ってがっかりしました。でも私の中には、神を知りたいという激しい炎が燃えていました。この人生で神を見つけるという大きな夢をもっていました。だから、自己分析しました。「どんな状況も環境も人も、お前の神への燃える思いを取り去ることができるのだろうか？　もしそうならば、お前は本当はそれほど神を求めてはいなかったのだ。」そしてこの思いを心に抱きながら、本気でこの道をまっすぐに歩み始めたのです。

人が形式的な霊的生活を送るというお決まりの型にはまり、無関心になって、神への信愛の炎が消えてしまうのは悲劇です。最初に神、最後に神、常に神と、夜も昼も心を神に向け続けて、今こそ、状況を立て直すことを始めるべきです。

聖なる愛は個々の魂を唯一無二にする

一九六四年七月二十日　インド訪問からSRF国際本部への帰還に際して

私たちを互いに強く結びつけている、家族の絆より強い絆が、聖なる愛です。年齢を重ねるにつれて、この愛が、人々をひとつにまとめる唯一の力であることが、ますますよくわかるようになりました。愛、つまり聖なる愛を、受け取って伝えることが、人生で神から与えられた義務です。その愛は、生まれたときからすでに私たちの内に、魂の内にあります。ですから、バラにとって甘い香りを放つことが自然であるように、魂にとって神の愛の甘い香りを放つことは自然なのです。何世紀にもわたる偉大な聖者たちの言葉を表現した、師の不滅の言葉、「愛だけがわたしの代わりとなることができる」を、ここでもインドでも、私は皆さんに何度も何度も思い起こしてもらおうと思います。旅行中多くの人々と話してわかったのは、全人類が反応を示すただ一つのメッセージは愛だということでした。どんな魂に働きかけるにも、正しい方法は聖なる愛です。そしてその聖なる愛の道こそ、聖なる師《グル》パラマハンサ・ヨガナンダが私たちの前に引いた道なのです。

神の目には、私たち一人ひとりが唯一無二の存在です。そして神の前では、私たちは皆平等です。誰が高いとか低いということはありません。私たちは皆、神にとって特別です。なぜなら神が私たちをつくられたとき、神は他の誰でもなく私たちのことだけを考えていたからです。だから私たちは、神の頭の中で、偉大な意識の中で、個別化されたのです。そのような魂の独自性を、自分の中に見出して表現すべきです。聖なる愛と、神から与えられた能力を使って、純粋に無条件に愛すること以上に、私たちの独自性を見事に表現する方法はありません。これを理解して実行すれば、私たちの道も、より易しいものになります。神から私たちをとおって流れ出る聖なる愛を経験したときから、その愛は、権力、栄光、感覚的満足などの、地上のどんなものも与えられないような輝きを、人生に与えてくれるでしょう。

神に重荷を負ってもらいなさい

一九五六年三月二十二日

神を見つけるのは、弱い人ではありません。そうではなく、「主よ、わたしはあなたに一生を捧げています。わたしの心をあなたに全託しています。あなたのご意志のままにわたしを扱ってください」と言う人です。私は一度、師《グルデーヴァ》にこう言ったことがあります。「肩に感じているこの重荷を背負うのを助けていただくためには、どのような態度を取ればよいでしょうか?」

「まず初めに」師はお答えになりました。「それを重荷と考えないこと。神に仕えることは、恵まれた特権であるから。」たとえそれが掃除や洗濯であっても、神がどんなところにあなたを置こうとも、高くても低くても、神に奉仕する機会を神の恵みとして受け入れるよう心を訓練しなさい。師はさらに付け加えて言われました。「いつも、覚えていなさい。あなたがやるのではない。神がなさるのであって、あなたは神の通り道にすぎない。喜んで働くような、受け入れる心のある通り道になる決意をしなさい。」師がこの二つをおっしゃったとき、私は思いました。「師は今、このレッスンを私に与えられた。それを実行するかどうかは、私次第だ。」そしてそれからというもの、その言葉によって、できると思う以上のことができるようになりました。そして皆さんも、できると思う以上のことができるようになるでしょう。

あなたの意識を聖母様に同調させて、聖母様にあなたの重荷を背負ってもらう——聖母様の肩にその重みを負ってもらえるようにしましょう。その重荷はあなたのものではありません。そして瞑想のときには、あなたの心から肉体のあらゆる思いをはじめ、他の一切のものを追い出しましょう。心の中には、絶対的な静寂があるべきです。それは可能なのですが、努力しなければなりません。何よりも聖母様の愛を祈り求めてください。そうすれば、霊的努力はたいへん易しくなります。週末は引きこもって瞑想し、内なる霊的強さを新たに取り戻しましょう。規則正しく、深く瞑想するなら、人生のすべてが変わるでしょう。

神だけに頼りなさい

一九五六年二月七日

神への愛は全力投球でなければなりません。そうすれば孤独感や、人間関係に頼る気持ちは消えてしまいます。神と友であるという関係は比類のないものです。

人を愛することは正しいことです。でも、人ではなく神に頼るべきです。どんな人に頼ろうとも、私たちはその人を失います。それは、神を自分のものとしたいなら、神への関心が完全なものでなければならないと、神が私たちに知ってもらいたいからかもしれません。私たちの魂にとって唯一の愛しい神を求めて、夜泣き叫ぶことは、すばらしいことです。神が理解し、静かに応えてくださるのを知っていて、言いたいことを何でも神にお話しするのはすばらしいことです。

私は今、どうして師が私たちの個人的な問題についてあまり話されなかったのか分かります。師は神のことだけを語り、私たちと霊的なことだけを語り合いたかったからです。師は個人的な問題にこだわらないよう励まし、神を求めることによって、その問題も克服できることを強調なさいました。師はよく、訪問してくる会員たちと何時間も続けて面談なさいました。私は思いました。「おかしいわ？周りの弟子たちは、めったに自分のことを師に話す機会はないのに。」でも師は、そういう関係を私たちに望まれませんでした。師は私たちが直接神のところへ行くよう訓練しておられたのです。この道では、時には互いに打ち明けあうことによって、多少励まされたり助けられたりすることもあります。でも私たちに聖なる強さが必要なときは、神のもとへと行くべきです。神のみへ。

師《グル》は聖なる通り道であり、師を通って愛する主の英知と恵みが流れます。飛ぶことを学ばせるため母鳥が雛《ひな》を巣から追い出すように、師は弟子自身が神との関係を確立するよう仕向けます。同じ理由で神は、弟子が究極的な悟りに到達するまでは、どんな人間的な支援も、また、神の認識を目覚めさせないものはどんなものでも取り上げます。「神がわたしの強さである。神がわたしの愛である。神はわたしの友だ。神はわたしの愛しいお方、唯一のお方だ。わたしから神がいなくなると、わたしはすべてを失い乞食になる。でも神がともにおられるとき、わたしは愛と喜びに満たされる。勇気と強さで満たされる」との悟りに到達するまでは。

もし私たちが、聖なる慰めや安らぎを求めて、人間のもとに行くのなら、少しの間、少しの幸福や満足が得られるかも知れません。でもいずれ、主はその支えを取り去ってしまいます。私たちは神に頼らなければなりません。神のみが永遠です。ですから神は、私たちに、神において強くなってもらいたいのです。

神に機会を与えよ

一九五五年九月八日

人生に神が現れてくださるよう、神に機会を与えるべきです。でも半分は世間に頼り、半分は神にすがっていたら、神には現れてくださる機会がありません。一切を捨てて無限者のもとへと深く飛び込まなければなりません。思いと愛を心の内側へ向けるなら、密やかに常に私たちとともにおられる、永遠の愛と喜びに満ちた友なる神を見つけるでしょう。それは全然難しいことではないと聖者は言います。

師の居間に行くと、そこに師がおられ、目が聖なる愛でダイヤモンドのように輝いていたのを、私は思い出します。そこにいた弟子は誰でも、師が神との交流に浸っているのを感じとることができました。この状態で、師は時々大声で話されることもありました。優しく聖母様に囁《ささや》かれるのを聞いたこともあります。

師は常に心の中で神に没頭しておられましたが、師ほど、すべてを楽しんだ方はいないと思います。師にとって、嫌なことなどありませんでした。師は大変創造的で、どんなことをするにも最大の関心をもってなさいました。なぜなら師の意識にはいつも神がおられましたし、師の望みは神を喜ばせることだけでしたから。

幾度となく師は、私たちにこのような霊的助言を繰り返されました。「毎日深く瞑想し、神の存在を**感じる**こと。」私たちがここにいるのは、真の自己を悟るということの偉大なヨガ哲学に熟達するためだけではなく、更に大事なことですが、その哲学を生きるためなのです。師の恵みと助けをとおして、私たちはこの恵まれた機会を与えられているのです。

この道で進歩するための忠告

一九五六年三月七日

大師《グルデーヴァ》は、私たちと過ごされた最後の日々に、すべての弟子がこの道でより大きく進歩するために従うべき忠告をいくつか残されました。師は多くのことに触れておられます。

もっと真面目に、それでもなお、もっと陽気になるようにと、師は助言なさいました。「心の中は、幸せで陽気でありなさい。でも冗談や軽はずみなことはしすぎてはいけない。なぜ無用のお喋りで、内なる知覚を浪費してしまうのか？　あなたの意識はミルク容器のようなものだ。それを瞑想の平和で満たしたら、その状態を保つべきだ。たいていの冗談は偽の面白さであって、あなたの容器に穴を開け、内なる平安や幸福というミルクをこぼしてしまうだろう。」

あまり眠りすぎないで、余った睡眠時間を深い瞑想と神との霊交に使うようにと師は私たちにお教えになりました。「眠りは、神の存在の平安を楽しむ、無意識の方法にすぎない。瞑想は意識的休息、意識的平安の状態であり、十億の眠りよりも元気になる。」

「時間を無駄にしてはいけない」と師はおっしゃいました。「あなたを不動にするような、神への強い願望は、他の誰かに与えてもらえるものではない。自分で育てなければならない。知的に考えたり、合理的に考えたりしてはいけない。特に、神があなたのところに来てくださることを絶対に疑ってはならない。仕事が終ったら、自分の時間を神に捧げ瞑想しなさい。そうすれば自分の内に、神の至福と神の愛を経験するだろう。」

神の愛は正しい行動の原動力

一九六八年六月十一日

瞑想に加えて、正しい行動をするという理想を、私は強く信じています。正しい行動においては、心と精神と魂が、喜びのうちに結びつきます。「主よ、私はあなたに、良いことをしてあげています。」といったような感覚はなく、神への喜びに満ちた献身の感覚があります。正しい行動においては、人は自分の行為の結果を期待しません。ただ神のために行うという喜びのためだけに行動します。そのような行動の喜びは、愛していると生まれます。あなたは何かを愛さずには人生を生きられません！どの人も愛によって成長します。一生涯をとおして、最高の愛を楽しむ方法は、宇宙の愛するお方(神)を、魂が永遠に愛するお方を、探し求めることです。そのように私は体験してきました。今も体験しています。私にとって、この世に実在するのは、神だけです。

宇宙の愛するお方にのみ、心を注ぎ続ける人こそ賢い人です。聖なるお方がどれほどいとしいお方であるかが分かるのは、神と歩き、神と語り、神が自分のものであると知ったときです。そのとき、喜びとは何かを知るでしょう。そして最も高く、最も美しい愛の形を知るでしょう。「神は愛である」、これこそ、私たちの師《グルデーヴァ》パラマハンサ・ヨガナンダのメッセージの、まさに核心なのです。

確かにセルフ・リアリゼーション（真の自己の悟り）は、英知の道であり、実行の道であり、至福の道です。でも、特に私にとっては、聖なる愛の道です。聖なる愛は非常に人を変えてしまいますので、人は「私」「私のもの」という考え方ではなく、「あなた、あなた、わたしの主よ」としか考えられなくなります。

私たちは皆、この愛のメッセージを魂にとどめて、そのメッセージを生きていくよう励みましょう。

死という迷い

一九六〇年十二月二十三日　クリスマス終日瞑想会にて

瞑想から最大の効果を得るためには、瞑想中は、自分が肉体であるという一切の意識、そして落ち着きのない思いをすべて心の中から追い払うことが大切です。私たちはこの肉体でも心でもないことを十分理解すれば、できます。たくさんの過去世をとおして、私たちは数々の肉体と心を身にまとってきました。今着ているこの小さい個人的な肉体というコートや、一時的に使っている個性ある心という衣服に、意識を同化させない努力をしましょう。私たちは、もっとも愛しいお方である神の似姿につくられた、不滅の魂なのです。

今まで抱いたこともないほどの、神への強い飢餓感を抱きなさい。私たちはいくつもの転生にわたって、名誉、名声、栄光など、この人生が差し出すあらゆる世俗的なものへの欲望の道をさまよってきました。今日の瞑想では、次の思い以外は一切、心の中から捨て去りましょう。「わたしの神よ、わたしはあなたの英知、至福、愛の似姿につくられています。わたしはあなたの子です。わたしを死すべき存在であるという迷いから解放してください。そして、グルデーヴァや偉大な方々が皆、真の自己を見たように、あなたの子、あなたの愛する子としての自分を見せてください。」

神にお仕えする特権

一九六四年十月九日

この世に、絶対になくてはならない人というものは存在しません。私たちの誰かの奉仕がなくとも、神はまったく困りません。私は、師《グルジ》が何年も前に、繰り返しおっしゃった言葉を思い出します。「自分は聖母様のために仕事をしてあげているといった、恩を着せるような印象を、聖母様に絶対に感じさせてはいけない。」そのとき私は、師の言葉にたいへん強く心を打たれましたが、この言葉は今、私にとって、もっと深い意味を持っています。聖母様に仕えること、つまり私たちが師の仕事を遂行することは、得がたい特権なのです。ところが、自分はかなり働いているなどと思うなら、その姿勢は間違っています。聖母様にお仕えできるという恩恵への謙虚な感謝の気持ちで、どんな瞬間《とき》にも満たされているべきなのです。奉仕は正しい姿勢でなされなければなりません。

奉仕は正しい姿勢で行い、捧げるべきです。正しい姿勢がともなわなければ、どんなにたくさん働いても、聖母様にとっては無意味です。私たちが、貧しい人に施したり、助言したり、他の有益な仕事を無限に行なったりしたとしても、「私は何と多くの良いことをしているのだろう！　こんなに人々を助けられるとはすばらしいではないか？　人々はどんなに感謝していることだろう」などと考え始めたとしたら、その姿勢は間違っています。師はよく、私たちに思い起こさせてくださいました。「聖母様が注目しているのは、心だ。」　聖母様が望んでいるのは、私たちが聖母様を喜ばせようとしているかどうかであって、人に喜んでもらえるかどうかを心配することではありません。人の意見は変わります。今日は愛や好意を示しても、明日には私たちを捨てるかもしれません。人の愛というものは、恒久性を期待できないのです。だから私たちは、真に重要なことに心をとどめるべきなのです。つまり、永遠の友である神を喜ばせることです。

カリフォルニア州エンシニタス
SRF僧院の敷地内の海岸より太平洋を臨んで

「私はこれまで霊的体験を望んだり、求めたりしたことはありません。ただ、神を愛し、神の愛を感じたいだけです。神と愛し合うことに私の喜びがあります。私は人生で、それ以外のごほうびを求めません。」

1961年 カシミールの山中、パハルガムにて

「夜明けとともに起き、生命力と生きる喜びに満ち、小さな自分を忘れ、より大きな「真の自己」すなわち「内なる神」を表に出したいという望みでいっぱいな人、そのような人は真に生きています。そうなる前は、ただ生きているだけだったのです。」

新年の目的

一九六七年一月

新年の活動を開始するに当たって、私たちが、神の聖なる子供として常に自分を改善し完成させる努力の大切さを理解できますように。この時期は、去年の行動を分析し、どれだけ霊的に進歩したかをみる絶好の機会です。自分のどこを変えたいのか、生活状況のどこを変えたいのかを深く考え、それから自分の目標に向かって、ベストを尽すべきです。新年の最高の抱負を達成する助けとなるような、行いを改める決意を書き出し、それから毎月その決意を見直すようにして、自分が目標を達成しつつあるかどうか評価しなさい。

この新年に、神を見つけることだけが、人生で出会うあらゆる問題の最終的な解決をもたらすと、私たちがもっと完全に理解できますように。私たちは、より深く神を感じるよう努力しなければなりません。

人が手に入れられる唯一で真実の関係は、神と、そして神の流れ道である師《グル》との関係です。私たちを訓練するのは神です。私たちを愛するのは神です。神に忠実でありなさい！　そして神聖な師《グル》の手をつかんで離さないように、セルフ・リアリゼーションの教えにしがみつきなさい。師《グル》の唯一の大きな願望は、天の父と再び一つにならせるために、私たちを助けることなのです。

私たちは愛によって互いに結ばれている

一九六九年四月二十一日
カリフォルニア州ハリウッドのＳＲＦ寺院、十八周年記念祝典にて

聖なる愛の意識のなかで、師パラマハンサ・ヨガナンダは、私たち皆を引き寄せられました。師は、強くそして優しい愛の糸で私たちを結びつけ、愛と信仰の香り高い花輪を編みましたが、それは唯一の愛であり、私たちの魂の最高の恋人である、神の御足《みあし》のもとに捧げるためでした。師は、燃えるような神への憧れで、私たちの心に火をつけました。なぜなら師は、神への愛が最初にあるべきで、次に、その愛の精神ですべての人々を愛するという理想を、つねに私たちの前に示し続けたからです。師は聖なる愛について、次のように私に言われました。「……あなた方みなが、神のほかは何もわからなくなるほどに、夜も昼も神の愛に酔いしれるのを、わたしは見たい。そしてその愛を、訪れる人々に与えなさい。」

厳格な訓練者としての聖母様

一九五六年三月一日

聖母様はたくさんの面を持っています。聖母様の現われ方は、私たち自身の意識状態を反映して

いるにすぎません。私たちが聖母様に心を合わせていれば、至福と愛に満ちた母として現れます。心を合わせていないときは、聖母様が厳しい訓練者のように見えます。それは、聖母様が私たちを訓練したいからではありません。苦しみは、神から離れることによって生まれます。そのような分離感をつくりだすのは私たちの方です。神を忘れ、悪習にふけり、周囲のものごとや自分自身の感情や気分に夢中になって、離れてしまうのです。聖母様は、絶対に私たちを見放しません。聖母様を捨てるのは私たちの方です。そのとき聖母様は、厳格な訓練者のように見えますが、それは私たちが、すべての正義と善の根源である神と、つながりを断ち切ったからなのです。

　そのため、聖母様が視界から消えてしまったように思われても、自分の意識する範囲から逃れ去ってしまったように思われても、問題は私たちの方にあって、聖母様にはないのです。それはおそらく、私たちの心があまりに心配ごとにとらわれすぎたからかもしれません。心配は霊的な罪です。というのもそれは、信仰の欠如、神への信頼の欠如を表しているからです。あるいは、あまりに過敏な感情にとらわれてしまったからかもしれません。過敏な感情は、自分とエゴを同一視し、自分をただの人間と考えて、神の似姿や魂だとは考えないときに起こります。あるいは、世間的なものを求めすぎてしまったからかもしれません。こういったときに、聖母様は離れてしまいます。聖母様はこう言っています。「私のいる所に、子供よ、あなたが来なければなりません。」聖母様が隠れてしまうのは、私たちを罰するためではなく、聖母様がおられる聖なる領域まで意識を高めるよう、私たちを励ますためなのです。自分を改善するために努力し続けることを、聖母様は望んでおられます。

師の訓練も同様でした。自分は成長したとあなたが思うときや、言ってみれば、自分の意識をあるところまで引き上げたなどと思うとすぐに、師は規準を、もう少し高く引き上げてしまいました。「もうあなたはここまで来た。もっと高い所まで頑張りなさい。」新しい規準に合わせるために、私たちはいつも自分を改善しようと努めていました。肉体意識を捨て、限界意識を捨て、いつか死ぬこの身体に私たちを縛りつける情動を捨て去ろうと努力していました。師《グル》（神聖な教師）の目的は、自分自身（小さな自己）から、私たちを引き上げる手助けをすることです。師《グル》は私たちを助けて、より低い自己であるエゴを捨てさせます。そして、私たちは不滅の神（常に存在し、常に意識し、常に新しい至福であり、愛である神）の似姿につくられていることを思い起こさせます。それが本当の私たちです。そして、生きているあらゆる瞬間に、自分の本当の性質を表に出せないことは、恥ずべきことだと感じるべきです。私たちは完全さに向かって努力しなければなりません。そうすれば聖母様は、もはや訓練者の姿をとる必要はなくなって、楽しく、優しく、物わかりのよい、愛の母としての純粋なお姿で、いつも現れてくださるでしょう。

自分の中から最善を引き出す

一九六二年二月二十八日　ＳＲＦ国際本部のジャナカナンダ僧院礼拝所にて

あなたがまだ、神への強い憧れを感じられなくても、がっかりしないでください。たとえ、たった五分間でもよいから、毎日より深く瞑想するようにしてください。「溺れる者が、空気をあえぎ求めるように。死にかけている人が息をしようともがくように」と、師《グルジ》が言っておられたように、神を呼び求めましょう。もしあなたに、それくらいの切迫感があれば、この一生のうちに神を知ることができるでしょう。神への、このような差し迫った必要性を感じるためには、あなたは毎日瞑想するようにして、その他の良い習慣を身につけなければなりません。

いくら暗闇を棒で叩いても、暗闇を部屋から追い出すことはできません。明かりをつければ、闇は消え去ります。同様に、悪い習慣を抑圧しようとするのは、その習慣を克服するための最も効果的な方法とはいえません。むしろ、理解力の明かりをつけなさい。それは深い瞑想や、自己を統御しようと自分の意志で意識的に努力することから生まれます。自己訓練と英知の明かりによって、悪習の暗闇は消え去るでしょう。

この世のすべては思考です。ですから、何かの悪習を追い出したいのなら、肯定的な方法をとって、悪習とは反対の良い習慣を、心の中で自分に植えつけることです。もし、批判的になりすぎる傾向があるのなら、自分が誰かの欠点を不必要に探していると思ったそのときに、代わりにその人の良い所を考えなさい。往々にして、批判したがる衝動は、嫉妬や不安感や利己主義から生まれます。他人の欠点に関心を持つ必要はありません。注意すべきは、自分の欠点だけです。あら探しはあなたの平和を破壊します。

すべての人の良いところをいつも探しなさい。これは極端な楽天家、つまり他人が悪事をしていても、目をつぶるようになれというのではありません。そのような姿勢は、識別力の欠如を表わしているにすぎません。しかし、あまり批判的になりすぎて、人の長所が見られなくなることもあるのです。人は不完全さの固まりです。なぜ不完全さに意識を集中するのですか？　師は、どの弟子もありのままに受け入れ、弟子から最善を引き出すことに注意を注がれました。師がどのようにされたか分かりますか？　弟子を愛し理解されたのです。私たちも、このようにすべきです。自分の内にある、愛と理解という聖なる資質を訓練し、それを人々に自由に与えることによって、私たちは互いに助け合い、より良い方向へと変わる努力をしなければなりません。

識別力

一九六二年三月二十一日

リスが回転車を回し続けるかのように、何度も何度も回り続けるこのカルマの恐ろしい車輪から逃れる唯一の方法は、聖なる師が示された、霊の道とその理想に従い、この恵みと導きは決して消えることはないと知ることです。師は神の内に遍在しており、目を閉じた暗闇のすぐ後ろにいて、黙って私たちを見つめておられます。そのように意識していると、私たちは、常に存在している師の支援の手を受け入れられるようになります。その意識を保ち続けながら、師が教えのなかで英知として与えられた、識別の剣をもっと上手に使えるようにしなければなりません。私たちは、物質的な方向へと心を引きずり込む世俗の誘惑を、勇敢に切り捨てるべきです。神へと導かれるような理想にそって生きることを、進んで選択できるようにすべきです。識別の力によって「なすべきとき」に「なすべきこと」ができるようになります――外部からの影響に強制されてではなく、神より与えられた知性と意志をもって、落ち着いて賢く行動できるようになるのです。

私たちは、日々、自分に問いかけなければなりません。「私はどのように人生を過ごしているのだろう？　私はどの方向に向かっているのだろう？　今日、私がしたことは、思考・言葉・行動において、神の方へと向かわせたのだろうか？」また、「相変わらず私が従い続けている、心を神から遠ざけるような悪習はないだろうか？」

瞑想と、絶え間ない霊的努力によって、私たちは死すべき人間ではなく、不滅の魂であることを、繰り返し自分自身に思い出させなさい。そうすれば、私たちを長い間、肉体という有限な意識に縛りつけていた鎖や、絶え間なく混乱変化するこの世に縛りつけていた鎖を、少しずつ切り離していくことができます。その足かせから自由になり始めると、私たちは、自分が神の似姿につくられた魂であることをかいま見ます。この自分の内なる神聖な姿を見れば見るほど、心には神の愛が、頭には神の英知が、魂には神の喜びが、もっともっと感じられるようになります。

自分の考えと行動を見張る

一九六二年一月二十八日

瞑想の後、師《グルジ》はよくおっしゃいました。「そのまま静かにして、引きこもりなさい。瞑想の座を離れても、心はいつも、できる限り、神の思いにとどめなさい。」この神への思いから、私たちは、魂が求めてやまない強さ・英知・偉大な愛を引き出します。移り変わるこの世で、唯一変化しない神に、心をとどめていなさい。

人が自分の本来の性質を知ると、内なる喜びが泡立つ広大な海となります。そして、その喜びを手放したくないので、その人は、外にむかって喜びをひけらかすようなことがないようにします。そのようなことをすると、喜びが失われてしまうからです。

いつも親切で愛情深くありなさい。ちっぽけな考えや狭量さは避けなさい。もし、誰かがあなたに不親切であるなら、あなたの愛でその人たちを勝ち取るよう努めなさい。それでもだめなら、その問題は神にあずけて、忘れなさい。これがこの世をうまく生きる方法です。

私たちは皆、神聖な愛を表に出せるよう努力すべきです。他人が神聖な愛を表に出しているかどうかを問題にすべきではありません。もし、他人のふるまいに合わせて自分の行動を決めるなら、小さな自己を克服することはできないでしょう。私たちは、自分自身のために、より高い意識を持ち続けるよう努力しなければなりません。もし、そのような高尚な理想が常に心の内にあり、自分自身の努力に注意を集中しているのなら、他人が理想に従っているかとか、他人が自分の役割を果たしているかどうかなどと考える暇はありません。あなたは自分の行動と、自分の意識状態、すなわち心の内で自分は聖なる恋人の足もとへ駆けよっているかどうかだけに関心を向けるべきです。

霊的な生き方の型

一九六一年一月

どうすれば、自分が霊的に進歩しているときを知ることができるでしょう？　そのとき、あなたの内には、いつも神への深い憧れがあります。瞑想して心を支配下におくことができ、瞑想の対象に注意を集中することができます。心の中にも、あなたを取り巻く宇宙にも、大きな平和の海を感じます。日常生活を営みながらも、良いことをしよう、正しいことをしようと思う気持ちがいつもあります。心の中では常にこう考えているでしょう。「主よ、私を祝福してください。私を導いてください。あなたのご意志がわかるよう助けてください。あなたの愛が見つけられるように助けてください。」

ある意味で、神を見つけるというのはとても単純なことです。それは、生き方なのです。朝は、神というひとつの思いとともに起きましょう。一日の活動を行うにあたっては、怒り、利己主義、恨み、批判を避けるために全力を尽くし、体験するすべてにおいて自分が関わらなければならないのは神のみであると十分に理解していましょう。神があなたの支えであり、神があなたの守りです。神があなたの強さであり、神があなたの愛です。最初に、最後に、そしていつも、神を喜ばせようと努めなさい。神を喜ばせることによって、師《グル》と仲間を喜ばせるよう努めなさい。夜、最後にすることは、深い瞑想です。

私たちの体が疲れ切ったときに、何度も、師は私たちをご覧になっておっしゃいました。「気にするな。神のために一生懸命働くのは良いことだ。しかし、それを夜に瞑想しない口実としてはいけない。睡眠はより少なくしなさい。そして一五分しか瞑想できないときは、その一五分を有効に使いなさい。何度も何度も、意識からこの世のものごとを追い出して、内なる神という偉大な海に潜りなさい。」

私たちがたった一つの目的しかもっていないとき、つまり神のみという一つのゴールしかないときには、神を見つけるのは簡単になります。私たちが心をさまよわせ、つまらないことに我を忘れるなら、神を見つけることは非常に難しくなります。自分の欲しいものを知って、一生懸命それを求めなさい。もしあなたが神を望むなら、神を自分のものにするために火のように燃えなさい。もし肉体が邪魔したり、反抗したりするなら、しつけなさい。瞑想のときは、まっすぐに不動で座るように、肉体に命じなさい。呼吸[1]を見守り、心を眠らせないようにしなさい。瞑想中に心は、電気の通った電線のようになるべきです。あなたの全神経は燃えていなければなりません。どうすればその状態になれるか知りたいのなら、私はとても簡単な方法をお教えします。それは、神に絶えず話しかけることによって、神との個人的な関係を育てることです。私たちの心はいつも何かに集中しています。楽しいこと、苦しいこと、気を引くような考え、人柄などです。そういったものの代わりに、神に心を集中させなさい。いつ何どきも、神と愛し合いなさい。その愛を感じられないなら、感じられるように絶えず祈りなさい。神と愛し合っているのは何とすばらしい状態でしょう！　それは、あなたの意識を流れ続ける、静かで優しい喜びの川が、内にも外にも、ここかしこにおられる神の広大な海に、あなたを合流させるかのようです。

幸福な人生の秘密

一九六二年十二月十八日

内なる世界[2]は、私たちが苦難から逃れることのできる、ただ一つの本当の隠れ家です。瞑想によって、内なる世界の聖なる意識にとどまればとどまるほど、人はずっとそこにとどまりたいと望みます。

なぜ偉大なヨギたちが、何時間も何日も、時には何年も瞑想状態に浸っているかが、容易に理解できます。内に深く入るとき初めて、自分が本当に生きている、自分が真実の存在に触れている、と分かるからです。その内なる天国を離れようとか、そのような意識状態から降りていこうとは思いません。降りていくただ一つの理由は、この世で、神より与えられた義務を果たすためです。

森へ逃げ込み、孤独の内に神を探すことを、主は望んでおられません。私たちは、自分自身の内に孤独を見つけるべきです。そうすると、私たちの意識を瞑想状態からこの世に戻すとき、より高次の意識にとどまりながら、神のご意志を、より上手に果たすことができます。行動の結果にとらわれずに、すべての義務を、最大の熱心さ、細心の注意、最高の熱意をもって果たすこと、すなわち自分のために結果を求めるのではなく、ただ神のご意志を果たそうと望むこと、これがこの世で平和を見つける方法です。

師《グルデーヴァ》は私にこう言われたことがあります。「幸福な人生の秘密とは、まさにこのとおりである。いつも心の中で言いなさい。『主よ、主よ、わたしの意志ではなく、あなたのご意志がなされますように。あなたがなさるのであって、わたしではありません。』この考えで生きようと努めれば、いつか何ごとにもとらわれない、大いなる自由な心の状態に到達します。そして、このことだけを望むでしょう。「主よ、わたしはあなたのご意志だけを果たしたいのです。それが何であろうとわたしは満足です。なぜなら、この世で自分のためにしたいことなど、何もないからです。あなたを喜ばせるために、あなたのくださった仕事なら何でも、一生懸命やります。」

神との聖なるロマンス

一九五五年四月七日

心の内に強くなり、神への思いに没頭し、何ごとも気にならなくなるくらい、神への完全な信仰に集中しなさい。そうすれば、どんな苦痛も困難なできごとも、あなたを動揺させないでしょう。苦痛や困難は、あなたをためす試練にほかなりません。肉体の苦痛があれば、聖母様を、そして聖母様のなかの自分の真の本質を、思い出すように突き動かされます。肉体的な試練によって、私たちは最後にこのように祈ることを学びます。「この肉体は痛みで苦しんでいて、これからどうなるのか分からない。でも聖母様、わたしはこの肉体ではなく、この死すべき肉体にわずかのあいだ宿っている、不滅の魂であると知っています。」それでももし、心が疑いに苦しみ、魂が満たされないのならば、そのことが私たちに告げているのは、私たちが無限の源（神）へと向き直って、心が求めてやまない安心と満足を得、またどんな人間関係も与えることのできない愛を得るようにしなければならない、ということです。

私たちは神から生まれました。神のために、ただ神のために、私たちは生き、無私の精神で、もっともっと無私の精神で働くべきです。そして愛する神の腕の中に、いつの日か再び、私たちは溶け込みます。この真理をよく考え、いつも思い出していなさい。

何ごとも恐れてはいけません。肉体の苦しみも恐れてはいけません。何らかの犠牲を払うこと、あなた自身を神にお任せすることを恐れないように。これは、神を求める人が学ばなければならない大切なレッスンです。なぜそれほど、この一時的な肉体のことを心配するのですか？　肉体は神にお任せしなさい。

自分のことを考えすぎて、ためらっていた昔のことを思い出します。一度その境界を越えて、私たちの呼吸一つ一つ、心臓の鼓動一つ一つをとおして、私たちの生命をあらゆる瞬間に支えておられるのは聖母様であると分かったなら、どんなにすばらしい自由を感じられるでしょう。もし聖母様がともにいてくださるのなら、誰が、何が、私たちに対抗できるというのでしょう？

私たち一人ひとりの内には、すべての聖人の内にあるのと同じ、聖なる火花があります。神は、聖人と少しも劣ることなく、私たちを愛しています。それならどこに不足があるのでしょうか？　それは、ただ私たちの内にのみあります。神の愛が感じられないのは、私たちの神への愛が十分深くないからです。どこに問題があるのでしょう？　やはりただ私たちの内にのみあります。他の誰のせいでもありません。状況や、環境や、周りの人のせいではありません。私たちはもっと深く瞑想しなければなりません。

朝起きたら瞑想しなさい。必要があれば、心の中で肉体にムチ打ってでも従わせなさい。結局のところ、肉体というものは、あなたの真の自己である、不滅の魂の道具として使われるために、ごくわずかな年月あなたとともにいるだけなのです。心も訓練しなさい。いったん肉体と心を統御できるようになれば、神の存在を悟ることは、とても単純で簡単なことだと分かるでしょう。

あなたが何をしていようと、神と静かな会話をするのに妨げとなるようなものは何もありません。時間があるうちは――神との聖なるロマンスを持つための自由、機会、健康、命のあるうちは――神の御名《みな》を思うたびに神への愛が内に湧き出るのを感じるまでは、満足しないでください。「その日は来ますか？『聖母様』と言うだけで目から涙があふれるその日は？」師がこの歌を歌われると、私の心は憧れで一杯になったものです。「聖母様、私にもその日がくるのでしょうか？」このような愛だけが本物です。人生の最高の義務とは、この愛を見つけ、他人の心にその愛を目覚めさせることです。このためだけに、セルフ・リアリゼーション・フェローシップの団体が存在しているのです。この道を行く者として、この理想をいつも心にとどめていなさい。

（注1）　ＳＲＦの会員が実習している、特別なヨガの技法について述べている。
（注2）　「『ここにある！』『あそこにある！』などとも言えない。神の国は、実にあなたがたのただ中にあるのだ。」（ルカによる福音書 17章21節）

スリ・ダヤ・マタの講話を収録したCD・DVD

スリ・ダヤ・マタの講話の多くがCDやDVDに収録されています。詳細については、セルフ・リアリゼーション・フェローシップのカタログかWebサイト（www.yogananda-srf.org）をご覧ください。また、以下のページもご参照ください。

CD

A Heart Aflame

Anchoring Your Life in God

Finding God in Daily Life

Free Yourself From Tension

God First

Is Meditation on God Compatible With Modern Life?

Karma Yoga: *Balancing Activity and Meditation*

Let Every Day Be Christmas

Let Us Be Thankful

Living a God-Centered Life

Moral Courage: *Effecting Positive Change Through Our Moral and Spiritual Choices*

My Spirit Shall Live On: *The Final Days of Paramahansa Yogananda*

Strengthening the Power of the Mind

The Way to Peace, Humility, and Love for God

Understanding the Soul's Need for God

DVD

A Scripture of Love

Beholding God in the Temple of All Life

Finding Divine Peace and Balance

Fulfilling the Soul's Deepest Needs

Him I Shall Follow

Living in the Love of God

Opening Your Heart to God's Presence

Security in a World of Change

The Second Coming of Chirst

WHERE THERE IS LIGHT : *INSIGHT AND INSPIRATION FOR MEETING LIFE'S CHALLENGES*

WHISPERS FROM ETERNITY

SONGS OF THE SOUL

SAYINGS OF PARAMAHANSA YOGANANDA

SCIENTIFIC HEALING AFFIRMATIONS

HOW YOU CAN TALK WITH GOD

METAPHYSICAL MEDITATIONS

THE LAW OF SUCCESS

COSMIC CHANTS

書籍、CD、DVD 等の総合カタログを希望される方はご連絡ください。

入門用小冊子（無料）

パラマハンサ・ヨガナンダの御教《みおし》えと、クリヤ・ヨガを含め師がお教えになった科学的瞑想法は、セルフ・リアリゼーション・フェローシップのレッスン（通信講座）として特別にまとめられています。日本語では、重要なヨガ行法を説明した三つの要約レッスンが用意されています。詳細について知りたい方は、小冊子『セルフ・リアリゼーションとは？』をお取り寄せください。英語、スペイン語（全レッスン）およびドイツ語（短縮版）については、希望の言語を指定したうえで、小冊子『UNDREAMED-OF POSSIBILITIES』をお取り寄せください。小冊子はいずれも無料です。

パラマハンサ・ヨガナンダの著書紹介

書店、出版社およびSRFから直接購入することができます。

SELF-REALIZATION FELLOWSHIP
3880 SAN RAFAEL AVENUE
LOS ANGELES, CA 90065-3219 USA

TEL +1-323-225-2471 FAX +1-323-225-5088

www.yogananda-srf.org

日本語

『あるヨギの自叙伝』（森北出版）

『人間の永遠の探求』（森北出版）

英語

AUTOBIOGRAPHY OF A YOGI

MAN'S ETERNAL QUEST

GOD TALKS WITH ARJUNA
— *THE BHAGAVAD GITA*

THE SECOND COMING OF CHRIST
— *THE RESURRECTION OF THE CHRIST WITHIN YOU*

THE DIVINE ROMANCE

THE SCIENCE OF RELIGION

WINE OF THE MYSTIC:
THE RUBAIYAT OF OMAR KHAYYAM
— *A SPIRITUAL INTERPRETATION*

パラマハンサ・ヨガナンダ

「神への愛と人類への奉仕の理想は、パラマハンサ・ヨガナンダの生涯に見事に表現されている。……その生涯の大半を外国で過ごしたが、それでも、彼はやはりインドの偉大な聖者たちの一人に数えられるべき人物である。彼の遺業は、現在ますます発展をつづけており、世界各地で、魂の救いを求める人々に大きな指針を与えている。」

パラマハンサ・ヨガナンダをたたえた記念切手を発行した際にインド政府が公表した賛辞より。

パラマハンサ・ヨガナンダは、現代における傑出した精神的指導者の一人として広く認められています。一八九三年インド北部に生まれ、一九二〇年米国ボストンで開催された国際宗教自由主義者会議にインド代表として招待を受け、一九五二年に逝去するまで三十年にわたり米国に在住して教えを説きました。その人生や教えを通して、東洋の霊的英知が西洋においてより深く認識され理解されるようにするため、多岐にわたる方法で貢献しました。

パラマハンサ・ヨガナンダの自伝である『あるヨギの自叙伝』は、敬愛される世界的教師の心引きつけられる人生の物語であると同時に、インドの古《いにしえ》のヨガの科学・哲学と歴史ある伝統的な瞑想方法に、奥深く迫る入門書でもあります。五十年以上前に初版が刊行されて以来、長年にわたるベストセラーとなった本書は、十八ヶ国語に翻訳され、多くの大学で教科書や参考書として用いられてきました。この本は、現代における霊的著作の傑作と認められ、今も、世界中の無数の読者の心に届けられ続けています。

今日、パラマハンサ・ヨガナンダ師の霊的・人道的活動は、スリ・ムリナリニ・マタの指導のもとに、師が一九二〇年に創立した国際的宗教団体セルフ・リアリゼーション・フェローシップによって行なわれています。上記団体は、師の著書や講話、談話の出版（自宅学習用のセルフ・リアリゼーション・フェローシップのレッスン［通信講座］全セットを含む）に加えて、寺院、静修所、世界中の瞑想支部、セルフ・リアリゼーション僧団、そして、「世界を結ぶ祈りの環」の管理を行なっています。

SRFの目的と理想

各人が神を直接経験するための明確な科学的技法を、世界中の人々に広める。

人生の目的は自らの努力によって、生死に束縛された有限の人間意識から神の意識に進化することであることを教え、これを広く普及させるために、瞑想の聖所を、世界の各地に、各家庭に、各人の心の中に打ち立てる。

イエス・キリスト自身が説いた教えと、バガヴァン・クリシュナが教えたヨガとの根本的な一致を明らかにし、かつ、その根源原理が、あらゆる宗教に共通する科学的真理であることを示す。

毎日科学的方法によって神を瞑想することこそ、あらゆる真の信仰が最後にたどるべき神への本道であることを示す。

人間を、肉体の病気と、心の不調和と、魂の無知の三重苦から救い出して、完全な自由の中に解放する。

簡素な生活と高邁な思想を奨励し、人はみな神の家族であり、神性を宿した兄弟どうしであることを教えて、同胞愛の精神を広める。

心は肉体にまさり、魂は心にまさることを自ら実証して人々に知らせる。

善をもって悪を、喜びをもって悲しみを、親切をもって残酷を、英知をもって無知を征服する。

科学も宗教も、同じ原理の上に立つ一つの真理体系の中の異なる分野に過ぎず、何ら矛盾するものではないことを実証する。

東洋と西洋がそれぞれ育んできた文化的および霊的知識の相互理解と交流をはかる。

人類全体を大いなる自己と観て、それに奉仕する。

セルフ・リアリゼーション・フェローシップ
創設者　パラマハンサ・ヨガナンダ
会長　スリ・ムリナリニ・マタ

オンリー・ラブ―― 愛だけが――

2012年 第1版第1刷発行
2012年 第1版第2刷発行
著者 スリ・ダヤ・マタ
翻訳 セルフ・リアリゼーション・フェローシップ
発行所 セルフ・リアリゼーション・フェローシップ
Self-Realization Fellowship
3880 San Rafael Avenue,
Los Angeles, California 90065- 3219, U.S.A.

ISBN-10: 0-87612-198-9
ISBN-13: 978-0-87612-198-6